부동산 트렌드 읽기는 우릿세대의 공감에서
시작됩니다. 이 책을 통해 부동산시장의 맥을
짚게 되시길 바랍니다. 늘 응원합니다.

2022. 8   박 원 갑 올림

박원갑 박사의

부동산
트렌드
수 업

다가올 미래, 부동산의 흐름

박원갑 박사의
부동산 트렌드 수업

박원갑 지음

메이트북스

메이트북스 우리는 책이 독자를 위한 것임을 잊지 않는다.
우리는 독자의 꿈을 사랑하고,
그 꿈이 실현될 수 있는 도구를 세상에 내놓는다.

박원갑 박사의 부동산 트렌드 수업

초판 1쇄 발행 2022년 8월 17일 | **초판 6쇄 발행** 2022년 9월 5일 | **지은이** 박원갑
펴낸곳 ㈜원앤원콘텐츠그룹 | **펴낸이** 강현규·정영훈
책임편집 안정연 | **편집** 박은지·남수정 | **디자인** 최정아
마케팅 김형진·정호준 | **경영지원** 최항숙 | **홍보** 이선미·정채훈
등록번호 제301-2006-001호 | **등록일자** 2013년 5월 24일
주소 04607 서울시 중구 다산로 139 랜더스빌딩 5층 | **전화** (02)2234-7117
팩스 (02)2234-1086 | **홈페이지** matebooks.co.kr | **이메일** khg0109@hanmail.net
값 18,000원 | **ISBN** 979-11-6002-380-0 03320

장기적 계획은 미래의 결정을 다루는 것이 아니다.
현재 내리는 결정의 미래를 다루는 것이다.

• 피터 드러커 •

인사이트는 안을
잘 보는 것이다

누구나 인사이트(insight)를 갖춘 인물이 되고 싶어 한다. 말이 쉽지, 인사이트를 갖는 게 보통 어려운 일이 아니다. 사전적 의미의 인사이트는 예리한 관찰력으로 사물을 꿰뚫어 볼 수 있는 힘, 즉 통찰력이다. 인사이트라는 단어는 안(in)과 봄(sight)으로 구성되어 있다. 현상보다는 그 이면(안)을 잘 볼 수 있는 능력이다. 인사이트는 무작정 생기는 게 아니다. 사회나 경제 구조에 대한 체계적이면서도 깊이 있는 식견이 있어야 가능하다.

부동산 시장으로 좁히면 인사이트는 부동산 시장에 참여하고 있는 사람들의 생각을 잘 읽는 것이다. 그것도 부동산 시장을 움직이는 핵심 세력의 생각을 제대로 읽어내는 게 인사이트의 요체가 아닌가 싶다. 지금 세상의 주역은 2030세대인 MZ세대다. MZ세대의 공간과 소비 욕망을 이해하고 공감하면 부동산 트렌드 읽기는 물론 인사이트를 갖추는 데 적지 않은 도움이 될 것이다. 부동산의 트렌드는 MZ세대가 주도적으로 만들어간다. 트렌드는 잠시 반짝하고 사라지는 패드(fad)나 유행(fashion)보다는 좀 더 긴 흐름이다. 즉 트렌드는 일정기간 지속되면서 사람들의 행동과 의식구조에 영향을 미친다.

MZ세대, 부동산 중독보다 투자 중독

이 책을 기획하고 쓰는 데 꼬박 5년이 걸렸다. 당초 『부동산 중독 사회』라는 책을 쓰고 싶었다. '부동산 올인 세대' '부동산 편식 세대'라고 할 수 있는 베이비부머에 초점을 맞춘다면 가능한 제목이다. 하지만 지금 세상의 핵심인 MZ세대를 자세히 고찰해보니 그게 아니라는 생각이 들었다. 지난 2~3년간 MZ세대는 '패닉 바잉(공포 매수)' '영끌(영혼을 끌어모아 대출)' '빚투(빚내서 투자)' '젊집사(젊어서 집부터 사라)' '청무피사(청약은 무슨! 피 주고 사라)' 등 수많은 신조어를 만들며 부동산 열풍을 이끌었다.

이런 얘기만 들으면 MZ세대가 마치 부동산에 중독된 세대인 것으로 착각하기 쉽다. 하지만 MZ세대의 일시적인 집단적 구입 열풍을 보고 중독으로 단정 짓기는 어렵다.

MZ세대는 '부동산 중독'보다는 '투자 중독'에 더 가까운 세대다. 노동소득으로 기성세대를 따라잡지 못하니 주식, 코인, 조각 투자, NFT(대체 불가능한 토큰) 등 투자 가능한 자산이라면 뭐든 관심을 가진다. 말하자면 MZ세대는 돈 되는 것은 다 투자하는 세대다. 투자소득을 통해 기성세대의 벽을 단박에 뛰어넘고 싶은 조급함 때문이다. 때로는 무모할 정도로 공격적이다. 이들에게 부동산은 전체 투자 대상 가운데 하나일 뿐이다.

그렇다고 MZ세대가 주택 시장에서 떠나는 것은 아니다. 부모로부터 분가해서 독립 세대를 이룰 나이대이니 주택 시장에서 핵심 수요층으로 계속 있을 것이다. 하지만 이전처럼 공포에 짓눌려 떼를 지어 매수에 나서지는 않을 것 같다. 투자 상품으로서 아파트 가격 메리트가 부각되거나 바닥을 찍고 우상향 기대가 커진다면 모를까. '투자 유목민'처럼 이리저리 기회를 엿보다가 고수익이 예상되는 투자 상품으로 몰려 또 다른 투자 열풍이 나타날 것이다. 그 열풍 대상이 반드시 아파트라는 보장이 없다는 얘기다. MZ세대는 윗세대보다 투자지능이 높아 요모조모를 잘 따지고, 투자 공부도 많이 한다. 투자소득을 불로소득이 아니라 또 다른 노동소득으로 생각하는 것도 MZ세대만의 특징이다. 하기야 요즘은 명심보감보다 재무지식을 더 따지는 '재무보감 시대'가 아닌가. MZ세대는 이번에 상승과 하락 사이클을 모두 겪고 나면 경험이 쌓여 훨씬 성숙한 세대가 될 것이다.

강남 부동산의 새 흐름 2가지

이 책에는 MZ세대의 부동산 트렌드를 읽을 수 있는 여러 개념이 나온다. 우선 '공간의 친숙도'가 윗세대와는 근본적으로 다르다. MZ세대는 공간에 자신만의 경험을 합쳐 만들어지는 장소성(sense of place)에 대한 개념에서 차별성을 드러낸다는 얘기다. 콘크리트 속에서 자란 세대라 레저도 도심 모텔·호텔에서 즐긴다는 의미의 '콘크리트 레저', 부동산과 아파트를 동일시할 뿐만 아니라 아파트를 마치 게임 아이템 사듯이 투자한다는 뜻의 '아파트 득템', 안전한 주거 공간이라면 더 큰 비용을 지불하는 '주거 가안비(價安比)' 등이 그것이다. 주거 가안비는 돈을 더 지불하더라도 건강과 안전을 생각하는 주거소비를 뜻하는데, 건물 내부로 들어가기만 하면 모든 위해로부터 보호받는 '콘크리트 캐슬'인 아파트나 오피스텔을 MZ세대가 선호하는 이유다.

이번에 책을 쓰면서 가장 힘들었던 부분이 '강남 아파트'다. 그냥 중산층도 넘보기 힘든 '넘사벽' 아파트 벨트이거나 무차별적인 욕망의 대상, 혹은 계급과 신분재 측면의 부동산 접근은 이미 다른 사람들이 많이 다뤄 식상한 느낌이다. 그래서 이 책에서는 강남 아파트에 대해 새롭게 접근하고자 했다. 강남 아파트는 금융상품처럼 일정 기간마다 사고팔아 수익을 남기는 전통적인 개념의 재테크를 하기 힘들다. 취득세와 양도세를 비롯한 거래 비용이 만만치 않기 때문이다.

요즘 나타난 새로운 현상이 바로 '축장(蓄藏)'과 '고액 월세화 현상'이다. 축장은 부의 은밀한 가치저장 수단으로 아파트를 바라보는 것이다. 축장 자산이 되기 위해서는 안전성과 환금성을 겸비해야 한다. 또한 국민주택규모(84㎡, 34평형) 기준 500만 원이 넘는 비싼 월세 아파트가 속출하는 고액 월세화 현상은 수익형 부동산인 꼬마빌딩을 대체하는 흐름을 보여준다.

강남 아파트값은 무조건 오른다는 개념의 '강남 불패'보다는 다른 지역보다 덜 빠진다는 '강남 덜패'가 강남의 흐름을 읽을 수 있는 새로운 키워드가 될 것이다. 이 책에서 소개한 집이 주인이 되는 '주주

(住主)사회', 아파트 가격의 우상향에 대한 종교적 소망을 의미하는 '아파트교(敎)' 역시 이 시대 부동산 시장의 트렌드 코드이다.

영원한 상승도, 영원한 하락도 없다

이 책을 쓰면서 독자들에게 압축적인 메시지를 전달하고 싶었다. 크게 4가지로 요약하면 이렇다.

첫째, 부동산 시장을 28년째 지켜보면서 얻어낸 결론은 '아파트 공화국은 계속된다'는 것이다. '아파트 키즈'인 MZ세대가 선호하는 데다 아파트 커뮤니티 시설이 진화하면서 높아진 주거 기대 수준을 충족시키기 때문이다. 맞벌이 부부 시대, 가사노동을 최소화하는 효율적인 공간으로 아파트의 가치는 계속 빛을 발할 것이다. 아파트는 인구가 감소해 빈집이 속출하더라도 가장 늦게 빈집이 될 전망이다. 앞으로 월세 시대가 되면 아파트 등급은 월세 액수에 따라 다시 매겨질 가능성이 있다.

둘째, 부동산 시장을 '있는 그대로' 바라보는 눈이다. 어느새 부동산은 살벌한 이데올로기 전쟁이자 계급투쟁의 대상이 되어버렸다. 어느 한쪽을 편들기보다 좀 더 균형적이고 냉철한 시각으로 부동산에 접근했으면 좋겠다. 흑과 백의 이분법적 논리나 특정 이념보다 실용주의와 포용적 중도주의가 세상을 움직이는 중심추가 되었으면 하는 바람이다. 극단으로 치닫는 세상에서의 중심 잡기는 개인에게도 미덕이다. 그런 점에서 밸런스를 의미하는 '권(權, 저울추 권)'은 요즘처럼 이성이 사라지고 팬덤만 판치는 세상에서 소중한 가치이다.

셋째, 경험을 맹신하지 마라. 세상이 급변하는 요즘, 과거 경험에 집착하면 나의 발전에 걸림돌이 될 수 있다. 인간은 경험을 통해 지식을 축적한다. 하지만 그 지식은 영원한 게 아니라 유통기한이 있다. 배움을 통해 학습 기억량을 늘려 변화에 대응해야 산다. 흐름을 빨리 좇아가는 '패스트 팔로워(fast follower)'가 되어야 한다는 얘기다. 동년배보다 아랫세대와 소통 능력을 키우는 것이 생존의 무기가 될 것이다.

넷째, 프랑스 철학자 질 들뢰즈의 '차이의 반복' 가치를 되새겨라. 부동산 시장은 반복하는 사이클이지만 항상 같은 패턴이 아니고 차이를 동반한다는 뜻이다. 2022년 여름 들어 시장이 갑자기 얼어붙었다. 잇따른 금리 인상에 투자자들이 약속이나 한 듯이 일제히 몸을 사린다. 스마트폰 시대에 정보가 일시에, 그것도 빠르게 전달되면서 시장 참여자들이 같이 생각하고 같이 행동하려는 경향이 두드러진다. 무리 지어 움직이려는 '군집행동(herding behavior)'은 요즘 부동산 시장의 핫 트렌드다.

투자 자산화한 부동산 시장에서 변동성은 필수적이다. 거대한 유동성 축제 뒤에는 반드시 고통스러운 조정 기간이 뒤따르기 마련이다. 거품이 빠지면서 뒤늦게 랠리에 뛰어든 사람들은 어려움을 겪을 수밖에 없다. 거품은 허망한 것이다. 모래성처럼 속절없이 무너진다. 하지만 부동산 시장에는 영원한 상승이 없듯이 영원한 하락도 없다. 시간이 흘러 새살이 돋듯 부동산 시장도 회복세로 접어들 것이다. 필자는 장기적으로 우상향을 믿는 합리적 낙관론자이고 싶다. 하지만 부동산 시장이 회복세로 접어들더라도 이전과는 다른 양상을 띨 수 있다. 우리는 과거에 일어났던 일이 같은 패턴으로 반복될 것이라는 '패턴화의 함정'에 빠지기 쉽다. 하지만 이번에도 과거의 전철을 그대로 밟는다는 보장이 없다. 도식적인 사고보다 유연한 마인드로 핵심 세력의 움직임을 고찰할 때 흐름을 제대로 파악하고 대응하는 힘을 키울 수 있다.

트렌드를 모르면 투자에 성공할 수 없다

이 책은 직설적인 재테크 서적은 아니지만 부동산 시장의 트렌드를 다루고 있어 투자의 등대나 풍향계가 될 수 있을 것이다. 시장의 트렌드를 제대로 알지 못하고선 투자에 성공할 수 없기 때문이다. 지금의 트렌드를 감안할 때, 향후 인구 쇼크의 직격탄을 맞을 수 있는 분양상가, 좌초자산으로 전락할 우려가 있는 시골의 논밭, 도심 콘크리트 키즈인 MZ세대의 취향과 거리가 먼 전원주택, 향후 지구 온난화로 침수 우려가 있는 해안가 부동산 등은 조심스럽게 다가가야 할 대상이 아닌가 생각된다.

이 책은 종합적인 시각에서 쓰였다. 부동산 시장은 그 자체로만 보면 잘 보이지 않는다. 사회심리학, 경제학, 역사, 중국철학, 서양철학 등 다양한 스펙트럼을 통해 우리 부동산 시장의 진면목을 읽어내고자 했다. 이 책은 현장에서 체득하고 나름의 지식을 섭렵해서 글로 옮긴 것이다. 지난 5년간 필자의 지적 궤적을 모두 집약한 것으로 생각하고 읽었으면 하는 희망이다. 이 책은 누구나 쉽게 읽을 수 있도록 에피소드를 많이 실었다. 아마도 부동산에 조금이라도 관심이 있는 사람이라면 흥미롭게 읽을 수 있을 것이다. 간혹 무릎을 '탁' 치는 대목에서는 지적인 유희를 느꼈으면 좋겠다. 여러분이 이 책을 읽으면서 부동산 시장과 세상을 바라보는 인사이트를 갖게 되기를 간절히 소망한다.

마지막으로 독자 여러분께 꼭 부탁하고 싶은 게 있다. 우리가 아파트 생활에서 벗어날 수 없더라도 아파트 가격으로 삶을 '줄 세우기'하거나 저울질하지는 말자. 뻔한 말 같지만 행복은 내가 가진 아파트의 가격이 아니라 삶의 가치에서 나온다. 그리고 좀 부족하고 볼품이 없더라도 나 자신에게 너그러움을 베푸는 '자기 자비'는 행복의 중요한 요소다. 나 빼고 다 부자인 세상, 가끔은 "내가 뭐 어때서? 나도 잘났어"라는 심리적 뻔뻔함이 있어야 상대적 박탈감에서 자유로울 수 있다.

요즘처럼 책을 안 읽는 시대에 책을 내는 게 맞나 싶다. 하지만 콘텐츠를 만드는 사람은 4차 산업혁명 시대에도 살아남을 수 있을 것이라는 소중한 지인의 조언에 용기를 내서 나의 글 묶음을 세상으로 내보낸다. 앞으로도 지식을 창조하는 '콘텐츠 크리에이터'로 남고 싶다.

2022년 여름, 마포 서재에서
박원갑

이 책을 내는 과정에서 많은 분의 도움을 받았다. 항상 존경하는 KB금융지주의 윤종규 회장님, 허인·이동철·양종희 부회장님, KB국민은행 이재근 행장님, KB증권 박정림 대표님께 감사의 말씀을 올린다. 그리고 WM고객그룹의 발전을 위해 밤낮없이 고생하시는 최재영 대표님, '대성인의 자랑' 김동록 기관고객그룹 전무님께도 이 자리를 빌어 깊은 감사를 드린다. 강남스타PB센터 김정도 본부장님, 명동스타PB센터 탁미란 본부장님, 압구정스타PB센터 오웅섭 본부장님, 도곡스타PB센터 박진선 본부장님, 용산지역본부 강신주 본부장님께도 감사의 인사를 드린다. 최고의 부서로 우뚝 세우기 위해 매진하시는 WM투자자문부 원종훈 부장님과 부원 여러분, 그리고 브랜드전략부 전인수 부장님께도 고맙다는 말씀을 드린다.

또 올해로 학문의 대장정을 마무리하시는 강원대 김갑열 교수님, 그리고 정준호 교수님, 국민대 이국철 교수님, 부동산에서 중용의 가치를 가르쳐주신 건국대 조주현 교수님, 그리고 손재영·정의철·고성수·이현석·신종칠·유선종·심교언 교수님, 세종대 김수현·변창흠 교수님, 서강대 김경환 교수님, 서울사이버대 홍선관 부총장님, 명

지대 권대중 교수님, 서울대 김경민 교수님, 단국대 유정석 교수님, 동의대 강정규 교수님, 서울벤처대학원 최민섭 교수님, 동국대 윤용건 교수님, 전국대학교부동산교육협의회 장계영 회장님께 존경을 표한다. 강호인 전 국토교통부 장관님, 권형택 주택도시보증공사 사장님, 나기선 대한건설협회 서울특별시회장님, 양길수 한국감정평가사협회장님, 김승배 피데스개발 대표님, 임영록 신세계프라퍼티 대표님, 배영한 우미건설 대표님, 김진영 고덕종합건설 대표님, 고종완 한국자산관리연구원 원장님, 신희성 리맥스코리아 대표님, 김운철 리얼투데이 대표님, 김광석 리얼하우스 대표님, 김학렬 스마트튜브 부동산조사연구소장님께도 이번 기회에 감사드리고 싶다.

이 책을 쓰는 데 부동산 트렌드의 새 팩트를 많이 발굴해주신 권태홍 회장님, 생활철학자 이호건 작가님, 여러모로 조언을 아끼지 않으신 강성민·강철수·김경숙·김동환·김장택·김종필·김형일·김효동·민병철·박경아·박노원·박정현·박종덕·박주봉·배준형·백선혁·밸라킴·성승모·송승용·신방수·신성진·신인기·우형달·원종성·유진석·윤동수·윤설희·이경화·이덕원·이재국·이진석·이진우·임희열·정성진·하덕일·한승완·한학현님께도 감사의 말씀을 전한다. 그리고 책을 멋지게 만들어주신 메이트북스 대표님과 편집장님이 큰 고생을 하셨다. 볼품없는 사위를 항상 애정 어린 시선으로 지켜봐주시는 서천의 장인·장모님께도 감사드린다. 우리 가족과 누이·동생들에게도 고맙다. 마지막으로 '열심히 살자'라는 구호를 외치는 대신 조용히 실천하면서 한평생을 사신 함양 어머님께 이 책을 바친다.

CONTENTS

삶의 안식처인 집이 사회적 지위를 평가하는 도구가
된 지 오래다. 비싼 아파트에 살면 성공한 삶이라는 주
술에서 벗어나야 하지만 생각보다 쉽지 않다. 우리는
아파트에 예속된 삶을 산다. 아파트에 풀 베팅한 삶이
기에 그 값에 따라 감정도 출렁인다. 값이 조금이라도
떨어지면 세상을 다 잃은 것처럼 실의에 빠지고 손실
고통에 밤잠을 설친다. 더욱이 집값 폭락이나 폭등 뉴
스가 쏟아지니 마음의 평정을 유지하기 어려워진다.
부동산 편식세대인 고령자들의 부동산 사랑은 당분간
계속될 것이다. 아직까지는 부동산 불패 신화가 한국
사회의 지배적 정서다. 하지만 저출산·고령사회에서
부동산 과몰입은 위험하다.

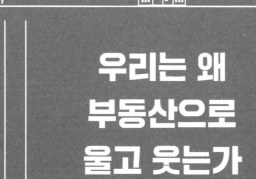

PART 1

우리는 왜
부동산으로
울고 웃는가

집이 주인이 되는
'주주(住主) 사회'

삶의 필수요소 중 '의(衣)·식(食)·락(樂)'은 대부분 평준화되어 돈이 많든 적든, 어디에 살든 큰 차이가 없다. 안락한 삶의 공간에 불과한 '주(住)'에 전력투구하는 바람에 결국 집만 비대해진 게 아닌가 싶다.

사람이 살아가는 데 필수적인 3대 요소는 의식주(衣食住)로 옷과 음식, 그리고 집이다. 이 3가지 요소를 갖춰야 생명 유지에 필요한 기초 생활을 이어갈 수 있다. 집은 인간의 기본 욕구 가운데 필수요소로, 글자 순서로 따지면 맨 마지막이다. 이제 어느 정도 살 만해지면서 굶거나 헐벗은 사람이 거의 없어졌기 때문인가. 의식주의 순서가 최근 들어서는 뒤바뀐 느낌이다. 실제로 순전히 '먹고' '입는 것'에 대한 걱정은 과거에 비해 많이 줄었고, '사는 곳'인 주(住)에 더 신경을 많이 쓴다.

'내 집 마련의 꿈'은 있어도 '내 옷 마련의 꿈'이나 '내 음식 마련의 꿈'이라는 말은 없다. 오죽하면 초등학생에게 미래의 꿈을 물었더니 '내 집 마련'이라고 답했다는 우스갯소리까지 들릴까. 대도시에 사는 사람일수록 옷이나 음식 걱정보다 '집 스트레스'가 더 많다.

많은 사람이 집 때문에 울고 웃는다. 주택 문제가 현대인의 가장 큰 문제가 되어버렸다.

집 빼고는 사는 게 다 고만고만

"부자는 뭐 대단한 줄 알았더니 사는 게 다 거기서 거기더라."

어느 부자 모임에 다녀온 한 지인이 불쑥 이런 말을 꺼냈다. 그 얘기를 듣고 보니 틀린 말은 아닌 것 같았다. 대기업 회장 같은 아주 큰 부자들이라면 모를까 일반 부자, 특히 자수성가한 부자들은 사치스럽지 않다. 연봉이 수억 원이나 되는 대기업 임원이나 전문직 종사자도 마찬가지다. 입고 다니는 옷이나, 먹는 것은 일반 샐러리맨과 구분하기 어렵다. 지역별로도 서울 강남에 사나, 시골에 사나 먹고 입는 것은 큰 차이가 없는 게 요즘 세상이다. 자기 집에 살든, 전세로 살든 차이는 생각보다 많이 나지 않는다. 이제는 '의(衣)·식(食)'은 평준화 시대다.

통계청이 전국 2인 이상 가구를 대상으로 조사하는 주거 형태별 월평균 가계수지를 보자. 이에 따르면 2022년 1분기 기준 전세로 사는 가구가 지출하는 식료품·비주류 음료비는 매달 46만 2,531원으로 내 집 거주 가구의 92.2% 수준이다. 하지만 전세 거주 가구의 의류·신발과 오락·문화비 지출은 내 집 거주 가구보다 각각 15.8%, 30% 더 많다. 전세 거주 가구가 내 집 거주 가구보다 상대적으로 젊은 층일 가능성이 높은데, 차려입고 노는 데 더 많이 지출하기 때문으로 분석된다. 월세 거주 가구는 식료품·비주류 음료비로 내 집 거주 가구보다 적게(86.2% 수준) 쓰지만, 오락·문화비는 비슷(95% 수준)하고, 통신비는 오히려 더 많이(12.1%) 지출한다. 월세로 살다 보니 주거·수도·광열비로 내는 돈은 내 집 거주 가구보다 곱절 가량(92.8%) 많다. 요컨대 먹고 입고 즐기는 것은 큰 차이가 없고, 유독 '집'에 대해서만 천양지차를 보인다.

현대인의 필수품인 스마트폰도 이제 거의 비슷비슷해져서 겉으로 봐서는 고급품인지 보급품인지 구별하기 어렵다. 값비싼 스마트폰 최신 기종을 샀다고 자랑하는 사람은 거의 없다. 간혹 주변에 해외 명품 시계를 차는 부자들이 없지는 않다. 하지만 귀찮아서 아예 시계를 차지 않거나 부를 드러내기 싫어 전자회사의 스마트워치를 차는 부자들도 생각보다 많다.

과거 외제 차는 성공의 상징이었으나 이제는 일반인도 살 수 있을 정도로 대중화되어 신분재(身分財)의 의미가 퇴색되었다. 벤츠나 BMW는 30대 대기업 과장들도 타고 다닌다. 승용차는 가계 자산에서 차지하는 비중이 현격히 낮아졌다. 외제 차는 돈이 없어 못 타는 것이 아니라 남의 시선 등 여러 이유로 안 타는 사람들이 더 많은 것 같다.

외제 차 가격이 오르긴 했지만 대도시 집값이 오른 것에 비하면 새 발의 피다. 서울 강남 국민주택규모(84㎡, 34평형) 아파트는 기본이 20억, 비싼 것은 50억 원에 육박한다. 국민주택규모 아파트는 수요층이 두껍고 공급도 많아 아파트 가격 수준을 가늠하는 잣대로 쓰인다. 천정부지로 치솟은 아파트를 두고 벽에 금 발라놨느냐는 얘기가 나올 만하다. 우리나라에서 가장 높은 산은 '부동산', 가장 낮은 산은 '저출산'이라는 말이 농담처럼 들리지 않는다.

이 산골에서 훨씬 더 잘 먹습니다

종합편성채널 MBN의 장수 프로그램 〈나는 자연인이다〉를 자주 보는 편이다. 벌써 10년 넘게 매주 전파를 타는 이 프로그램은 한국 갤럽이 매월 발표하는 '한국인이 좋아하는 TV 프로그램'에서 항상 상위에 오른다. 여러 채널에서 재방송 단골 프로그램이다. 인기가 있다 보니 최근 '나는 자연인이다'라는 트로트 노래까지 나왔다. 자유롭게 사는 자연인은 일상을 탈출하고 싶어 하는 사람들의 로망이다. 2박 3일 동안 촬영하는 이 프로그램에 출연하는 사람들의 사연은 가지각색이다.

몇 년 전에는 국가대표 조정 선수 출신으로 1994년 히로시마 아시안게임에서 동메달을 딴 40대 후반의 남성이 출연했다. 세상과 연결된 것이라고는 배 한 척과 우체통이 전부인 외딴 산속에서 벌써 8년째 생활하고 있었다. 그는 닭요리를 하면서 "도시에서 살 때보다 산골에서 더 잘 먹는다"고 말했다. 무심코 던진 이 말 한마디는 내게 충격이었다. '욕심을 다 내려놓고 산골에 나 홀로 사는 사람이 도시인보다 더 잘 먹는다니… 다 잘 먹자고 힘들게 일하는데….'

프로그램 성격상 약간의 연출이 있겠지만, 그래도 자연인들은 대체로 먹는 것에는 아끼지 않는 것 같다. 지천으로 널려 있는 산나물과 약초, 친환경 채소와 오리나 닭을 직접 길러 음식을 잘 해 먹는다. 하나같이 음식 재료를 다루는 솜씨가 식당을 차려도 될 만큼 요리사급이다. 그래서 〈나는 자연인이다〉는 자연 속 삶의 체험보다 먹방 프로그램 성격이 강하지 않나 하는 생각이 든다. 시간에 쫓겨 가공식품이나 도시락으로 한 끼 때우기 일쑤인 도시인보다 적어도 '식(食)'에선 삶의 질이 훨씬 우위인 것 같다.

요즘은 "서울이나 부산 사람보다 시골 사람들이 더 잘 먹는다"는 말을 자주 듣는다. 대기업 회장이든, 평범한 서민이든 배가 출출할 때 먹는 라면은 거의 같다. 비싼 라면과 싼 라면 간의 가격 차이는 고작 1,000~2,000원이다. 하기야 영양이 넘쳐나는 지금 대도시에선 어떻게 하면 덜 먹을까 고민하는 시대가 아닌가. 보릿고개는 가끔 트로트 노래에서만 늘는 아득한 옛말이 되었다. 요즘은 간헐적 단식이 시대 유행어가 되었다. 살을 빼기 위해 '돈을 갖다 바치면서' 단식 프로그램에 며칠씩 참여한다. 이제는 많이 먹기 위해 돈을 버는 시대가 아니라 적게 먹기 위해 발버둥 치는 시대가 된 셈이다.

순돌이 아빠를 기억하십니까

중장년층이라면 누구나 〈한 지붕 세 가족〉이라는 MBC TV의 일요 아침드라마 속 등장인물인 '순돌이 아빠'를 기억할 것이다. 〈한 지붕 세 가족〉은 서울아시안게임이 열린 1986년부터 8년 가까이 방영된 장수 프로그램이다.

이 드라마에서 아들 순돌이는 문간방에 세 들어 사는데 외동아들이라서 그런지 철이 없다. 어느 날 순돌이는 아빠에게 오리털 파카를 사달라고 조른다. 처음에는 시큰둥하지만, 아들 사랑이 지극한 순돌이 아빠는 세탁소 주인 만수 아빠에게 3만 원을 꾸어 재래시장을 찾는다. 하지만 가게 주인이 오리털 파카값으로 15만 원을 부르자 깜짝 놀란다. 돈이 모자라 결국 저렴한 솜털 점퍼를 선택한다. 자신이 원하는 옷을 사지 못한 순돌이는 입이 잔뜩 나온 채 터벅터벅 집으로 되돌아온다.

1990년 즈음 대기업 신입사원 월급이 대략 50만~60만 원, 사립대 한 학기 등록금이 50만~70만 원이었던 것으로 기억한다. 한마디로 당시에는 옷값이 소득 수준에 비해 엄청 비쌌다는 얘기다. 30년가량 세월이 흐른 지금이라면 어땠을까. 아마 순돌이 아빠는 재래시장보다는 의류할인매장이나 인터넷쇼핑을 찾았을 것이다. 순돌이 아빠가 되었다고 생각하고 한번 탐색해보라. 요즘 15만 원이면 할인매장에서 오리털 파카 한 벌은 충분히 산다. 아니, 돈이 남아 롱패딩을 하나 더 살 수 있을지도 모른다. 글을 쓰다가 잠시 거실로 나와 보니 TV 홈쇼핑에서 남자 양복을 8만 원대에 팔고 있었다.

이제는 비싼 옷을 입어야 자신의 신분이 높아진다는 식의 과시형 풍조가 많이 사라졌다. 중저가의 유니클로, 갭, 자라 등 '패스트 패션'이 유행하면서 옷에 대한 실용적인 인식이 강해진 것도 영향을 끼쳤다. 패스트 패션은 주문만 하면 곧바로 먹을 수 있는 패스트 푸드처럼 최신 유행을 반영한 상품을 빠르게 생산·유통하는 의류이다. 이제 옷은 한 계절 가볍게 입고 버리는 소모품으로 인식된다. 이러다 보니 해외 명품 브랜드라면 모를까, 일반인들이 일상적으로 입는 옷값은 오르기는커녕 되레 싸졌다. 개인적인 경험이지만 패스트 패션 할인 때에는 2만~3만 원대에서 부담 없이 괜찮은 옷을 살 수 있었다.

해방 이후 1960년대까지 '마카오 신사'라는 말이 유행했다. 마카오는 당시 중개무역이 활발했던 곳이다. 양복이 귀했으니 영국산 모직으로 지어 입은 마카오 신사는 멋쟁이 부자의 상징이었다. 하지만 이제 옷은 더 이상 자신이 누구인지 드러내는 신분재가 되지 않는다. 개인적인 경험이지만 대기업 CEO를 제외하고 자산가들은 대체로 양복을 잘 입지 않는 것 같다. 남의 눈치를 보지 않는 당당한 삶의 표현인지 오히려 자수성가한 부자일수록 낡은 점퍼를 입고 검소하게 산다. 옷을 더 이상 날개로 생각하지 않는다.

한때 '국민복'이 된 아웃도어 등산복을 일상생활에서도 즐겨 입는 사람이 많다 보니 옷차림새를 봐서는 부자인지 잘 모른다. 옷차림새만으로 누군가를, 특히 중년 혹은 고령 남자를 평가했다가는 큰 실례를 할 가능성이 크다. 요즘 남자에게 옷차림은 그 사람의 스타일일 뿐 부자라고 해서 특별히 '폼 나게' 입지 않기 때문이다. 간혹 허영에 가득 찬 과시형 졸부들이 있을 수 있으나 영화에서나 볼 수 있을 뿐 일반적인 부자가 아니니 착각하지 말기 바란다.

삶의 또 다른 필수요소인 '락'

인간 삶의 필수요소로 의·식·주 이외에 한 가지 더 추가하라고 하면 '락(樂)'이 아닐까. '락'은 말 그대로 즐거움이니, 주관적으로 느끼는 행복이다. 같은 라면이라도 집에서 끓여 먹으면 '식'의 성격이 강하지만 어렵게 찾아낸 맛집에서 먹는다면 '락'에 더 가깝다. 요즘 '락'의 상징으로 해외여행이 급부상한 느낌이다. 이제 갓 사회에 나온 젊은이들, 심지어 대학생까지 아르바이트를 하거나 부모로부터 돈을 받아 해외여행을 간다.

주변 사람들을 보면 50대 이상은 일상이 바빠서 그런지 자금 여유가 있어도 젊은 사람보다는 덜 다니는 것 같다. 해외여행은 돈이 많아야 자주 간다고 생각하는 것은 선입견이다. 가까운 일본이나 중국, 동남아 해외여행은 평일 2박 3일 기준으로 60만~80만 원이면 충분히 다녀올 수 있다. 제주도나 동해안으로 가는 국내 여행비용과 차이가 많이 줄었다. 아무리 시골에 살아도 한 번쯤은 해외여행 경험이 있을 것이다. 코로나19 사태 이전에는 한 해 해외여행객만 해도 3,000만 명에 육박했다.

이제는 비행기 타고 해외여행을 다녀왔다고 우쭐대는 시대는 지났다. 여행 가방을 들고 공항으로 가는 사람을 아무도 우러러보지 않는다. 이제 해외여행은 평범한 사람도 언제든지 갈 수 있는 원거리 나들이에 불과할 뿐이다. 한때 상류층의 운동이었던 골프도 이젠 대중화되면서 큰 부러움의 대상은 아니다. 하지만 아파트를 사서 돈을 벌었다는 친구 얘기를 들으면 왠지 질투가 나고 주눅이 든다. 겉으로 아닌 척해보지만, 속으로는 상대적 박탈감에 따른 빈곤감을 느끼는 것은 어쩔 수 없다.

아파트값만 중요한 사람들

"아파트 얼마에 내놓으셨어요? 4억 원 이하는 아니죠?"

스릴러 영화 〈목격자(2018)〉의 막바지 장면에서 부녀회장은 눈 오는 날 이사 가는 주인공 부부에게 난데없이 아파트 매매 가격을 묻는다. 영화의 무대는 살인사건이 일어난 대도시 아파트 단지 한복판이다. 영화는 한밤중 일어난 살인사건을 목격한 주인공이 다음 표적이 되어 범인과 벌이는 숨 가쁜 추격전을 담아낸다. 하지만 부녀회장뿐만 아니라 단지 주민들에겐 사람의 목숨보다는 아파트값이 더 중요한 것 같다. 그래서 자신의 집 앞에서 일어난 살인사건이 밖에 알려지지 않도록 쉬쉬하고, 사건 이후 실종된 사람을 찾는 전단을 붙이지 못하게 한다. 나쁜 일이 생긴 아파트로 소문나면 값이 떨어질지 모른다는 이유에서다.

이 영화에서 집을 단순히 금전적 수단으로만 생각하는 각박한 세태의 단면이 드러난다. 영화를 보는 관객들은 부녀회장을 아파트값밖에 모르는 비정한 사람이라고 비난한다. 하지만 막상 당사자가 되면 어떻게 할까. 혹시 부녀회장의 행동을 그대로 따라 하지는 않을까. 영화가 나온 지 한참 지났으니 그 아파트값은 제법 올랐을 것이다.

삶의 안식처였던 집이 재산적 가치나 성공을 평가하는 도구로 전락한 지 오래다. 이런 양상은 가면 갈수록 더 심해지는 것 같아 걱정이다. 우리는 사놓은 아파트값이 떨어질까 봐 조마조마하게 산다. 전 재산을 투자한 소유물을 잃을지도 모른다는 일종의 불안감이다.

영화 〈목격자〉는 바로 이 아파트값에 미친 한국 사회의 서글픈 자화상이다. 한편으로는 아파트값에 올인하면서 이 과정에서 노골화되는 집단이기주의를 엿보게 된다.

요컨대 삶의 필수요소 중 '의·식·락'은 대부분 평준화되어 돈이 많든 적든, 어디에 살든 큰 차이가 없다. 안락한 삶의 공간에 불과한 '주'에 전력투구하는 바람에 결국 집만 비대해진 게 아닌가 싶다. 이 것을 필자는 우리 삶에서 집이 주인 노릇을 하는 사회라는 측면에서 '주주(住主)사회'라고 부르고 싶다. 이런 기형적인 삶을 당연한 듯이 받아들이거나 애써 무시하는 척 사는 게 대도시의 우리 생활이니 한편으로는 쓸쓸하다는 생각이 든다.

KEY POINT

인간이 살아가면서 반드시 갖춰야 할 필수요소는 '의, 식, 주'로, 최근 들어선 '락'이 추가되었다. 옷차림만 보면 그 사람이 잘사는지 못사는지 알 수 없다. 먹는 것은 대도시 사람보다 시골 사람이 더 잘 먹는다. '락'의 상징인 해외여행도 이제는 누구나 갈 수 있는 장거리 나들이에 불과하다. 입고, 먹고, 노는 삶은 거의 평준화되었다고 해도 과언이 아니다. 그런데 집값만 유독 천양지차다. 우리 삶에서 집의 비중이 훨씬 커졌다. 집만 비대해지는 사회, 집에 올인하는 사회가 되었다. 집이 이제 주인 노릇을 한다. 우리가 원하든 원하지 않든 '주주(住主)사회'가 열린 것이다.

넘쳐나는 뉴스가
집값 걱정을 부추긴다

부동산 뉴스는 행간을 잘 읽지 않으면 속기 쉽다. 유튜브를 비롯한 SNS는 정보 수용자와 직접적인 소통을 할 수 있는 게 강점이다. 하지만 거칠고 자극적인 정보가 직접 전달되니 문제다.

오늘도 스마트폰이나 인터넷에는 부동산 뉴스가 넘쳐난다. 보기 싫어도 어쩔 수 없이 봐야 한다. 부동산 뉴스가 없었더라면 집값에 대한 관심이나 걱정이 지금보다 덜했을 것이다. 우리 조상들은 지붕에 물이 새는 걱정은 했어도 집값 걱정은 안 했다. 집값은 사고팔 때나 한두 번 생각했을 것이다. 지금은 지붕에 물이 새는 것보다 집값 떨어지는 게 더 두렵다. 집이 허물어지든 말든 집값이 오르는 게 중요하다.

뉴스는 우리 뇌에 '부동산 가격'이라는 의제(agenda)를 수시로 주입한다. 이러다 보니 부동산에 관한 생각은 뇌리에서 사라지지 않고 불쑥불쑥 떠오른다. 집값에 대한 걱정이었다가 그것은 어느 순간 욕망으로 바뀌기도 한다. 넘쳐나는 뉴스는 우리 자신도 모르게 부동산을 탐닉하게 만든다.

왜 자극적인 부동산 뉴스만 쏟아질까

수년 전 인터넷 부동산 정보회사에서 근무하면서 직접 부동산 뉴스의 조회 수를 눈여겨봤다. 관리자 모드에서는 시시각각 변하는 조회 수를 체크할 수 있었다. 지역적으로는 수도권 외곽이나 지방보다는 서울, 그것도 강남 뉴스가 나올 때 조회 수가 높았다. 어찌 보면 당연하지만, 자극적인 제목에 이용자들이 민감하게 반응한다는 것도 알았다. 하락보다 폭락, 상승보다 폭등, 고수익보다 대박이라는 제목을 달 때 조회 수는 급속하게 늘어났다.

요컨대 강남 등 특정 지역의 이슈를 많이 올리고 같은 내용이라도 섹시하게 제목을 달면 조회 수를 확 끌어올릴 수 있다는 것이다. 인간의 욕망을 부추기는 제목이어야 이목을 끌 수 있다는 얘기다. 낚시성 제목은 조회 수를 끌어올리는 데 즉효 약이다. 만약 인터넷이나 유튜브에서 구독자들이 클릭하는 횟수와 돈이 연결되어 있다면 더욱 자극적인 제목 달기에 나설 것이다. 이런 생각까지 이르니 왜 부동산 뉴스에서 강남이나 서울 아파트 기사가 많은지, 왜 제목은 선정적인지 알 수 있었다.

폭락이나 폭등 뉴스를 보고 마음의 평정을 유지하기는 어렵다. 집 값 폭락 뉴스에 '영끌족(대출을 영혼까지 끌어모은 사람들)'은 밤잠을 설친다. 괜히 분위기에 휩쓸려 집을 샀다는 후회가 밀려온다. 집값 폭등 뉴스에 유주택자는 안도의 한숨이나 쾌재를 부르겠지만 무주택자는 가슴이 철렁 내려앉는다. 가장으로서 의무를 다하지 못하고 있다는 자괴감과 사회적으로 낙오되고 있다는 무력감이 밀려온다.

'무리하더라도 그때 집을 마련했어야 했는데, 지금이라도 나서야 하는 게 아닌가' 하는 조바심이 생긴다. 쇼킹한 제목의 부동산 뉴스가 없다면 수요자들의 심리적 동요와 불안이 덜하지 않을까. 시장 참여자들이 이성적인 대응을 할 것이고 그만큼 시장 변동성을 유발하는 쏠림현상이 조금이라도 줄어들 것이니 말이다.

집값 출렁이게 만드는 부동산 뉴스

부동산 뉴스는 어떤 방식이든 시장에 영향을 미친다. 즉 시장 참여자의 심리 형성에 영향을 미치고, 다시 심리는 거래량과 가격에 영향을 주는 연쇄고리를 만들어낸다. 아파트 관련 뉴스 기사량이 늘어나면 4개월 후 아파트의 거래량에 양(+)의 영향을 미친다.[1] 뉴스는 시장을 한쪽으로 더 내모는 특성이 있다. 양(+)의 되먹임(피드백) 때문이다.

양의 되먹임은 피드백이 상황을 더 가속화하는 '자기 강화적'일 때 발생한다. 오를 때는 더 오르게 하고, 내릴 때는 더 내리게 한다. 특히 집값 상승 뉴스는 부동산에 관심이 없던 사람까지 시장에 끌어들여 시장의 변동성을 확대시킨다. 이처럼 부동산 시장에서 양의 되먹임은 하락기보다는 상승기에 더 많이 작용한다.

실제로 연구 결과 주택 가격 상승 뉴스가 하락 뉴스보다 시장의 변동성을 좀 더 자극하는 것으로 나타났다.[2] 부동산 시장 참여자들이 '집값이 오른다'는 뉴스를 접했을 때 심리적으로 동요할 가능성이 상대적으로 더 높다는 얘기다. 다만 집값 상승을 모두 언론 탓만

하는 것은 편향적 시각이다. 언론이 집값에 일부 영향을 줄 수 있다는 것이지, 집값을 결정한다는 식의 논리는 과장된 논리다. 그렇더라도 언론이 부동산 가격의 출렁임을 자극한다는 것은 대체로 맞는 얘기다.

대부분의 부동산 기사는 '집값이 이런저런 이유로 상승했다'는 사실 자체만 보도하는 데 그치지 않는다. '과열 분위기이니 신중한 접근이 필요하다'는 등의 주의(注意) 코멘트를 덧붙인다. '신중'은 집을 사지 말라는 신호다. 하지만 사람들은 '상승'에만 신경을 곤두세울 뿐 '신중'은 애써 무시한다. 집값 상승 뉴스는 아무리 신중을 강조하더라도 결과적으로 시장 과열에 한몫 거든 꼴이 된다.

흥미로운 점은 부동산 하락 뉴스에서 신중하라는 코멘트는 거의 없다는 것이다. 주식 시장에서는 급락기 때 전문가의 견해를 인용해 '지금 지수가 거의 바닥권이니 매도를 보류하고 지켜보라'고 조언한다. 하지만 부동산 뉴스에선 아무리 집값이 하락해도 매물을 그만 내놓으라고 권하지는 않는다. 어떤 행동에 나서라고 권유하기보다는 알아서 하라는 식이다. 경제에 미치는 심각성이나 거래 두절로 생기는 여러 부작용을 언급할 뿐이다. 부동산 상승기와 하락기는 이처럼 보도 태도뿐만 아니라 맥락 또한 불균형적이다. 아마도 부동산 가격이 상승할 때 상대적 박탈감이나 사회적 갈등이 더 심하다 보니 '쿨 다운'을 주문하는지 모른다. 부동산 상승 국면에서 매스컴은 시장을 훈계하는 듯한 느낌도 든다.

왜 강남 아파트 뉴스만 많을까

강남권 아파트 뉴스를 전국 방송에서 꼭 다뤄야 할까. 주말 아침마다 라디오에서 6년째 부동산 소식을 전하면서 가끔 이런 생각을 한다. 지방, 심지어 남해안 섬 주민에게까지 서울 강남 아파트값이 얼마 올랐는지 내렸는지 꼭 전해야 하는가에 대한 고민이다. 그래서 부동산 소식이 특정 지역에 편중되지 않게 애쓰는 편이다. 전국 어디서 들어도 공감할 수 있는 내용, 가령 정책이나 제도, 전·월세 문제, 금리 등의 이슈를 자주 다루려고 한다. 그래도 존재론적 한계를 많이 느낀다.

강남 아파트는 말 그대로 해당 지역의 '동네 뉴스'다. 그 지역 사람에게는 중요한 소식이 될 수 있을 것이다. 해당 지역 주민들이 보는 지역 신문이나 방송에서는 단골 소식이 되어도 이상할 게 없다. KB국민은행에 따르면 강남·서초·송파구 등 강남 3구 아파트는 2022년 6월 현재 36만 1,869채로, 우리나라 전체 아파트의 3.1% 수준이다. 송파구가 13만 5,318채로 가장 많고, 그다음으로 강남구 12만 8,241채, 서초구 9만 8,310채 순이다.

극소수에 불과한 강남 아파트는 지리적으로 강남을 넘어서 전국 뉴스로 매시간 생중계된다. 무심코 인터넷이나 유튜브를 켜도 강남 아파트 소식이 넘쳐나고, 일간 신문 부동산 면에도 강남 아파트는 단골 메뉴다. 지금 네이버나 다음 같은 포털사이트 부동산 섹션을 한번 보라. 지방 아파트 시장을 다룬 뉴스는 거의 가뭄에 콩 나듯 한다. 강남을 포함한 서울이 부동산 뉴스의 대부분을 차지하고, 가끔 수도권 인기 지역이 양념으로 들어갈 뿐이다. 강남 아파트 뉴스가 전국 뉴스로 수시로 탈바꿈한다. 이러다 보니 강남 아파트는 전 국민의 관심사가 되었다.

같은 경제 뉴스라도 금리나 환율은 부동산과 성격이 다르다. 금리와 환율은 서울이나 지방 사람 모두에게 영향을 미친다. 하지만 부동산 뉴스는 기본적으로 입지에 대한 소식이므로 국지적인 성격을 갖기 마련이다. 지방 사람들에게는 강남 아파트 소식보다 동네에 공공 도서관이나 박물관이 들어선다거나, 다리 혹은 도로 개통 소식이 훨씬 중요한 이슈다. 그들에게 강남 아파트는 자신의 삶과 직접적인 연관이 없다. 강남 아파트 가격이 시차를 거쳐 지방 아파트에 영향을 주기도 하지만, 지방 사람들이 매일 강남 아파트 뉴스를 들어야 할 이유는 없다.

"나는 강남 아파트에 관심이 없는데 왜 강제로 듣고 보게 하느냐"고 하소연해도 소용없다. 정보 공세에 누구나 쉽게 '인지의 포로'가 된다. 뉴스는 우리로 하여금 같은 욕망을 좇아가도록 부추기고 결국 획일적인 인간으로 만든다. 어쨌든 강남 아파트 뉴스를 우리 동네 소식보다도 더 자주 접해서 이젠 친숙하기까지 하다. 강남의 대치동이나 압구정동 아파트에서 무슨 일이 생기면 마치 내 아파트에서 일어난 일처럼 가깝게 느껴진다. 이것이 바로 미디어에 의한 정보 주입이 낳은 결과다.

자주 일으키는 과잉 일반화의 오류

"뉴스에서는 한 달 새 7억 원이나 떨어졌다고 하더니…."

서울에 사는 한 지인은 뉴스를 보고 강남 아파트를 사러 갔다가 낭패를 당했다. 최근 강남 아파트 가격이 급락했다는 뉴스를 보고 해당 아파트 중개업소에 가봤지만 핀잔만 들었다.

해당 지역에서 국민주택규모(84㎡, 34평형) 아파트가 2022년 5월 20억 1,000만 원에 실거래된 것은 맞았다. 한 달 전 실거래가인 27억 원보다 25.5% 떨어져 거래된 것은 분명했다. 그런데 그 가격에 아파트를 사고 싶다고 중개업자에게 매물을 부탁했더니 그런 매물은 없다고 잘라 말했다. 해당 평수 아파트를 사려면 최소 28억 원은 줘야 한다는 것이다. 중개업자는 그 아파트를 20억 원에 살 수 있느냐는 전화를 오늘 하루에만 10통이나 받았다고 했다.

현지 중개업자들은 '중개 거래(중개소를 통한 거래)'가 아닌 '직거래(개인 간 직접 거래)'인 점을 미뤄 특수 관계인 간의 거래인 것으로 추정했다. 정상적인 매매 거래가 아닐 가능성이 높다는 얘기다. 나중에 등기부 등본을 떼어보니 가족 간의 거래라는 게 확인되었다. 매도자와 매수자의 성과 이름 첫 글자가 같고, 주소도 비슷했다. 6월 1일 보유세 과세 기준일을 앞두고 세 부담을 피하기 위해 싸게 매매한 것으로 파악되었다.[3]

뉴스를 통해 안 사실과 현실은 왜 이렇게 다를까. 이는 뉴스가 극단의 사례를 보도해서 뉴스 수용자들이 이를 전체인 것처럼 착각하게 하기 때문이다. 모든 강남 아파트가 한 달 새 7억 원이 떨어진 것으로 오해를 유발한다는 얘기다. 7억 원이 하락한 아파트가 강남 전체 아파트를 대표하는 것도 아니다. 그사이 오른 아파트도 있을 것이다. 뉴스가 잘못된 내용을 전달하는 건 아니지만 하나의 이례적인 사례를 확대 포장한다. 언론은 극단적인 사례를 좋아한다.

같은 날 한 언론사는 '한 달 새 집값 3억 원 하락', 다른 언론사는 '한 달 새 집값 5억 원 하락'과 같은 제목의 기사를 내보냈다고 하자. 이 경우 '집값 5억 원 하락'이 훨씬 취재를 잘한 기사로 인정받는다. '집값 3억 원 하락'을 쓴 기자는 괜히 낙종한 것 같아 주눅이 든다. 어차피 두 기사는 한두 개 아파트 단지에서 일어난 드문 사례라 큰 차이가 없는데도 말이다. 뉴스만 보면 세상에 큰일이라도 일어난 것 같다. 뉴스대로라면 우리나라 경제는 수십 번 망했을 것이다.

하우스푸어 사태가 극심했던 2012년에도 비슷한 일이 있었다. 홍콩에서 한 투자자가 찾아왔다. 한국 부동산 가격이 많이 떨어졌다는 뉴스를 봤는데, 싼 빌딩 매물을 매입하고 싶다고 했다. 그런데 당시 아파트값은 많이 하락했지만 빌딩은 그렇지 않았다. 거래는 잘 이뤄지지 않았지만 아파트만큼 싼 매물이 없었다.

빌딩시장은 아파트 시장에 비해 하방경직성이 상대적으로 강하다. 다달이 임대료를 받고 있으니 건물주 입장에서는 굳이 급히 팔 필요성을 느끼지 못한다. 빌딩은 기업들이 심한 자금난을 겪거나 부도 사태가 났을 때 급매물이 나온다. 2012년은 기업들의 자금 사정이 빌딩을 급히 팔 정도로 나쁘지 않아 아파트 시장과 따로 놀았다. 부동산 뉴스가 아파트 중심으로 집중보도 되다 보니 한국 전체 부동산이 급락한 것처럼 오해가 생긴 셈이다. 결국 서울 지인이나 홍콩 투자자의 사례에서 보듯 뉴스를 통해 부동산 시장의 '과잉 일반화의 오류'가 수시로 나타날 수 있다.

연예인의 부동산 성공 스토리 역시 또 다른 착시를 불러일으킬 수 있다. '연예인이 빌딩을 투자해서 얼마를 벌었더라' 식의 보도를 흔히 접한다. 연예인은 부동산 투자를 하면 항상 성공할까. 반드시 그렇지는 않다. 어떤 연예인은 쇼핑몰에 투자해 손해를 본 사람도 있고, 수도권에 중대형 아파트를 비싸게 분양받아 10년 넘게 본전을 찾지 못한 사람도 있다. 우리는 실패보다 성공한 사람의 스토리에 눈길이 간다. 연예인의 성공 스토리가 계속 뉴스를 타면서, 연예인은 족집게 투자자 혹은 미다스의 손으로 과대 포장된다. 이 과정을 통해 '연예인 부동산 투자=대박'이라는 정말 그럴듯한 이야기 편향이 만들어진다.

부동산 뉴스에는 왜 유독 악플이 많을까

부동산 뉴스에 달리는 댓글은 한마디로 험악하다. BTS나 손흥민 같은 글로벌 스타가 아니더라도 일반적 '식(食)·의(衣)·락(樂)'을 다룬 뉴스에서는 착한 댓글인 '선플'이 많다. 하지만 '주(住)'를 다룬 부동산 뉴스는 유독 단순 비판을 넘어 욕설로 도배될 때가 많다. 그래서 일부 포털사이트 부동산 섹션에서는 뉴스에 댓글 달기 기능을 차단한다.

부동산 전문가들에게 물어보니 가급적 부동산 뉴스의 댓글을 보지 않으려고 애쓴다고 했다. 우연이라도 악플을 보게 되면 아무리 강철 심장이라도 한동안 마음이 편치 않기 때문이다. 일부 연예인처럼 악플에 시달리다 우울증으로 이어질 수 있다. 익명의 공간에서는 인간은 쉽게 야수로 변한다. 평소에는 들어보지도 못한 언어폭력도 적지 않다. 누구든 그런 악플을 보면 '내가 무슨 잘못을 했기에 그렇게 악담을 퍼붓느냐'며 따지고 싶어질 것이다.

하지만 돌려서 생각해보자. 부동산 뉴스에 악플이 많다는 것은 그만큼 부동산으로 스트레스를 받는 사람들이 많다는 방증이다. 가진 자와 못 가진 자 간의 갈등이 더 심해지고 있다는 증거다. 상대적 박탈감에 따른 분노의 표시가 악플로 나타나는 것은 아닐까. 혹은 비슷한 목표를 향해 가는 사람들이 많기 때문일지도 모른다. 서로 비슷해야 질투와 시기를 유발하는 '배아프리즘'이 작동하기 때문이다.

부동산 뉴스의 악성 댓글을 보면 마치 분노의 전시장 같다. 그 분노는 나를 향하지 않는다. 문제가 내가 아니라 정부나 다주택자 등 타자에 있다고 보기 때문이다. 나는 올바르게 사고하고 행동하고 있지만 나를 제외한 그들이 잘못하고 있는 게 문제라고 생각한다. 잘못하고 있는 그들만 바로잡으면 만사가 해결될 것처럼 편향된 사고를 한다. 그러나 자신의 신념에 절대적 가치를 부여할 때 그것은 맹목적이고 위험한 이데올로기가 된다. 상대방에 대한 배려가 없는 악플은 감정의 배설일 뿐이다. 악플이라는 화풀이를 통해 자신의 스트레스를 날릴 수 있겠지만 당하는 사람은 가슴이 찢어진다.

부동산 뉴스에 선플이 많이 달리는 시절이 언제 올까. 재테크 수단으로서 부동산에 관심이 멀어지는 시대에는 가능하지 않을까. 불행하게도 부동산 시장의 양극화라는 추세를 감안해보면 그럴 가능성은 거의 없다. 오히려 더 노골화되지 않을까 싶다.

최강의 지식 정보통으로 부상한 유튜브

"TV 인터뷰하는 거 유튜브에서 봤어요."

요새는 지인으로부터 이런 얘기를 많이 듣는다. 지상파 TV 프로그램에 출연해도 직접 봤다는 사람은 많지 않다. 주로 유튜브를 통해서 인터뷰를 접한다. 미디어 환경이 급속도로 변하고 있다는 사실을 절실히 느낀다. 유튜브는 지식과 정보를 유통하는 최강의 플랫폼이 되었다. 한때 신문 기사가 네이버에 나오느냐 안 나오느냐를 따질 만큼 네이버의 영향력이 컸다. 요즘은 유튜브에 나오는 것이 중요할 정도니 가히 '유튜브 전성시대'라고 해도 과언이 아니다.

세상의 수많은 정보가 유튜브를 타고 유통된다. 유튜브는 스마트폰에 최적화된 플랫폼인 것 같다. 이제 TV 시청보다는 유튜브를 보는 시간이 훨씬 더 길다. 집에 와서도 거실에서 TV를 보지 않고 자기 방 침대에 누워 유튜브를 시청한다. 유튜브가 신문이나 지상파 방송 같은 '레거시 미디어'를 뛰어넘을 정도로 막강해진 것이다. 유튜브의 짧은 영상에 익숙하다 보니 1시간짜리 TV 프로그램조차 길고 지겹다는 반응까지 보인다.

유튜브를 비롯한 SNS는 정보 수용자와 직접적인 소통을 할 수 있는 게 강점이다. 하지만 제대로 걸러지지 않은, 거칠고 자극적인 정보가 직접 전달되니 문제다. 사용자의 성향에 맞춰 비슷한 콘텐츠를 집중적으로 제공하는 알고리즘은 '확증편향'을 심화시킬 수 있다. 자신이 원하는 특정 내용만 집중적으로 받아들일 수 있는 셈이다. 균형과 객관적 안목, 이성적 판단보다는 기존의 신념만 심화시킬 수 있다.

SNS가 지배하는 세상일수록 정보를 걸러내는 여과 기능이 절실해진다. 어느 지인은 이제 정보의 시대가 아니라 검증의 시대라고 설파했다. 얘기를 듣더라도 가려서 들어야 한다. 전문가든, 고수든 한 사람의 얘기에 함몰되지 않는 게 바람직하다. 집값이 상승한다는 낙관론자의 얘기를 듣고 나서 반드시 하락론자의 얘기도 함께 들어야 한다. 여러 사람의 중지를 모으고 학습량을 늘려 스스로 대처할 수 있는 비판 능력을 길러야 한다. 정보 소비자들이 이젠 현명해져야 한다. 혼돈의 시대에는 정보 판별 능력도 실력이다.

뉴스를 액면 그대로 믿으면 안 되는 이유

부동산 뉴스는 행간을 잘 읽지 않으면 속기 쉽다. 무엇보다 광고인지 기사인지를 가려내는 안목이 있어야 한다. 대표적인 것이 기사형 광고(애드버토리얼, advertorial)이다. 얼핏 보면 기사 같지만 실제로는 기사로 포장한 광고다. 원래는 이런 기사는 '광고' 표기를 해야 하지만 그렇지 않은 경우가 더 많으므로 조심하는 게 좋다. 최근 '미세먼지 잡은 숲세권 아파트 뜬다'라는 부동산 기사를 본 적이 있다. 기사에는 미세먼지가 폐암이나 만성폐쇄성 질환을 유발할 정도로 치명적이라고 언급한 뒤 숲세권 아파트의 장점을 늘어놓는다. 숲 프리미엄으로 아파트 매매 가격도 오르고 청약경쟁률도 치솟는다는 것이다.

이 정도까지 보면 일반적인 기사와 큰 차이가 없다. 하지만 기사의 마지막에 이르면 '미세먼지가 기승을 부리면서 숲세권 아파트가 줄줄이 분양된다'는 글이 나온다. 분양 아파트 리스트가 3개 이상 나열된다. 이런 유형의 기사는 분양 홍보를 위해 쓴 전형적인 애드버토리얼이다. 애드버토리얼은 기사로 포장하기에 일반광고보다 광고효과가 높은 편이다. 하지만 눈속임 기사가 될 가능성이 높다. 부동산 기사는 행간을 꼼꼼히 읽어야 진면목이 드러난다.

KEY POINT

우리는 자나 깨나 집값 걱정을 한다. 이는 뉴스가 우리 뇌에 집값 의제를 수시로 주입한 영향도 크다. 넘쳐나는 뉴스는 우리 자신도 모르게 부동산을 탐닉하게 만든다. 우리 동네 뉴스보다 강남 아파트 뉴스를 더 자주 듣게 되는 것이 현실이다. 자극적이고 극단적인 뉴스를 들으면 나도 모르게 불안해진다. 일부를 전체로 착각하는 '과잉 일반화의 오류'에 빠질수 있다. SNS를 타고 제대로 걸러지지 않는 정보들이 난무한다. 한쪽 견해만 계속 받아들이면 확증편향을 키울 수 있다. 뉴스 소비자들은 옳고 그름을 선별할 수 있는 능력을 갖추는 것이 필요하다.

고령자들은 왜
'부동산 프렌들리 세대'가 되었나

고령인구의 부동산 '몰빵'은 살얼음판을 걷듯 조마조마한 것은 사실이다. 과도하게 부풀려진 가격은 어느 순간 갑자기 확 꺼질 수 있기 때문이다. 지금 시점에서 부동산 과몰입은 매우 위험하다.

"내 인생에서 후회되는 일? 10년 전 강남의 60평형대 아파트를 팔아 수도권 아파트로 이사 온 거지."

우리나라에서 알아주는 인문학 분야의 대가 이성기(가명·72) 씨는 최근 저녁 술자리에서 속마음을 털어놨다. 그의 넋두리를 듣곤 솔직히 어리둥절했다. 아무리 술자리라도 평범한 동네 아저씨가 할 수 있는 말을 대학자에게서 듣다니…. 갈아타기 한번 잘못한 일이 인생에 깊은 회한으로 남을 정도면 아파트값이 얼마나 올랐기에 그럴까. 술자리를 마친 후 실거래가를 확인해 보곤 깜짝 놀랐다. 금액 차이가 35억 원이나 났다.

아무리 자신의 마음을 잘 다스리는 인문학 대가라도 그 정도 큰돈 앞에서는 속이 뒤집어질 수밖에 없을 것이다. 인문학의 대가도 욕망이 솟구치는 똑같은 인간이니까. '대학자도 자기 분야에서만 높은 수준의 학식이 있을 뿐 그 외의 분야는 범부와 다름없구나.' 순간 놀라기도 했지만 인간적인 진솔함도 느꼈다. '사람은 다양한 면이 있는데 고정관념이 경직된 시선을 갖게 하는구나.'

며칠 뒤 다시 생각해보니 그가 달리 보였다. 일반인은 엄청난 판단 실수에 모든 것을 다 잃었다고 생각할 텐데, 그 정도의 평정심은 인문학자였기에 가능한 일이 아니었을까. 그는 주식, 금융상품, 부동산에 대한 관심이 꽤 많았다. 월세를 받기 위해 서울 도심에 상가나 오피스텔을 살 계획을 세우고 있다고도 했다. 물질에 대한 욕심은 사람의 본성이며 나이 들어서도 줄지 않는다는 생각이 들었다. 그리고 최근에 다시 읽은 『논어』의 구절이 생각났다.

재물에 관심 많은 나를 너무 자책하지 마라

공자는 『논어』에서 군자가 경계해야 할 덕목 3가지를 연령대별로 꼽았다. 즉 젊었을 때는 색욕(色), 장성했을 때는 다툼(鬪), 노년기에는 재물욕(得)을 각각 경계해야 한다는 것이다. 늙어서 재물 욕심을 조심해야 하는 이유로 '혈기가 쇠했기 때문'이라고 했다. 얼핏 이해가 되지 않는다. 공자는 왜 고령자들에게 그런 주의보를 내렸을까. 혹시 2,500년 전에도 늙어서 재물을 욕망하는 사람들이 많았기 때문이 아닐까. 만약에 그런 사람들이 별로 없었다면 굳이 그런 말씀을 하지 않을 테니까.

'차 조심하라'고 당부하는 것은 자동차 사고가 자주 일어나기 때문이다. 기차를 타는 사람에게 '기차 조심하라'는 말은 하지 않는다.

사고 확률이 거의 없으니까. 당시에도 재물에 집착하는 노인에 대한 사회적 시선이 곱지 않았나 보다. 그래서 노욕(老慾)을 넘어 노추(老 醜)라고도 했다.

하지만 나 자신이 머리가 희끗희끗할 정도로 나이가 들었다고 상 상해보자. 젊을 때처럼 욕정을 밝힐 수 없고, 힘자랑도 할 수 없다. 하고 싶어도 신체 구조상 불가능하고 어른 대접을 받지도 못한다. 그렇다면 나의 존재감이나 정체성을 무엇으로 확인할 것인가. 젊었 을 때처럼 일을 열심히 해서 돈을 벌기도 어렵다. 이런 상황에서는 재물의 힘을 빌리는 것이다. 나이 들어 재물은 나를 지켜주는 보호 막이 될 수 있다. 나를 지켜주는 안전망 역할을 한다는 얘기다. 자식 은 나를 지켜주지 않아도 재물은 나를 버리지 않을 것이다. 이처럼 재물을 자신이 기댈 수 있는 언덕으로 생각했는지 모른다.

흔한 말로 '나이 들수록 입은 닫고 지갑은 열라'고 했다. 쓸데없이 젊은이 일에 참견하지 말고 돈을 풀어 경제적 도움을 주라는 얘기 다. 이 가르침을 지키려면 어느 정도 재물이 있어야 가능하다. 재물 욕은 지나치면 분명 문제다. 과도한 이기심은 공동체에 해가 될 수 있기 때문이다. 하지만 탐욕이 아닌 수준의 재물욕은 자연스러운 일 이다. 그 재물을 남과 나누면 더없이 좋겠지만 그것을 강요할 수는 없다.

우리는 재물을 밝히는 자신을 스스로 자책하고 나이가 들수록 욕 심을 내려놔야 한다고 생각한다. 하지만 너무 강박관념을 가질 필요 는 없다. 재물에 관심이 많은 주변의 고령자를 너무 색안경을 쓰고 보지 마라. 사회보장을 거의 받지 못하는 고령자에게 재물은 사적 복지의 방편일지도 모르니까. 아니, 이미 오래전부터 이어져온 인간의 본성이니까.

경험치가 투자 패턴을 결정한다

고령자들은 부동산에 친숙한 세대, 즉 '부동산 프렌들리 세대'다. 통계청의 고령자통계(2021년)에 따르면 65세 이상 고령자 가구에서 부동산은 전체 자산의 80.2%에 달한다. 노후 재산의 대부분을 부동산에 묶어두고 있는 셈이다. 왜 고령자들은 부동산에 대한 애착이 다른 세대보다 강할까. 답은 우리가 알고 있듯이 간단하다. 나이 들어 재물에 대한 욕심이 여전할 수밖에 없는데 고령자들은 그동안 익힌 '주 전공과목'이 부동산이기 때문이다.

우리나라 고령자는 부동산 재테크를 시작한 세대다. 그들은 아파트를 분양받아 중산층이 된 기억이 뇌리에 강하게 남아 있다. 부동산 재테크를 통해 부를 일궜으니 당연히 부동산에 대한 애정이 남다르다. 투자 경험이 반복되면서 부동산 애착이 더 강화된다. 부동산을 무위험자산으로 생각할 정도로 맹목적이다. 부동산 불패 신화를 믿고 살았던 세대는 나이 들어서도 부동산 위주로 포트폴리오를 짤 것이다. 금융상품에 대한 지식수준도 젊은 층에 비해 높지 않다.

한국은행이 발표한 '2020년 금융이해력 조사' 결과에 따르면 노년층(60~79세)의 금융이해력은 62.4점으로 평균 66.8점보다 낮다. 금융이해력은 금융에 대한 전반적인 이해 정도를 측정하는 통계적 지표다. 고령자들의 부동산 애착은 주식에 한두 번 투자했다가 돈을 날린 '아픈 경험'도 적지 않은 영향을 미쳤을 것이다. 나이 들어 수시로 출렁이는 주식 시장에 기민하게 대응하기도 어렵다. 한번 사놓으면 크게 신경 쓸 일 없는 부동산을 선호하는 것은 어찌 보면 자연스러운 일이다.

나이가 들면 '내집살이'에 대한 애착이 더 커진다. 가구주의 연령대가 높을수록 자가(내 집) 비중이 점차 높아진다. 자가 비중은 중장년층(1974년 이전 세대) 62.2%, 베이비붐 세대(1955~1963년생) 68.7%, 초기 노년층(1945~1954년생) 78.3%, 후기 노년층(1945년 이전) 78.5%로 나타난다.[4] 나이가 들수록 전·월세에 사는 것이 아니라 자기 집에 산다는 얘기다.

한동안 수도권과 지방 광역시에서 인구 구조상 고령자 비율이 높을수록 아파트 가격이 더 올랐다(다만 지방 중소도시에서는 이런 현상이 나타나지 않았다).[5] 은퇴 이후 상실한 근로소득에 대한 보상심리 때문인지 고령자들은 여유자금만 있으면 부동산 시장에 동참하고 싶어 한다. 주식 같은 금융상품은 별로 관심이 없다. 부동산을 통해 노후를 준비하려는 흐름이 나타나면서 오히려 고령사회에 접어들어도 부동산 가격이 상승하는 '고령화의 역설'이 생겨났다.

고령 인구 늘어나면 생계형 매물 쏟아진다더니…

서울에 사는 백진성(가명·64) 씨는 10년 전 경제전문가들의 얘기를 듣지 않았던 것을 다행으로 생각한다. 고령사회가 오면 생계형

매물이 쏟아져 집값이 떨어질 것이라는 보고서나 기사들이 얼마나 많았던가. 2013년 당시 신문에는 '베이비부머, 부동산 대거 매각 전망 … 가치 급락 불 보듯' 같은 제목의 기사들이 넘쳤다. 하지만 그는 아파트 2채를 매각하지 않고 '존버(힘들어도 버틴다는 뜻)'를 선택했다. 미래를 내다보는 천리안이나 경제에 대한 남다른 식견이 있었던 것은 아니었다. 아파트를 팔아 마땅히 투자할 대안이 없어 일부 월세를 받고 계속 보유했었다. 백씨는 "2010년 초반보다 서울 아파트값이 많게는 3배 이상 올랐다"면서, "전망은 틀리기 위해 존재한다는 말이 맞는 것 같다"고 말했다.

2014년에 65세 이상의 고령인구 비율이 1% 포인트 증가할 때마다 집값이 2.45% 하락할 것이라는 논문이 나와 관심을 끌었다.[6] 2014년 당시 고령인구 비율이 12.4%에 그쳤으나 2022년에는 17.5%로 올랐다. 이 논문뿐 아니라 2010년대 초반 베이비부머 은퇴가 본격화하면 집값이 하락할 것이라는 보고서가 잇따랐다. 결과적으로 이들 연구는 틀렸다. 그 사이 집값이 껑충 뛰었다. 이는 고령인구 하나만으로 집값을 예측했을 때 얼마나 큰 오류가 발생하는지 보여준다. 당시 꽤 이성적인 전망이었지만 지나고 보니 '괴담'이었다. 고령자들의 집이 대거 쏟아지지 않은 것은 주택경기가 장기간 호조세를 보인 점도 있지만, 가입자 10만 명에 달하는 주택연금도 한몫했다. 집에서 다달이 연금을 받고 있으니 급히 처분할 이유가 없어진 것이다.

인간의 예측력은 참으로 형편없다. 설사 과학적인 방법을 쓰더라도 맞출 확률은 그다지 높지 않은 게 현실이다. 전문가들 역시 과거와 현재는 조리 있게 잘 설명해도 미래 전망은 일반인과 크게 다르지 않다. 전망이 맞을 때도 있지만 틀릴 때도 예상외로 많다. 사실상 경제란 수시로 움직이는 유기체여서 전망 자체가 신의 영역인지도 모른다. 신통방통한 돗자리를 깔아도 쉽지 않은 일이다.

언젠가 '고령화 쇼크'는 일어날 것이다. 지금 당장은 인구문제보다 오버슈팅된 시장 상황에 더 신경이 쓰인다. 지난 10년간 우리나라 부동산 시장은 초호황을 누렸다. 초저금리, 과잉유동성, 임대차 3법, 공급 불안, 전세난 등 집값을 끌어올리는 변수들이 넘쳐났다. 아파트값은 상상을 초월할 정도로 많이 올랐다. 그래서 고령인구의 부동산 '몰빵'이 살얼음판 걷듯 조마조마한 것은 어쩔 수 없는 사실이다. 과도하게 부풀려진 가격은 어느 순간 갑자기 확 꺼질 수 있기 때문이다. 이 상황에서 우리가 할 수 있는 것은 미래에 충격적인 일이 일어나더라도 견딜 수 있을 만큼 부동산 보유량을 적정 수준으로 조절하는 것이다. 즉 부동산에 대한 욕망 수위를 낮추는 것이다. 이래저래 부동산 과몰입은 매우 위험하다.

또 다른 고령자, 액티브 시니어

'고령자' 하면 흔히 떠오르는 이미지는 빈곤한 노년층이나 기초생활수급 노령층, 좀 심하게는 '폐지 줍는 노인'이다. '우리나라 노인 빈곤율, 경제협력개발기구(OECD) 국가에서 1위' 통계를 떠올리며 고령자는 매우 가난할 것으로 생각하기 쉽다. 이 통계가 부동산과 같은 자산을 빼고 월 소득만으로 산정한 것이어서 문제가 있다고는 하지만, 선입견이 우리 뇌리에서 사라지지 않는다.

이러한 고령자에도 변화의 바람이 일고 있다. 약 700만 명의 베이비부머(1955~1963년생)가 본격적으로 고령인구에 편입되면서 생긴 일이다. 베이비부머는 학력 수준이 높고 경제활동이 왕성한 액티브 시니어이자 신(新)노년층이다. 지난 30년간 고도성장 과정에서 자산을 많이 축적한 세대다. 재테크 감각도 젊은 층 못지않다. 부동산 투자에선 경험이나 지식 면에서 오히려 우위에 있다. 반면 상대적으로 금융투자는 아직 형편없는 수준이다. 부동산은 여전히 왕성한 식욕을 드러내는 육식형에 가깝지만 금융자산 투자는 수줍은 초식형인 셈이다.

고령자들은 자신들에게 익숙한 방식으로 노후설계를 하다 보니 부동산 편중이 심할 수밖에 없다. 비노동소득을 통한 현금흐름 확보 방법으로 수익형 부동산이 인기를 누린다. 리츠, 고배당주·펀드에 투자하기보다는 상가나 오피스텔, 원룸주택을 더 선호한다는 얘기다. 같은 현금흐름이 나오는 상품이라도 실물자산을 더 믿을 만하고 든든하다고 생각해서다. 최근 주택의 월세화 현상에 가속도가 붙은 것도 인구 고령화의 한 요인이라는 분석도 있다. 고령자들은 안정적 현금흐름을 선호하고 전세보다 월세로 임대를 놓으려는 경향이 있기 때문이다.

중견기업에서 은퇴한 지 5년이 지난 황지형(가명) 씨. 1957년생인 그는 2022년 65세가 되면서 '지공선사(지하철을 공짜로 타는 사람)'

가 되었다. 매달 국민연금으로 150만 원 정도를 받는다. 황씨는 "국민연금이 많은 액수는 아니지만 그래도 노후생활에 보탬이 된다"고 말했다. 같은 고령자라도 베이비붐 세대는 그 이전 세대에 비해 경제적 여유가 있다. 넉넉하지는 않아도 기대 수준만 낮추면 그럭저럭 먹고살 만하다. 재력을 갖춘 베이비부머들이 고령인구에 편입되면서 고령층의 순자산 규모가 껑충 뛰었다. 통계청에 따르면 60대 이상 고령층의 순자산 규모가 2021년 사상 처음으로 3,000조 원(3,008조 원)을 넘어섰다. 이는 10년 전 순자산 규모(1,187조 원)에 비해 2.5배나 많은 수준이다.[7] 고령자들은 현재 빈자가 많고 부자가 일부 섞여 있지만 서서히 부자의 비중이 늘어날 것 같다. 좀 더 세월이 흐르면 일본처럼 자산시장의 큰손이 될 가능성이 있다.

대도시 아파트는 안 팔고 '이중생활'

베이비부머는 노후생활을 어디에서 하고 싶어 할까. 결론은 '도시 아파트'다. 우리나라에서 소득이 높은 도시 중 하나인 울산지역 베이비부머를 대상으로 설문 조사한 결과를 통해서 밝혀진 내용이다. 향후 이사 계획이 있는 베이비부머에게 '어떤 주택에 살고 싶은가'라고 질문했을 때 10명 중 6명꼴(57.4%)로 아파트를 꼽았다. 단독주택은 응답자의 35.2%에 그쳤다. 필자가 보기에도 아파트는 실내 온도가 일정한 데다 별도로 관리하는 번거로움이 없어 나이 들어 거주하기에 적합한 공간인 것 같다. 흥미로운 점은 주택을 고를 때의 고려 사항이다. 조사 결과 주택 가격(임대료), 편의시설, 교통여건 순으로 1·2·3위를 차지했고, 자연환경은 꼴찌였다.[8] 산 좋고 물 좋은 곳에 거주하기보다는 편의시설이나 교통여건이 잘 갖춰진 도시를 선호한다는 얘기다.

이런 주거 트렌드의 영향일까. 주변에 도시생활을 완전히 청산하고 시골로 가기보다는 양다리를 걸치는, 즉 도농 간을 오가며 생활하는 고령자들이 늘고 있다. 대도시 아파트를 팔아 시골로 다 싸 들고 내려가기에는 부담스러우니 도시와 시골살이를 병행하는 방식을 택한다. 부부 모두 주소를 대도시에 그대로 두거나 남편만 시골로 옮기는 경우도 적지 않다. OK시골 김경래 사장은 "요즘은 시골 주택을 일상생활을 위한 '거주 공간'보다 콘도처럼 '노는 공간'으로 생각한다"고 말했다.

이 같은 주거 트렌드가 요즘 각광받는 '멀티해비테이션(multi-habitation)'이다. 멀티해비테이션은 도시와 시골 양쪽에 주거지를 마련하고 서로 교차 이동하면서 살아가는 주거방식이다. 정부가 최근 비수도권 읍면 지역의 저가 주택을 1주택자 종부세 판정 시 주택 수에서 제외하면서 앞으로 도농 간 이중생활이 더욱 활기를 띨 것이다.

굳이 시골에 주택을 장만하기보다는 잠시 빌려 쓰는 방식도 많다. 제주도나 강원도, 혹은 동남아에서 한 달 혹은 석 달 살기도 방식만 다를 뿐 또 다른 멀티해비테이션이다. 이렇게 하면 유형자산을 굳이 투자하지 않고 원하는 지역을 오가며 노후생활을 즐길 수 있다. 이 같은 요구를 반영해 요즘은 아예 한 달 살기 숙소를 추천하는 플랫폼까지 나왔다. 바다 조망권을 갖춘 집이나 마당이 있는 집같이 테마별로 숙소를 고를 수 있도록 안내해준다. 기후 변화 문제가 점차 심해지는 미래에는 더위를 피하는 피서뿐만 아니라 추위를 피하는 피한, 미세먼지를 피하는 피진(避塵)까지 다양한 '주거 유목민'이 등장할 것이다.

재산 늘리기, 결국 자식 재테크

나이가 들면 돈을 잘 쓰지 않는다. 젊을 때처럼 밖으로 놀러 가지도 않고, 비싼 술이나 밥도 덜 먹는다. 자식이 다 크면 돈 들어갈 일도 그렇게 많지 않다. 나이 들어 씀씀이가 줄어들어도 우리 삶은 돈에서 크게 벗어나지 못한다. 내가 가진 순자산이 얼마든 소유 욕망은 아래보다 위를 향한다. 조금만 더 늘리면 행복도 커질 것 같다. 돈에 대한 욕망은 바닷물을 마시는 것처럼 끝이 없다. 요즘은 '은퇴 공포 마케팅'까지 기승을 부려 돈 불리기 갈망이 커졌다. 더 늙기 전에 거액을 모아놓지 않으면 노후가 비참해질 것 같다.

하지만 너무 겁낼 필요가 없다. 무엇보다 은퇴 공포에 짓눌려 지나치게 호들갑 떠는 것 역시 피해야 한다. 은퇴 이후 삶에 대한 '겁주기식' 언론 보도에 우리 스스로 강박증이나 조급증에 시달리고 있는 것 같다. 노후를 준비해야 하지만 극단적인 모습을 자신의 삶에 투영하면서 과도한 걱정으로 이어지니 문제다. 요즘은 큰돈은 아니지만 다달이 나오는 국민연금이 있다. 실손보험까지 가입했다면 아파도 목돈 부담이 덜하다. 더욱이 대부분 60세가 넘어서도 경제활동을 한다. 정기적인 노동소득이 없더라도 공공근로를 하거나 금융상품에 투자해서 한푼이라도 더 번다. 한 지인은 "큰 병을 앓지 않는 한, 은퇴해도 재산이 줄기보다는 불어나는 경우가 많다"고 했다.

노후생활을 하는 데 어느 정도의 돈은 필요하다. 하지만 삶의 다른 가치를 제쳐둔 채 오로지 돈 불리기에 인생을 거는 것은 바람직하지 않다는 생각이 든다. 일정 금액이 넘어서면 재산이 늘어난 만큼 그와 비례해서 행복이 증가하지 않는다. 가령 재산이 20억 원이든, 50억 원이든 실제 내 노후의 삶은 큰 차이가 없다. 가진 재산을 자식에게 좀 더 물려주느냐, 덜 물려주느냐의 차이가 있을 뿐이다.

지난해 말 서울 곳곳에 빌딩을 보유한 60대 부자인 A씨를 만난 적이 있다. A씨는 만나자마자 큰아들 얘기를 꺼냈다. 아들이 상사와 싸우더니 하루아침에 다니던 대기업을 그만뒀다고 했다. 일반 샐러리맨이라면 회사생활을 그만두겠다는 결단을 내리기는 쉽지 않다. 대체로 가장이 회사를 관두면 생계가 막막하기 때문이다. 아들이 갑자기 회사를 그만둔 것은 기댈 수 있는 든든한 버팀목이 있었기에 가능했을 것이다. 아들이 대놓고 말을 하지 않았을 뿐 그 버팀목은 아버지 소유의 건물이었다.

재취업을 안 하고 백수생활을 하던 아들은 결국 건물 관리인이 되었다. A씨는 자식 꼴을 보고 있으면 열불이 난다고 했다. 그는 아들이 좋은 대학을 나왔으니 남들에게 내세울 만한 사회적 지위를 갖기를 기대했다. 그런 아들이 건물 관리를 하고 있으니 답답할 뿐이었다. A씨는 "아버지의 많은 재산이 오히려 아들에게 해가 된 게 아닌가 하는 후회가 밀려온다"고 한숨을 내쉬었다.

주변 사람의 얘기를 들어보면 자식이 철드는 것은 부모의 재산과 반비례하는 것 같다. 부모가 부자면 기댈 수 있기에 굳이 '헝그리 정신'으로 살려고 하지 않는다. 의존적 인간이 되고 삶에 파이팅이 없다. 아득바득 모아서 자식에게 많은 재산을 물려주는 것은 오히려 자식에게 독이 될 수 있다. 재산을 놓고 자식들 간의 볼썽사나운 분쟁만 늘어날 수도 있다.

그러면 어떤 선택을 하는 게 지혜로운 걸까. 자식에게 재산을 물려주기보다는 자신의 행복을 위해 살라고 조언하고 싶다. 이런 제안을 받아들일지 말지는 개인의 자유다. 말이 쉽지, 부모 입장에서 결정을 내리기는 쉽지 않다. 답은 의외로 자신의 마음속에 있다. 어떤 결정을 하든, 그 기준은 자신에게 삶의 의미와 보람을 안겨주는 쪽이어야 한다.

KEY POINT

우리나라 고령자들은 부동산 편식이 심하다. 아파트를 분양받아 중산층이 된 기억이 강하게 남아 있기 때문이다. 투자 경험치가 쌓이면서 나이가 들어도 부동산 비중을 줄이지 않는다. 베이비부머가 고령인구에 편입되면서 부자 고령층이 늘어나고 있다. 고령자를 무조건 '폐지 줍는 노인'으로 생각하면 안 된다. 일본처럼 자산시장의 큰손이 될 가능성이 있다. 요즘 고령자들은 대도시 아파트는 놔두고 세컨드하우스로 시골집을 마련해 도농 간을 오가며 이중생활을 즐긴다. 시골집을 거주 공간보다 콘도와 같은 휴식 공간으로 생각한다. 앞으로 멀티해비테이션이 새로운 주거 트렌드로 각광받을 것이다.

우리도 모르게 믿게 된 신흥종교 '아파트교(敎)'

집값 담합을 통한 조직적인 집값 끌어올리기가 곳곳에서 벌어지고 있다. 시세에 영향을 줄 것이라는 집단적 기대에서 비롯된다. 눈앞의 이익에만 관심을 갖는 아파트교 신도들의 일그러진 단면이다.

베스트셀러 『총, 균, 쇠』의 저자 재레드 다이아몬드 박사는 문명 발전의 불평등 기원을 찾는 생물지리학자다. 그는 1972년 호주 북부 뉴기니 해변에서 정치인 얄리를 만났다. 얄리는 이 자리에서 대뜸 "백인들은 짐이 많은데, 왜 우리 뉴기니인은 짐이 적은가"라고 질문을 던졌다. 순간 다이아몬드 박사는 당황했다. 현대 서구인의 시각에서 보면 짐이 많거나 적다고 해서 자신의 처지를 비하하거나 상대방에게 부러움을 표시하는 것은 흔치 않은 일이기 때문이다. 짐은 사전적 의미로 다른 곳으로 옮기기 위해 꾸려놓은 물건을 뜻하지만, 또 한편으로는 '짐이 된다'는 표현처럼 수고스러운 일이나 귀찮은 물건이 될 수도 있다.

뉴기니에서 부의 상징이 된 '짐'

뉴기니에서 짐의 의미는 서구와는 크게 다르다. 짐은 재산과 부를 상징한다. 이는 배를 타고 처음 뉴기니에 들어왔던 서양인의 화물 (cargo)에서 유래된 것이다. 그 화물에는 의약품, 의복, 청량음료 등 각종 현대 문명이 가득 들어 있었는데, 그 가치를 몰랐던 뉴기니인들은 그냥 짐이라고 불렀다. 뉴기니인들은 짐이 많을수록 사회·경제적 위계질서에서 우위를 점한다고 생각했다. 짐은 그들에게 단순한 화물을 넘어 백인의 힘을 보여주는 증거로, 나중에는 종교적인 숭배 대상으로까지 확대된다.[9]

이처럼 부의 상징은 그 자체보다 사회구성원들이 어떻게 인식하느냐에 따라 달라진다. 가령 농경사회에는 부가가치 생산의 원천이었던 논밭을 많이 가질수록 부자로 인정받았다. 땅 주인 계급인 지주계급이 남들과 구분 짓는 대표적인 사람들이다. 산업화 시대에는 공장이 그 기능을 담당했다. 요즘은 도심의 고가 부동산을 보유한 사람들이 부자로 인정받는다. 일반인 입장에서 유형자산 가운데 부의 상당 부분을 차지하는 것은 주택이다. 우리가 잘 알다시피 현대인의 삶에서 집은 단순한 거주 공간을 넘어섰다. 자신이 축적한 부를 저장하고 늘리는 대표적인 자산(asset)이 되었다. 이른바 집의 자산화(assetization)다.

자산은 '가진 것의 묶음'을 의미하는 재산과는 다르다. 자산은 나의 욕망보다 타자의 욕망에 따라 가치가 결정된다. 집이 단순한 재산을 넘어 자산이 되면 집의 효용가치보다 시장에서 교환되는 가격에 초점이 맞춰지는 것은 당연하다. 자산은 가격으로 매겨질 때 빛을 발한다. 자산시장에선 직접적으로든, 간접적으로든 누구나 가격의 우상향 기우제에 참여하는 일원이 된다. 그 염원이 강하면 종교적 소망이 된다. 하지만 집이 자산화되면 오를 때는 상승폭도 크지만 내릴 때 하락폭도 크다. '변동성 쇼크'가 심하게 나타난다.

되팔 수 없으면 시세는 무의미하다

롤렉스 시계와 일반 시계는 어떤 차이가 날까. 개인적인 생각이지만 시세에 대한 민감도가 다른 것 같다. 시세는 일정한 시기의 물건 가격이다. 명품시계 시장에 참여하다 보면 자연스럽게 가격 흐름에 시선이 가게 된다. '나중에 차고 다니다가 팔 경우 얼마를 받을 수 있을까' 하는 생각을 자주 하게 된다는 얘기다. 자신도 모르게 매각 가격을 염두에 두는 투기적 마인드를 갖게 된다. 흔히 말하는 사용가치보다는 교환가치에 더 신경을 쓰는 것이다. 하지만 전자시계나 일반 시계는 교환가치보다는 사용가치에 더 주안점을 둔다. 어차피 팔려고 해도 팔리지 않거니와 가격도 매우 낮기 때문이다. 되팔 수 없으면 시세는 무의미하다.

아파트에 사는 사람은 명품시계처럼 나중에 되팔 때를 고려한다. 전원주택이나 한옥을 사는 사람보다 훨씬 가격 지향적 사고를 하기 마련이다. 아무리 선량한 실거주 수요자라도 아파트 가격의 우하향이 예상되는 상황에서는 선뜻 매입하기가 어렵다. 모험을 이겨낼 용기도 나지 않는다. 아파트 가격은 명품시계나 핸드백에 비해 적게는 수십 배, 많게는 수백 배 비싸다. 시기를 잘못 선택해 샀다가는 큰 손실을 볼 수 있다.

아파트는 재산의 상당 부분을 차지할 정도니 가격 흐름에 온통 신경이 쓰인다. 이러다 보니 사람들은 아파트 가격에 더 민감하고 가격 상승을 더 강하게 염원하게 된다. 아파트 가격이 급락하면 모든 것을 잃은 것처럼 밤잠을 못 이루고 하루 종일 좌불안석이다. 아파트 가격에 올인했기에 가격이 떨어지면 그만큼 삶이 힘겨워지는 것은 어찌 보면 당연하다.

가격이 비싸면 주거환경도 좋을 것이라는 환상

몇 년 전 부동산정보회사에 근무할 당시 대학교수에 의뢰해 '주거환경지수'를 개발한 뒤 이 지수를 웹사이트에 탑재했다. 주거환경지수는 한마디로 아파트 단지의 주거환경 경쟁력을 평가하는 지표다. 세부적으로 교통 접근성, 자연과 교육 환경, 편의시설 등 항목별로 점수를 매기는데, 100점에 근접할수록 '살기 좋은 아파트'라고 볼 수 있다.

그런데 주거환경지수가 공개된 지 얼마 되지 않아 항의성 전화가 걸려 왔다. 강남 A 아파트 소유자였다. 자신의 아파트가 남양주의 B 아파트보다 주거환경지수가 왜 낮으냐는 것이었다. 비싼 아파트는 당연히 주거환경지수가 높을 것으로 생각했던 것 같다. 그러나 주거환경지수는 단순히 삶의 주거환경을 지수화했을 뿐 투자등급을 매기는 지표는 아니다. 물론 같은 지역에서 주거환경지수가 높은 곳이라면 살기도 좋고, 값도 상대적으로 비쌀 것이다. 하지만 서로 다른 지역의 아파트 순위를 매매가격으로 따지면 큰 실수를 할 수 있다. 그 이유는 이렇다. 일반적으로 아파트값은 건물 가격보다 토지 가격이 좌지우지한다. 땅값이 비싼 강남권일수록 아파트값이 비쌀 수밖에 없다.

하지만 땅값이 비싸다고 해서 사람이 사는 공간인 주거환경이 최상급은 아닐 수 있다. 가령 대치동이나 도곡동 아파트는 교육 환경이 좋아 가격이 비싸지만 교통이나 편의시설 환경은 아주 좋은 곳이 아니다. 압구정동 아파트 역시 값은 비싸지만 지은 지 40년이 넘어 살기에 불편하다.

비싼 집이 주거환경도 우수하리라고 지레짐작하는 것은 전화를 걸어 항의한 A 아파트 소유자만이 아닐 것이다. 아니, 대부분의 사람이 그렇게 생각할 것이다. 이 같은 사고는 아파트값으로 삶의 환경을 저울질하는 편향에서 나온 것이 아닐까. 아니면 가격에 아파트의 모든 쓸모와 효용이 포함되어 있다고 보기 때문은 아닐까. 알게 모르게 주거 공간에 스며든 자본주의적 인식을 드러내는 것 같아 안타깝다.

다 귀찮아, 그냥 아파트 살래

정보 홍수 시대에 하루하루 고달프게 사는 현대인은 단순함에 매료된다. '인지 구두쇠'라는 말이 있을 만큼 이것저것 생각하는 것은 딱 질색이다. 선택할 것이 너무 많은 이런 피로 사회에서는 누구나 의사결정 장애 증상을 보인다. 만사가 다 귀찮은 '귀차니즘' 시대이기도 하다. 그래서 꼼꼼히 따져 이성적으로 판단하기보다 직관을 통해 정신적 에너지를 적게 소비하려는 경향이 나타난다. 소박하고 간소한 삶을 추구하는 심플 라이프가 유행하는 것도 비슷한 이유이리라.

복잡한 사고를 꺼리는 요즘일수록 표준화된 주택인 아파트는 그 가치를 발휘한다. 돈이 있으면 이것저것 신경 쓰거나 복잡한 권리분석을 할 것도 없이 그냥 아파트를 사놓으면 된다. 아파트는 편의점에서 즉석식품이나 통조림을 사듯이 간단하게 살 수 있는 범용상품이라는 얘기다.

그래서 아파트 투자는 범부나 필부도 도전할 수 있는 가장 손쉬운 재산 불리기 방법으로 애용된다. 지능지수(IQ)가 100이든, 150이든 성공에 큰 차이가 없다. 대도시 더블 역세권의 1,000가구 이상 대단지 아파트만 사면 낭패를 당할 일이 없다. 남향이든 북향이든, 1층이든 꼭대기 층이든 기준층에서 일정 금액을 가감하면 된다. 가격 산정이 그만큼 간편하다. 이런저런 이유로 아파트에만 재산을 몰빵하는 비정상적인 사회가 된 것이다.

자산은 부동산과 금융을 적절히 분산하는 게 바람직하다. 오히려 역사적으로 부동산보다는 주식 투자 비중을 높이는 게 수익 면에서 유리하다. 서울대 경영학과 최준 교수에 따르면 지난 30년 동안 주식 투자 수익률은 20.8배에 달하지만 부동산은 9.5배로 주식의 절반이 채 안 된다.

하지만 이런 점을 알면서도 막상 행동에 나서는 사람들은 흔치 않다. 잦은 금융사고, 요동치는 금융시장 탓에 주식이나 금융상품에 투자했다가 큰 손해를 보는 사람들이 적지 않기 때문인지도 모른다. 파생상품의 원금손실이 수차례 반복되면서 스트레스에 시달리고 심지어 트라우마까지 생겼다. 코로나19 사태를 겪으면서 일부에선 "투자한다고 머리 써봐야 결정적 위기 때 다 날리고 만다"면서 금융상품에 대한 불신과 기피 증세까지 보인다. 자연스럽게 "속 편한 건 아파트만 한 게 없다"는 고정관념이 형성되었기 때문인지 여전히 많은 사람이 아파트 시장을 기웃거린다. 시장의 흐름에 따라 부침은 있겠지만 귀차니즘 시대에 아파트는 간단한 투자 방식으로 계속해서 각광받을 것이다.

이제는 익숙한 가격 중심적 사고

미국 컬럼비아대학교 마이클 모부신 교수는 가격과 가치의 차이를 이렇게 설명한다. "일반적으로 가치는 얻게 되는 각종 서비스의 총량이고, 가격은 표시된 금액이다. 가치는 내가 받는 것이고, 가격은 내가 내는 것"이다.[10] 이 개념을 집에 적용하면 주택 가격은 주거의 효용에 지불하는 수단적 가치에 불과하다. 본래 집은 가격보다 가치를 추구하는 공간재다. 집의 본래 가치에 충실할수록 삶의 안식처 기능이 강해진다. 철학자 박이문도 "집은 삶의 가장 핵심적 요람"이라고 했다.[11]

하지만 현실에서는 집은 사고파는 교환가치의 대상으로 전락한 지 오래다. 집을 잘 사고팔아 돈을 벌 수 있는 기술은 범용 재테크의 방법으로 칭송된다. 매스컴에서는 매주 아파트 시황을 내보낸다. 나의 판단이 얼마나 옳고 틀렸는지 점수를 매겨 매주 성적표를 보내는 것 같다.

'아파트 공화국'에 사는 우리는 모든 것을 가격으로 환원하는 데 익숙하다. 아파트를 공간적 의미보다는 숫자로 추상화된 대상으로 대하면서 인식의 틀이 달라진다. 가치보다 가격에 치중하면 본질이 왜곡된다. 다양한 삶의 척도를 배제한 채 오로지 화폐가치 하나로 환산해 줄을 세우기 때문이다. 아파트 가격은 자신뿐 아니라 타인을 평가하는 잣대가 된다. 자신도 모르게 가격 중심적 사고에 익숙해지고, 이제는 공기나 물처럼 당연하게 받아들인다.

내 인생이 루저 같아요

우리는 처음 만나는 사람에게도 어디에 사는지 묻는 경우가 많다. 사는 동네만 말해도 아파트(혹은 빌라) 가격이 얼마인지, 어느 정도 재산을 갖고 사는지 대충 안다. 아파트는 그 사람의 신분을 드러내는 사회적 표상이 된다. 아파트 주소는 단순한 행정구역을 넘어 사회적 지위를 상징한다. 다시 말해 아파트 가격은 그 사람의 출세와 부의 축적 정도를 재는 바로미터가 된다는 것이다. 성공한 사람을 보면 강남의 비싼 아파트에 살 것이라고 지레짐작한다. 더 나아가 아파트값으로 그 사람의 사회·경제적 서열을 매기려고 한다. 저마다의 다양한 삶이 저울에 올려진 정육점의 돼지고기처럼 아파트 가격에 따라 일률적으로 평가되고, 등급도 매겨진다는 얘기다.

수도권 외곽의 나 홀로 아파트에 사는 김덕수(60·가명) 씨는 "내 인생이 루저(실패자) 같다"고 털어났다. 그가 10년째 살고 있는 아파트값은 5억 원 남짓이다. 김씨는 동창 모임에서 친구들이 산다는 강남 아파트값 30억, 50억 원 얘기를 들을 때 인생을 헛산 것 같은 자괴감이 밀려오곤 한다. 두 아들을 대학에 보내고 부부 사이도 좋아 나름대로 잘 살아왔다고 생각했지만 유독 아파트값 얘기만 나오면 주눅이 든다. 치솟은 아파트값은 그를 상대적 박탈감에 빠뜨리는 좌절의 바이러스 같다. 김씨는 그 이후 동창 모임에서 어디에 산다는 얘기를 하지 않는다.

아파트 가격으로 삶을 서열화하는 물신주의는 위험하다. 50억 원짜리 아파트에 사는 부자가 5억 원짜리 아파트에 거주하는 사람보다 10배 더 행복한 것은 아니다. 아파트 가격으로 삶의 모든 것을 수치화하는 것은 자본의 낮은 품격을 드러낸다. 분명 행복은 아파트 가격순이 아닌데 말이다.

부동산 불패 신화는 한국판 기복신앙

부동산 불패 신화는 부동산 가격이 결코 떨어지지 않을 것이라는 군건한 믿음이다. 부동산에 대한 무조건적인 믿음은 다분히 신앙적이다. 불패 신화의 정반대 쪽에서 폭락론이 잠시 득세할 때가 있지만 오래 지속되지 않는다. 아직까지는 부동산 불패 신화가 한국 사회의 지배적 정서다.

부동산, 특히 아파트를 가진 대다수 사람들은 가격이 오르기를 염원한다. 자신의 복을 비는 기복신앙과 닮아있다. 아파트에 대한 집단적인 맹신은 '아파트교(敎)'를 연상케 한다. 아파트라는 콘크리트 구조물을 믿는 것은 아니다. 시장에서 형성되는 아파트 가격을 신봉하는 것이다. 그런 점에서 보면 아파트 그 자체가 아니라 아파트 가격을 믿는 종교에 가깝다.

'아파트교'는 한국에서 유독 두드러지는 세속화된 종교이자 현대판 기복신앙이다. 우리나라는 이제 종교를 믿는 사람보다 믿지 않는 사람들이 더 많다. 한국갤럽조사연구소에 따르면 국내 종교인 인구 비율은 2004년 54%에 달했으나 2021년에는 40%로 급감했다. 비종교인들은 다 어디로 갔을까. 혹시 '아파트교'라는 신흥종교로 가지 않았을까. 많은 사람이 예수나 부처에게 소원을 빌기보다는 아파트 콘크리트에 대고 기도한다. 그런 행위가 현세에서 훨씬 빨리 부와 성공을 성취하는 길이기 때문이다. 이래저래 많은 사람이 '아파트교' 신도로 산다. 술자리에서 건배사로 "재건축(재미있게, 건강하게, 축복하며 살자)" "재개발(재밌고, 개성 있게, 발전적인 삶을 살자)"을 외치는 나라는 대한민국밖에 없을 것이다. 재건축과 재개발은 아파트 대박을 꿈꾸는 욕망의 상징이다. 별다른 의식 없이 내뱉는 이런 말들이 '아파트교'의 독실한 신도가 되어버린 시대상을 상징적으로 보여주는 게 아닌가 싶다.

원래 기복신앙은 공동체보다는 사적 이익에 초점을 맞추기 마련이다. 즉 내 남편과 아내, 자식이 복 받고 잘 되기를 염원하는 가족 이기주의의 확장판이다. '아파트교' 역시 경제적 약자인 세입자나 공동체가 어떻게 되든 나만 아파트로 돈을 벌면 된다는 극단적인 욕망을 드러낸다. 단순히 혼자 집에 앉아 우상향 기우제를 지내는 것을 넘어 때로는 모여서 집단행동에 나선다. 집값 담합을 통한 조직적인 집값 끌어올리기가 우리나라 곳곳에서 벌어지고 있다. 가격을 억지로 올려놓으면 그것이 일종의 구매 기준선으로 작용해서 시세에 영향을 주리라는 집단적 기대에서 비롯된 것이다. 공동체의 이익보다는 눈앞의 내 이익에만 관심을 갖는 '아파트교' 신도들의 일그러진 단면이다.

형제가 아파트를 사면 배가 아픈 시대

옛 속담에 "사촌이 논을 사면 배가 아프다"고 했다. 가까운 사람이 잘되는 것을 기뻐해주기는커녕 오히려 시기하고 질투한다는 뜻이다. 하지만 요즘은 이 속담이 더 이상 통하지 않을 것 같다. 일단 사촌을 별로 만날 일이 없고, 심지어 일면식도 없어 누군지 잘 모르는 경우도 많기 때문이다.

과거 농경시대의 사촌은 자주 만나 싸우기도 하고 놀면서 동류의식이나 정서적 유대감이 컸다. 사촌이 잘나가면 배가 아픈 것은 자신과 동일하지는 않지만, 적어도 유사한 존재이기 때문이다. 사촌은 자신의 신념·태도·가치나 행동 방향을 결정하는 준거 기준이 된다. 사람은 자신과 비슷하지 않으면 질투를 느끼지 않는다. 영국의 철학자 데이비드 흄은 "질투심을 일으키는 것은 우리 자신과 다른 사람 사이의 현격한 불균형이 아니라 우리와 비슷한 사람과의 차이"

라고 했다. 가령 일반 병사는 상급 병사에 대해서는 질투할 수 있으나 장군에 대해서는 그런 감정이 없다는 것이다.[12] 경쟁자로 삼아 상대할 만한 동급 레벨이 아니기 때문이다. 대기업 회장이 땅을 사서 몇천억 원을 벌든 나와는 무관한 일이다. 질투보다는 부러움을 느낀다. 하지만 대등 항렬로 나의 경쟁상대인 사촌은 다르다. 오죽하면 "사촌이 논을 사면 배가 아프지만 논을 잘못 사서 망하면 앓던 배도 낫는다"는 우스갯소리까지 있을까. 이런 감정을 심리 철학적으로 정의하면 남의 불행을 행복으로 생각하는 '샤덴프로이데(Schadenfreude)'의 일종이다.

핵가족 시대에서 사촌은 이젠 낯설다. 명절 때 간혹 만나지만 정서적으로 교감하기 어렵다. 삼촌이나 이모의 딸 아들 정도로만 인식될 뿐이다. 만남의 빈도와 친숙도를 고려하면 과거의 사촌을 이제는 형제(때로는 동창생이나 회사 동료도 포함된다)로 대체하면 될 것 같다. 그래서 이제는 속담을 바꿔야 하지 않을까. '사촌이 논을 사면 배가 아프다'가 아니라 '형제가 아파트를 사면 배가 아프다'로 말이다. 농사지을 일도 거의 없으니 농지보다 비싼 아파트를 가져야 부러움의 대상이 된다.

형제가 좋은 아파트를 사면 성공을 칭찬하면서도 속으로는 괜히 질투가 나고 주눅이 든다. 나 자신의 초라함과 대비되기 때문이다. 물론 진짜 우애가 돈독한 형제 사이라면 예외다. 가급적 비싼 아파트를 샀다는 사실을 형제들에게 알리지 마라. 다소 비정한 얘기일 수도 있지만, 득보다는 실이 많을 수 있다.

이름이라도 바꿔 가격을 올려볼까

"아파트 브랜드 바꾸는 데 가구당 100만 원만 부담하면 됩니다. 바꾸고 나면 가격이 많이 오르겠죠."

서울의 한 아파트 입주자대표는 아파트 개명에 입주민들이 더 적극적인 반응을 보인다고 말했다. 1,500가구의 대단지여서 그 비용은 15억 원에 달한다. 아파트 명칭 변경은 관리단 총회에서 소유주 75%의 찬성을 얻어 지자체에 신고하면 일정한 심사를 거쳐 승인된다. 절차가 복잡하고 비용도 많이 들지만 아파트 개명이 곳곳에서 이뤄지고 있는 것은 '브랜드가 곧 아파트 가격'이라는 집단적 믿음이 반영되었기 때문이다. 한국리서치와 부동산114가 최근 실시한 설문조사에서 응답자(5,049명)의 92%가 '브랜드 가치가 아파트 가격에 영향을 미친다'고 답했다.[13]

아파트 개명은 부자라는 사회경제적 존재 과시의 수단으로 외벽에 고급 이미지를 입히는 과정이라고 볼 수 있다. 가장 손쉬운 방법은 최근의 고급 브랜드로 바꾸는 것이다. 가령 '엠코 타운 → 힐스테이트' 'LG → 자이' '롯데 낙천대 → 롯데 캐슬'로 새 브랜드를 붙이는 식이다.

선호 지역의 이름을 넣는 방식의 개명도 활용된다. '수색○○아파트'를 'DMC○○아파트'로, '행당○○아파트'를 '서울숲○○아파트'로 바꿔 인근의 비싼 아파트 후광효과를 보려는 것이다. 아파트 브랜드만 보면 실제 주소와 착시를 불러일으킬 가능성이 있지만 뭐 어떤가. 입주민 입장에서는 아파트에 프리미엄이 붙어 몸값이 올라가기만 한다면 마다하지 않는다. 아파트 개명 열풍에서 아파트를 곧 신분재와 자본이득의 수단으로 생각하는 아파트 공화국의 단면을 엿보는 것 같다.

우상향에 대한 맹신은 금물

몇 년 전 지인이 전화로 부탁을 해왔다. 자신이 사는 대단지 아파트에서 난방 배관을 전면 교체하는 공사를 했는데, 언론사에 알릴 수 있는 방법을 가르쳐달라는 것이다. 순간 고개를 갸우뚱거렸다. 아니, 아파트 배관 교체까지 남들이 알아야 할까. 살기 편하면 그만 아닌가. 전화를 끊고 곰곰이 생각해보니 아파트값과 관련이 있다는 것을 깨달았다. 지인의 속내는 대대적인 공사를 해서 살기 좋아졌으니 남들도 이를 알아줘서 아파트값이 올랐으면 하는 바람일 것이다.

어찌 보면 지인의 행동은 이상할 게 없다. 우리도 아파트를 있는 그대로가 아니라 가격과 연관해서 생각하고 또 당연한 듯 그렇게 살고 있으니까. 아파트 생활을 하면서 가격의 우상향을 염원하지 않는 사람은 드물다. 단지 그 염원을 강하게 드러내느냐, 아니면 모르는 척하느냐의 차이일 뿐이다. 그 염원은 결국 돈에 대한 욕망으로 투영된다.

주거 공간으로서 아파트 선호 현상은 향후에도 계속될 것이다. 사실 아파트만 한 게 없다. 하지만 아파트 가격은 항상 우상향만 하는 것이 아니다. 시장은 상승과 하락을 반복하는 사이클이다. 모든 부풀림은 언젠가는 꺼지게 되어 있다. 지금 시장은 장기 상승에 따른 피로감으로 지쳐 있다. 금리 급등에서 보듯 금융시장도 불안하다. 이럴 때일수록 멀리 보면 모를까, 단기적으로는 우상향에 대한 맹신보다는 그 믿음이 헛될 수 있다는 회의적 사고를 해야 할 때가 아닌가 싶다.

KEY POINT

아파트를 사면 그날부터 '아파트교'의 독실한 신도로 살게 된다. 아파트라는 콘크리트 구조물을 믿는 것은 아니다. 시장에서 형성된 아파트 가격을 신봉하는 것이다. '아파트교'는 한국에서 유독 두드러지는 세속화된 종교이자 현대판 기복신앙이다. 우리나라에선 종교 인구보다 비종교 인구가 더 많다. 많은 사람이 예수나 부처에게 소원을 빌기보다는 아파트 콘크리트에 대고 기도한다. 아파트야말로 부를 빨리 성취하는 지름길이기 때문이다. '아파트교'는 공동체의 번영보다 사적 이익에 초점을 맞추고 있어 가족 이기주의의 확장판으로도 볼 수 있다.

부동산은 우리 시대의 갈등을 유발한다. 부동산이 돈을 버는 수단으로 바뀌면서 나타난 후폭풍이다. 자본은 사물의 존재를 다른 것으로 변질시킨다. 부동산 계급의 최정상인 강남 아파트는 신분재를 넘어 축장자산으로 바뀌고 있다. 부를 은밀하게 저장하는 공간으로 강남 아파트뿐만 아니라 강남 빌딩도 선호된다. 아파트 주거 역사는 공간의 편리함을 추구하는 여성들이 이끌었다. 부동산 재테크에서도 여성들이 성공스토리를 많이 만들어낸다. 월세로 사는 세입자는 주거비 부담에 고달프다. 소득이 없는 고령자일수록 내 집 한 채는 꼭 필요하다. 월세 사회에선 내 집 마련 시 대출 의존도가 높아져 금리에 따라 집값이 출렁일 수 있다.

PART 2

달라진 시대,
달라진
부동산 시장 풍경

부동산 블루 시대, 부동산이 경제학이 아닌 사회학이 된 까닭

옥박지르거나 우격다짐하기보다 상호 인정과 대화, 설득을 통한 공존의 가치를 익혀야 대립을 최소화하고 사회적 합의를 이끌어낼 수 있다. 쉽지는 않지만, 부동산 갈등도 이런 마음가짐에서 풀어나가야 한다.

코로나19 사태가 터질 무렵 '동학삼전운동'이라는 말이 나돌았다. 우리나라를 비롯한 글로벌 증시가 급락하자 개미(개인투자자)들이 공격적인 삼성전자 사재기 행보를 보인 것을 동학농민운동에 빗댄 말이다. 마치 위기에 빠진 나라를 구하는 애국자의 주식 사 모으기처럼 여겨진다.

개미들은 폭락장에서 삼성전자 사재기에 올인했다. 여기에는 우리나라 경제가 망하지 않는 한 삼성전자 주가는 언젠가 오를 것이란 굳은 믿음도 자리하고 있다. 삼성전자는 우리나라를 대표하는 기업으로 주식의 블루칩에 해당한다. 한편 부동산의 블루칩으로는 강남 아파트가 손꼽힌다.

부동산 투자는 왜 주식보다 당당하지 못할까

삼성전자와 강남 아파트는 같은 블루칩이지만 사회적 시선은 천양지차다. 지상파 TV에서 삼성전자 주식은 대놓고 추천해도 별로 문제 되지 않는다. 반도체나 세계 경제의 흐름을 잘 아는 전문가 대접을 받는다. 하지만 강남 특정 아파트를 사라고 하면 큰일 난다. 투기꾼이라는 시청자들의 비난이 쇄도할 뿐만 아니라 방송사로부터 출연 금지 처분을 받을 것이다.

코로나19 사태 당시 초저금리로 주식 시장이 달아오르자 금융당국은 묻지마 투자에 대한 주의보를 울렸다. 하지만 수위는 높지 않았다. 당장 쓸 학자금, 전세보증금을 사용하거나 빚을 내 투자하지 말고 여유자금으로 투자하라는 교과서적인 경고 정도였다. 주식 시장이 과열되어도 자금출처를 조사하겠다는 얘기는 없었다. 주식과 부동산에 대한 정책적 마인드가 다른 셈이다. 삼성전자를 비롯한 삼성그룹 펀드는 나와도 강남 아파트 펀드는 나오기 어렵다. 제도적인 측면보다도 강남 아파트에 대한 사회적 인식 장벽이 더 크게 작용한 탓이다.

집 가진 사람들이 고통받던 2012년 하우스푸어 사태 당시 싸게라도 아파트를 처분하고 싶어도 팔지 못하는 사람들이 많았다. 금융권에서 이들 아파트를 사들여 펀드나 리츠로 만들려고 했으나 실무진 차원의 검토 끝에 중단했다. 하우스푸어에게 퇴로를 열어주고 리츠나 펀드에 참여한 투자자에게는 수익을 안겨주는 적절한 방안이 될 수 있었다. 하지만 서민들이 사는 집으로 투자 상품화하면 사회적으로 거부감이 클 것이라는 반대 의견이 많았다. 집이 하나의 투자수단으로 전락한 지 오래되었지만, 공개적으로 투자 자산화하는 데는 여전히 인식의 장애가 남아 있는 셈이다.

사실상 투자의 원금손실 가능성 측면에서 보면 주식이 훨씬 위험한 자산이다. 주변에서 주식이나 선물에 투자했다가 돈을 탕진한 사람들이 한둘인가. 그런데도 더 늙기 전에 노후를 대비해 주식을 차곡차곡 사서 모으라고 말하면 전문가로 칭송을 받을 것이다. 하지만 나이 들어 역세권 아파트를 사서 월세를 받으라는 조언은 '남의 시선' 때문에 공개적으로 할 수 없다. 그런 말은 조용히 귓속말로 오가는 사적 영역의 대화에 속한다.

부동산 투자는 마이크에 대고 말하기에는 여전히 부담스러운 영역이다. 당당한 제도권보다는 은밀한 비제도권 영역에 더 가깝다. 우리 사회에서 아직도 집은 사고파는 대상으로 변질되어서는 안 된다는 당위와 도덕이 깊게 스며있기 때문이 아닐까 싶다. 어찌 보면 주거 자본주의가 횡행하면서 상흔을 입은 사람들이 그만큼 많아서일지도 모른다.

'하우스 디바이드', 부동산은 곧 계급문제

직장인 김경태(가명·40) 씨는 집만 생각하면 답답함과 짜증이 밀려온다. 곧 아파트 전세가 만기되는데, 집주인이 들어와서 살겠다고 해서 아파트를 비워줘야 할 판이다. 전셋값은 2년 전에 비해 50%가량 올랐다. 김씨는 고민 끝에 전세금에 대출을 받아 외곽에 아파트를 장만하기로 했다. 하지만 아파트값이 좀 내렸다고 해도 여전히 비싸고, 치솟는 대출금리도 걱정이다. '친한 고등학교 친구는 최근 상승기에 아파트를 사고팔아 수억 원을 벌었다는데….' 이제 와서 집을 사려는 자신이 한심하다. 친구 생각을 하면 상대적 박탈감에 스트레스가 밀려온다. 차라리 움막을 짓고 살았던 구석기시대가 오히려 마음이 편하지 않았을까 싶다. 집값, 전셋값 걱정을 지금보다 덜했을 테니까 말이다. 주변에 김씨처럼 소리 없이 부동산 우울증, 즉 '부동산 블루'를 겪고 있는 사람들이 많다.

요즘은 집 문제로 다들 힘들어한다. 집은 편안하고 행복한 공간이어야 하는데 많은 사람에게 답답하고 슬픈 공간이 되었다. 부동산을 떠올리면 머리가 지끈지끈 아플 정도로 이 시대를 살아가는 사람들에게 큰 고민거리가 되었다. 집값이 너무 오르기도 했지만, 집이 자본증식의 수단이 되면서 가치 전도 현상이 생긴 게 주요 원인이다.

칼 마르크스는 『경제학-철학 수고』에서 돈(화폐)은 본질을 다른 것으로 전도시키는 힘으로 작용한다고 말했다.[14] 돈은 사물의 존재와 정체성을 그대로 놔두지 않고 바꿔버리는 가치 전도의 힘이 있다는 것으로 풀이된다. 프랑스 철학자 질 들뢰즈도 "자본에 배치되면 착한 사람이든, 계산에 밝은 사람이든 증식 욕망으로 영토화(끌어들임)한다"고 지적했다.[15] 주택을 비롯한 부동산에 대한 정체성이 바뀐 것은 시장에 자본이 개입되었기 때문이다. 집이 자본을 늘리는 수단이 되면서 우리 모두가 고통을 겪는, 원치 않는 상황을 초래했다는 것이다.

철학자 한병철은 자신의 저서 『피로사회』 첫 문장에서 "시대마다 그 시대의 고유한 주요 질병이 있다"고 했는데, 우리가 앓고 있는 부동산 블루가 혹시 그 질병이 아닐까 하는 생각도 들었다. 필자도 부동산 시장을 지켜본 지 28년째 되었지만, 지나치게 노골적인 욕망이 지배하는 요즘의 부동산 시장에 당혹스럽고 착잡할 때가 많다. 집의 순수한 의미는 잃어버린 지 오래다. 어느 순간 머니게임을 지나 이데올로기 전쟁이자 계급 갈등의 씨앗이 되는 게 아닌지 걱정이 앞선다. 우리 사회에서 '극단의 대결'이 부동산보다 심한 게 있을까. 정치판보다 심했으면 심했지 덜하지는 않을 것이다.

모처럼 만나는 친구는 물론 형제와 자매끼리도 유독 부동산 문제에 대해서는 서로 얼굴을 붉힐 때가 많다. 지금은 주택 유무, 집값의 격차에 따라 사회적 격차가 벌어지는 '하우스 디바이드' 사회다. 집 문제로 생긴 세대 내의 갈등은 이제는 세대 간의 갈등으로 번지고 있다.

같은 부동산 현상을 보면서도 자신의 이해관계에 따라 다른 색깔을 드러낸다. 이러다 보니 대화에서 부동산 얘기는 꺼내지 않는 게 하나의 예의가 되었다. 이는 극단의 정치판과 비슷하다. 정치 프레임에 갇힌 사람을 만나면 상식적인 말도 잘 안 통한다. 이 사회의 모든 것을 나, 그리고 나와 대립하는 타자로 구분 지어 생각하기에 만나면 말싸움만 난다. 정치판의 팬덤 문화는 이성보다는 광기에 가깝다. 우리나라 부동산 시장도 합리성을 띠다가도 어느 때는 비합리성의 결정체 같다. 경제이론으로 풀기에는 너무 복잡다단하고 때로는 상식도 통하지 않는다. 부동산이 어느새 경제학이 아니라 사회학으로 넘어가버렸다.

분노 사회, 별일 아닌데 화가 난다

젊은 층이 가장 즐겨 마시는 커피 음료는 아이스 아메리카노다. 너무 좋아하다 보니 얼어 죽어도 아이스 아메리카노를 마신다고 해서 줄임말로 '얼죽아'라고 한다. 그렇게 좋아하는 이유가 '하도 열받을 일이 많아서'라고 하니 씁쓸한 웃음만 나온다.

요즘은 만나는 사람마다 화가 잔뜩 나 있다. 가난한 사람이든, 부자든, 잘난 사람이든, 못난 사람이든, 진보주의자든, 보수주의자든 왠지 모르게 분노로 가득 차 있다. 뭔가 내 맘대로 잘 안 된다는 것이다. 그 분노는 정치와 부동산에서 자주, 그리고 두드러지게 폭발한다. 부동산에 대해선 어떤 입장에 있든 다 열불이 난다.

무주택자는 전세보다 월세가 많아진 데다 대출금리가 올라 내 집 마련이 어렵다고, 1주택자는 원하는 지역의 집값이 너무 비싸 집을 팔아도 옮겨 타기가 어렵다고, 그리고 다주택자는 세입자에게 임대주택을 공급하는데 기여분에 비해 너무 홀대당하고 세금만 무겁다고 항변한다. 머리가 희끗희끗한 고령자들은 노후에 생활비라도 대려고 부동산에 투자하는데 정부가 건강보험료와 높은 세금을 부과하는 바람에 계획에 차질이 생겼다고 짜증을 낸다. 젊은 층은 어떤가. 기성세대가 집값을 너무 올려놓아 주택 시장에 진입 자체가 어렵다고 울분을 토한다. 내 욕망을 앞당겨 이루고 싶은데, 이를 가로 막는 제도와 상황에 역정을 낸다.

 '뜨거운 감자'인 강남의 재건축 단지에서는 더욱 심한 시각차를 드러낸다. 조합원들은 재건축 초과이익 환수제(재초환)로 재건축이 제대로 진행되기 어려우니 당장 폐지해야 한다고 역설한다. 강남구의 한 재건축 조합원은 "재초환을 일부 완화하는 수준으로는 조합원들이 만족하지 못할 것"이라며 "수억 원씩 부담금을 내는 데 누가 재건축을 하겠느냐"고 울상을 지었다. 재개발과 재건축 모두 주거환경을 개선하는 사업인데 재개발은 개발 부담금을 물리지 않으면서 유독 재건축만 부과하느냐는 불만이다.

 하지만 비강남 사람들은 이에 못마땅한 표정을 짓는다. 한 지방대 부동산학과 교수는 "지금까지 재건축은 비용은 사회화하고 이익은 사유화하는 대표적인 개발 사례"라며 "일부라도 개발 이익 환수는 지극히 당연하다"고 말했다.

 이처럼 물리적인 부동산은 그대로 존재하지만 이를 바라보는 인간의 렌즈는 지극히 굴절되어 있다. 공익과 사익, 개인과 집단, 보수와 진보, 지역(수도권과 지방) 간 이해관계가 수시로 충돌한다. 모두를 만족시키는 만능의 정책이 있을 수 없지만 많은 사람이 자신의 욕구를 충족시켜주는 이기적인 답만 원한다. 선택적 선호를 하면 사고나 행동이 한쪽에 치우치기 쉽다. 자신의 이해관계에 함몰된 시각에서 바라보면 어떤 것이든 마음에 차지 않고 쉽게 분노로 이어진다.

'분노 비즈니스'의 희생양 될라

한쪽 논리가 횡행할수록 중심 잡기가 중요하다. 이성적이고 합리적인 사고를 위해서는 냉정해져야 하고, 감정조절도 필요하다. 마피아 세계의 흥망성쇠를 그린 영화 〈대부 3(1991)〉에는 이런 명대사가 나온다. "적을 미워하지 마라. 판단력이 흐려진다." 감정에 치우치면 올바른 의사결정을 내리기가 어렵다는 뜻이다. 축구선수 이영표도 한 언론 인터뷰에서 "우리 사회가 압축 고도성장을 하면서 분노가 꽉 차버렸다"고 했다. 그러나 "누군가를 공격하거나 분노를 통해 감정을 배설하는 건 자신을 위해서라도 해서는 안 된다"고 지적했다.[16]

주변을 둘러보면 현실은 암담하다. 균형을 잡고 싶지만 주변에서 나를 가만 놔두지 않는다. 분노를 자극하는 편향되고 과장된 정보가 인터넷과 미디어를 통해 급속히 전파된다. 한쪽으로 편중된 정보를 자주 접하니 감정에 치우치고 합리적인 의사결정을 방해한다. 그래도 정신을 차려야 한다. 분노를 팔아 돈을 버는 '분노 비즈니스'에 휘말려 들 수 있어서다.

과거에는 미래의 불안과 두려움을 파는 '공포 비즈니스'가 바이러스처럼 기승을 부렸다. 하지만 요즘은 분노 비즈니스가 수지가 맞는지 더 판을 치는 것 같다. 자칫 자신이 그 분노 비즈니스의 희생양이 될 수 있으니 '마음의 방역'이 필요하다.

건물주는 다들 나쁜 놈입니까

상류사회의 위선과 욕망을 그린 영화 〈상류사회(2018)〉에서 주인공 박해일은 갑자기 "건물주는 다들 나쁜 놈입니까"라고 목소리를 높인다. 건물주를 비호하는 듯한 그의 말에 다들 놀란다. '젠트리피케이션, 해결책은 있는가'라는 주제의 영화 속 TV토론에 참석한 그가 갑자기 돌출발언을 한 것이다.

박해일은 사회자로부터 최근 젠트리피케이션(gentrification)으로 임대료가 감당할 수 없을 정도로 많이 오르는데 이를 해결할 실질적인 대안이 없느냐는 질문을 받는다. 박해일은 가장 손쉽게 떠올릴 수 있는 '임대료 통제 카드'를 거부한다. 그는 세입자는 임대료를 당연히 내야 할 뿐만 아니라 올리지 말라고 하는 것은 말이 안 되며, 임대료를 낼 수 있도록 해야 한다고 말했다.

상대편 토론자(정치인)는 박해일에게 "눈물로 쫓겨나고 있는 소상공인들의 권리회복을 위해 비장하게 토론하고 있는 마당에 무슨 생뚱맞은 소리냐"고 핀잔을 준다. 하지만 박해일도 가만있지 않고 재반박에 나선다. "세입자도 시민이고 건물주도 시민이다. 돈이 좀 더 있고 덜 있고 차이일 뿐 모두 보호받아야 할 시민이다. 공존과 상생을 목표로 해야 한다. 어느 쪽 편을 들어야 표를 더 얻을 수 있을까만 생각하니 정치인들이 합리적인 해결책을 못 찾는 것 아니냐."

박해일은 젠트리피케이션의 대안으로 '시민은행 설립'을 제시한다. 장기 저리로 소상공인에게 돈을 빌려줘 임대료를 낼 수 있도록 하자는 것이다. 박해일의 처방은 건물주의 일방적인 횡포에 분노하는 세입자의 밑바닥 정서와는 동떨어져 낯설게 느껴진다. 더욱이 자금을 저리에 빌려주면 임대료가 더 오르는 부메랑도 초래한다. 비싼 임대료를 지불할 수 있는 유효수요를 더 만들어내는 역효과를 가져오기 때문이다.

박해일의 해법에는 분명 문제가 있어 보이지만 그의 공생 시각은 공감이 간다. 젠트리피케이션을 초래하는 건물주를 무조건 비난만 할 게 아니라 세입자와 상생을 통해 문제를 해결하는 게 중요하기 때문이다. 소리만 지른다고 답이 나오지 않는다.

요즘 사회적 이슈가 된 젠트리피케이션은 지주계급 또는 신사계급을 뜻하는 젠트리(gentry)에서 파생된 용어다. 젠트리 계층이 살 정도로 낙후지역이 민간주도로 재개발되어 고급 주거지역으로 탈바꿈하는 것을 말한다. 1964년 영국의 사회학자 루스 글래스가 처음 사용했다. 이후 젠트리피케이션은 주거지역뿐만 아니라 도심 상업·업무지역의 재생을 포함하는 의미로 넓어졌다.

우리나라에서는 젠트리피케이션이 서구의 주택지역보다 상업지역에서 집중적으로 일어나는 것이 특징이다. 주로 젠트리피케이션의 부작용에 초점을 맞춘다. 사실 홍대나 서촌, 북촌 등 구도심에서 세입자들이 애써 상권을 형성해놓으면 거대자본이 유입되어 임대료가 오르고 결국 세입자들이 오히려 설 자리를 잃고 쫓겨나는 문제가 생기고 있다. 젠트리피케이션의 유발자, 혹은 약탈자적 임대인으로 인식되니 건물주에 대한 국민적 감정이 좋을 리가 없다. 하지만 건물주는 악이고 세입자는 선, 들어온 자와 내쫓긴 자라는 도식적 구조로 언론에서 자주 보도한 영향이 크다. 한쪽 측면만 부각한 프레임 탓이다.

세입자와 건물주는 운명 공동체

젠트리피케이션을 세입자의 '둥지 내몰림'으로만 협소하게 쓰이는 것은 문제다. 도시재생이라는 젠트리피케이션의 긍정적인 면도 있어서다. 가령 일본 도쿄의 롯폰기힐스나 미드타운처럼 재정비를 통해 도심을 부흥시키는 발전적인 측면도 함께 고려되어야 한다. 산업구조 변화, 인구 유출 등으로 쇠퇴하는 구도심을 그대로 방치할 순 없다. 과도한 개발 규제는 오히려 구도심을 슬럼화시키고 도시의 경쟁력을 떨어뜨릴 수 있다. 을지로나 광화문 일대의 도시재정비를 통해 곳곳에 들어선 스마트빌딩을 가보라. 도심의 화려한 르네상스를 떠올리게 한다.

노후지역을 고층 오피스로 재개발해서 일자리를 만들고 도시에 활기를 불어넣는 것 역시 젠트리피케이션이다. 그러나 우리나라에선 젠트리피케이션을 부정적인 측면에만 맞추고 있어 편향적인 시각이 고착화되지 않을까 걱정이다.

핫 플레이스에서 사회문제로 부상되는 상가 젠트리피케이션의 부작용은 최소화하고 긍정 효과는 극대화하는 것이 필요하다. 다행히 공생과 공존은 최근 들어 활발하게 진행되고 있다. 상생 협약을 통해 임대인은 임대료를 적정 수준으로 유지하고, 세입자는 상권의 유지와 지속 성장을 위해 노력하는 것이다. 코로나19 사태 여파로 큰 어려움을 겪고 있는 소상공인에게 임대료를 인하해준 '착한 건물주'를 대상으로 재산세 감면을 해주는 것도 정책적인 본보기가 될 수 있다.

건물주와 세입자는 사실상 한 몸이다. 건물주는 자본을 대고 세입자는 노동과 기술을 투자하는 동업 관계다. 건물주는 세입자의 부가가치 창출에 공간을 제공하는 사람이다. 장기적으로 한쪽이 이득을 보면 다른 한쪽은 손해를 보는 제로섬 게임이 아닌 플러스 게임 관계라는 얘기다. 영화 〈상류사회〉에서 박해일도 이렇게 결론을 맺는다. "욕망을 억제하는 것은 전체주의다. 욕망이 제멋대로 날뛰도록 놔두는 것은 자유방임주의다. 욕망을 합리적인 선에서 조절하도록 하는 것이 시민사회의 응당한 책임이다."

도덕을 제외한 모든 문제는 회색 영역이다

"우리 삶의 현실 속에는 흑과 백은 존재하지 않는다. 오로지 밝은 톤의 회색이거나 어두운 톤의 회색이 있을 뿐이다."

원로철학자 김형석 교수는 "한국에서 시급하게 해결해야 하는 것은 절대주의적 사고방식을 뒷받침하는 흑백논리"라고 잘라 말한다. 흑과 백 사이에는 수많은 색이 존재할 것이다. 흑백만 옳다면 나머지 색들은 존재 의미가 없어진다. 흑백논리는 결국 '상대방은 그르고 나는 옳다'는 극단적인 편 가르기로 이어지기 쉽다. 그는 "완전한 흑과 백은 이론적으로는 가능하나 실제로는 존재하지 않는다"고 강조했다.[17]

오랜 삶의 철학이 우러나온 김 교수의 글을 읽고 사막에서 오아시스를 만난 것 같은 기분이 들었다. 마치 구루(스승)의 말씀처럼 들렸다. 김 교수처럼 회색에 가치를 부여한 사람으로 미국의 제34대 대통령 드와이트 아이젠하워가 꼽힌다. 그는 "도덕을 제외한 모든 인간의 문제는 회색 영역에 속한다"고 말했다.[18]

하지만 한국에서 회색은 부정적인 어감이 강하다. 소속이나 주의, 노선이 뚜렷하지 못한 사람을 뜻하는 회색분자라는 비아냥이 나온다. 우유부단한 성격으로 실천력이 부족하거나 비겁한 사람으로 여겨진다. 술에 술 탄 듯, 물에 물 탄 듯하다는 표현이 자주 회자된다.

회색분자라는 왜곡된 의미가 아닌, 회색 그 자체에 초점을 맞춰보자. 회색은 사상적으로 극단적인 진보나 보수(흑백)가 아닌 중간영역의 가치를 상징할 것이다. 말하자면 중도주의다. 중도주의는 한쪽으로 쏠리지 않고 균형에 가치를 부여한다. 수용 가능한 사상적 스펙트럼도 넓다. 보수 색깔을 띠든, 진보 색깔을 띠든 사고와 행동이 상식에서 벗어나지 않는 범주에 있다면 크게 개의치 않는다. 그런 의미에서 '포용적 중도주의'다. 이념적 잣대에 집착하면 유연성이 떨어지므로 특정 이념보다 유용성 입장에서 가치를 판단하는 실용주의 노선을 충실히 따른다. 절대 가치를 추종하는 게 아니라 개별 사안에 따라 탄력적으로 사고한다. 내 견해와 다르더라도 그의 생각에 귀를 기울인다. 이 같은 포용적 중도주의는 시쳇말로 싫더라도 존중한다는 의미의 '싫존주의'다.

이런 자세는 영국의 철학자 칼 포퍼의 '이타적 개인주의'와도 맥락을 같이한다. 즉 자신과 다른 사람들의 자유를 존중하고 자신의 신념을 강요하지 않는 것이다. 내 생각이 옳다는 오만과 아집으로 가득 차 있으면 소통과 타협이 어렵다.

경제적 약자를 보호해야 하지만 언더도그마(under dogma)에 빠지는 것은 곤란하다. 언더도그마는 힘이 약한 자는 힘이 강한 자보다 도덕적 우위에 있을 뿐만 아니라 절대적으로 선하다는 신념이다. 반대로 오버도그마(over dogma)의 경우 강한 자는 선하고 약한 자는 악하다고 본다. 이런 양극단의 도그마에 빠지면 진실이 왜곡된다. 사람은 착하지도 않고 선하지도 않다. 많은 경우 그 사람이 처한 상황이 그를 악하게도, 선하게도 만든다. 흔히 말하는 '케바케(케이스 바이 케이스)'다. 어떻게 하면 한쪽으로 쏠리지 않고 균형을 유지할까. 그 방법은 '지나치거나 모자라지 아니하고 한쪽으로 치우치지도 않는다'는 의미의 중용을 추구하는 것이다.

누구나 모르는 사람에게 빚을 지고 살아간다

지난 초겨울 고향에서 아버지 제사를 지내고 일요일 아침 6시 버스로 상경했다. 읍내 버스터미널에서 출발한 뒤 여러 지역을 경유해 동서울터미널에 도착하는 버스다. 요즘 시골에서 운행하는 장거리 버스는 거의 우등이다. 고객이 많지 않아 고급화해서 수지를 맞추려고 한듯하다. 그래서 요금이 비싼 편이다. 동네 근처 면 소재지 버스 정류소에서 우리 부부가 탔을 때 우리 외에는 승객이 없었다. 세 군데 면 소재지를 더 지났지만 타는 사람이 끝내 나타나지 않았다.

버스 운전기사는 담담하게 말했다.

"서울까지 두 분만 모시겠습니다."

아내가 물었다.

"기사님, 저희가 안 탔으면 서울 안 가나요?"

"아뇨. 서울발 승객을 모시고 내려와야 해서 무조건 출발합니다."

이 넓은 버스 안에 두 사람만 타니 약간 무섭기도, 미안하기도 했다. 우리가 버스를 전세 낸 것 같았다. 사람 온기가 없기 때문인지 히터를 틀었는데도 추웠다. '얼마 가지 않아 이 노선도 끊기겠구나. 그럼 고향 오가기가 훨씬 불편해질 수 있겠다'는 생각이 들었다. 일본에서는 지방소멸 시대라는데…. 인구가 어느 정도 있어야 교통이나 편의시설도 운영되는 것이다.

우리는 개별 인간이지만 이래저래 다른 사람과 얽혀 있다. 모르는 사람에게 빚을 지고 산다. 그들이 있어야 나도 그럭저럭 삶을 누릴 수 있다. 사회가 무너지면 나 혼자 살아남기 힘들다. 내 부동산 가격이 오르는 것은 누군가 사주기 때문이고, 내가 전·월세를 놓을 수 있는 것은 그 공간을 누군가 채워주기 때문이다. 공동체 사회란 그런 것이다. 아침저녁으로 마주치는 모르는 이웃이 있기에 내 삶이 존재한다.

축구선수 손흥민의 부친 손웅정 씨가 최근 언론과의 인터뷰에서 한 말이 기억난다. "울타리를 세우더라도 말뚝 3개가 필요하다"는 중국 속담이다. 그는 "세상일 중 혼자 할 수 있는 일이 뭐가 있겠느냐"며 아들에게 매사에 겸손할 것을 주문했다.[19]

결국 사회는 혼자서는 존재할 수 없고 공존해야 유기체처럼 잘 돌아간다. 다른 사람 덕에 이 정도라도 살아갈 수 있다는 열린 생각을 가지면 다른 사람은 질투와 미움의 대상이 아니라 고마움의 대상이 된다. 윽박지르거나 우격다짐하기보다 상호 인정과 대화, 설득을 통한 공존의 가치를 익혀야 대립을 최소화하고 사회적 합의를 이끌어 낼 수 있다. 쉽지는 않지만, 부동산 갈등도 이런 마음가짐에서 풀어나가야 하지 않을까 싶다.

KEY POINT

집 문제로 다들 힘들어한다. 집은 편안하고 행복한 공간이어야 하는데 많은 사람에게 답답하고 슬픈 공간이 되었다. 집이 자본을 늘리는 수단이 되면서 모두가 고통을 겪는, 원치 않는 상황이 된 것이다. 부동산에 대해선 어떤 입장에 있든 다 열불이 난다. 이럴 때일수록 분노를 팔아 돈을 버는 '분노 비즈니스'의 희생자가 되지 않도록 정신 차려야 한다. 이때 특정 이념보다 유용성 입장에서 가치를 판단하는 실용주의와 포용적 중도주의는 빛을 발한다. 타자와 공존하려는 겸손을 익힐 때 부동산 갈등도 해결의 단초를 찾을 수 있을 것이다.

'욕망의 자산' 강남에
변화의 흐름이 감지되다

강남 아파트값이 영원히 오를 수는 없다. 장기적으로 보면 '강남 불패'보다는 '강남 덜패'에 더 가깝다. 즉 강남은 투자에 실패하지 않는다는 의미라기보다 다른 지역에 비해 손해를 덜 본다는 뜻이다.

"마치 붉은 섬 같네요."

2020년 4월, 21대 총선이 치러진 다음 날 지인은 지도로 표시한 서울지역 당선자 현황을 보며 이같이 표현했다. 파란색의 더불어민주당이 서울 대부분을 휩쓴 와중에 강남권과 일부 용산만 붉은색의 미래통합당(현 국민의힘)이 차지한 것을 두고 한 말이다. 언론에선 붉게 표시된 지역을 '종부세 벨트'라고 불렀다. 정부의 종부세 압박이 커지자 자신의 재산을 지켜줄 수호자로 미래통합당 후보를 선택한 결과라는 것이다.

많은 선거를 치렀지만 강남에서 종부세가 총선 이슈로 부각된 것은 흔치 않았다. 아파트값이 크게 오르고 보유세의 기준이 되는 공시가격 시세 반영 비율까지 높아지면서 유주택자의 불만이 커진 것이다. 21대 총선에서 강남은 계급투표 성격이 강했다. 2년 뒤인

2022년 대선에서는 지역이 더욱 확대되었다. 강남 3구와 용산을 넘어 신흥 부촌으로 떠오른 성동구, 강동구 등에서도 계급투표 성격이 나타난 것이다. 부동산 규제 완화를 공약으로 내건 국민의 힘 후보를 찍은 비율이 타지역보다 크게 앞섰다.

계급투표는 선거에서 자신이 속한 계급의 이익을 대변하는 후보나 정당을 찍는 투표 행위를 말한다. 계급투표는 정권 심판 같은 거대 담론보다 부동산 세금에서 민감하게 반응하고 군집화한다. 당장 내 아파트 세금이 올라가는 것은 피부로 느낄 수 있는 당면한 문제이기 때문이다.

그런데 아파트값이 많이 오른 마포구, 광진구, 노원구에서는 계급투표가 산발적으로 나타났다. 집 부자와 세입자, 중산층이 뒤섞여 한 방향으로 강하게 결집되지 않은 것으로 보인다. 강남과 인근 지역에서 차별적인 투표 성향이 드러난 것은 부동산이 계급을 결정짓는 핵심 요인이라는 것을 보여준다. 부자들의 계급성은 은밀하다. 시끄러운 시위보다는 말 없는 투표로 드러낸다. 어쨌든 부동산 공화국에선 부동산보다 더 중요한 것은 없다.

경제적 해자, 강남 아파트

"(누구나) 사는 동안 제일 기억에 남는 시절이 있을 것이다. 내게는 1978년이다. 그해 봄 우리 집은 강남으로 이사를 왔다. 강남 땅값이 앞으로 엄청나게 오를 것을 예견한 할머니가 서둘러서 결정을 내린 것이다."

유하 감독의 영화 〈말죽거리 잔혹사(2004)〉 초반부에서 주인공 권상우는 이렇게 독백한다. 말죽거리는 서울 지하철 3호선과 신분당선 환승역인 양재역 인근으로, 서울에서 남도 지방을 오가는 길목이었다. 말죽거리 땅 투기는 강남 불패 신화의 서막이었다. 부동산 재테크 대중화 역시 강남이 시발점이다. 부동산이 자산 증식의 수단이라는 인식의 전환을 가져온 지역이 바로 강남이라는 얘기다. 강남 부동산에서 부를 일군 사람들이 많다. 수많은 부동산 성공 스토리가 지금까지 회자된다.

강남은 강남구·서초구·송파구 등 강남 3구를 지칭한다. 좁게는 북쪽 압구정동, 서쪽 방배동, 동쪽 잠실·오륜·가락동 일대, 남쪽 개포동으로 범위가 한정된다. 강남은 주로 아파트로 형성된 거대한 부촌 벨트다. 강남은 미친 아파트값의 상징이다. 강북의 부촌이 단독주택 밀집 지역에서도 유지되고 있다는 점에서 차이가 난다. 유럽에서 아파트는 저소득층이 사는 임대주택을 떠올린다. 전 세계적으로 아파트에서 거대한 부촌이 형성된 것은 홍콩 같은 도시국가를 제외하곤 드문 일이다.

'경제적 해자(economic moat).' 지난 주말 경기도 과천에 가기 위해 승용차를 타고 동작대로를 지나면서 문득 이런 문구가 떠올랐다. '해자'가 적을 방어하기 위해 조성된 유형의 못이라면, '경제적 해자'는 돈에 의해 만들어진 무형의 못이다. 8차선의 동작대로는 강남 콘크리트 캐슬을 방어하기 위해 성 밖을 둘러싼 못처럼 느껴졌다. 동작대로는 강남의 서쪽 끝인 방배동과 접해 있다. 길만 건너면 동작구 사당동이다. 도로를 사이에 둔 가까운 이웃인데도 아파트값은 곱절 이상 차이가 난다. 방배동 집값이 너무 비싸서 사당동 주민들은 동작대로를 넘어 이사할 수가 없다. 이 경제적 해자는 강남 아파트를 '넘사벽(넘을 수 없는 사차원의 벽)'으로 만든다.

벽을 넘지 못하는 사람에게 있어 강남 아파트는 욕망의 대상이다. 프랑스 정신분석학자 자크 라캉의 말처럼 '욕망'은 갖고 싶은 것을 갖지 못할 때 느끼는 '결핍'에서 비롯된다. 강남 아파트 뉴스만 보면 착잡한 심경이 된다. 이전에 조금만 무리했으면 매입할 수 있었으나 내지르지 못한 자기 회한과 무력감, 그리고 배아프리즘이 뒤섞여 있다.

강남 아파트는 거대한 콘크리트 벨트 속에 스며든 자본에 대한 무차별 욕망을 투영한다. 문제는 노동가치설이 무색할 정도로, 투입한 땀에 비해 너무 큰 성과물을 얻었다는 점이다. 여름내 땀 흘린 농부보다 게으른 농부의 논에서 더 수확이 많았을 때 느끼는 배반감이라고 할까.

어느새 강남은 한강 이남이라는 지리적 공간을 넘어 자본 욕망의 상징이 되었다. 모델하우스도 강남에 세워야 상품의 약발이 먹힌다. 준강남, 범강남권, 강남 생활권으로 표시해야 아파트도 잘 팔린다. 강남에서 몇 분 거리 마케팅을 펼치는 것도 강남 프리미엄을 누리기 위해서다. 전국 어디서나 강남을 내건 병원, 약국, 미용실, 예식장 간판을 찾아볼 수 있다.

강남, 사고팔기식 재테크는 힘들어

우리는 아파트 재테크란 말에 익숙하다. 재테크는 한자 '재무'와 영어 '테크놀로지'의 합성어다. 아파트 재테크는 금융상품처럼 아파트를 사고팔아 수익을 챙기는 행위를 일컫는다. 하지만 강남에서 사고팔기식 단순한 아파트 재테크는 옛말이다. 집값이 천정부지로 비싸진 탓이다. 그동안 1주택자는 비과세기간을 활용해 비싼 집으로 옮겨타기를 하면서 재산을 불릴 수 있었다. 눈을 굴리다 보면 작은 눈 뭉치에서 큰 뭉치로 늘어나듯이 말이다. 그래서 "한 집에 계속 머물지 말고 3년마다 유망 지역으로 갈아타라"는 조언이 많았다.

지금 강남 아파트는 집값 자체가 너무 비싸 굴리는 것이 불가능하다. 강남 아파트값은 지방에서 어지간한 빌딩을 살 수 있는 돈이다. 양도세, 취득세, 중개수수료 등 거래비용도 큰 부담이다. 30억 원짜리 아파트를 사려면 취득세만 1억 원 정도 필요하다. 거래에 돈이 많이 드니 잦은 매매는 거의 불가능하다. 더욱이 고가주택은 한 채를 가져도 장기보유특별공제를 최대 80%까지 다 받으려면 10년 보유와 거주 요건을 충족해야 한다. 집값이 비쌀수록 거래 회전율이 뚝 떨어지기 마련이다.

최근 들어 강남 아파트에서 2가지 대체 흐름이 나타난다. 하나는 꼬마빌딩을 대체하는 수익형 부동산으로, 또 다른 하나는 은밀히 자산을 파킹(parking)하는 수단으로 각각 이용되고 있다는 점이다. 이는 다른 지역 아파트 시장과는 차별적인 흐름이라는 점에서 주목해 볼 필요가 있다.

고액 월세 아파트는 또 다른 꼬마빌딩

"월세가 800만 원이나 나온다고요? 그럼 꼬마빌딩을 살 필요가 없겠네요."

노후 준비를 위해 꼬마빌딩을 찾던 박상기(가명·61) 씨는 아파트 고액 월세를 보더니 이같이 말했다. 꼬마빌딩처럼 따박따박 이 정도의 월세가 나온다면 아파트를 노후 은퇴용 부동산으로 고려해보겠다는 것이다.

요즘 강남권이나 용산, 성수 등 한강 변 아파트를 중심으로 고액 월세 임대가 속속 등장하고 있다. 아파트 실거래가를 보면 84㎡(34평형) 신축 기준으로 보증금 1억 원에 적게는 월 300만 원, 많게는 800만 원 이상 받는다. 평수가 큰 곳은 월 2,000만 원을 훌쩍 뛰어넘는다. 아파트 매매가격이 고공비행하고 전셋값까지 덩달아 오르면서 자연스럽게 고액 월세가 등장한 셈이다. 다주택자들 사이에서 종부세를 비롯한 보유세 부담이 높아지면서 전세를 월세로 돌리려는 집주인이 늘어난 것도 한 요인이다. 아파트 임대수익률은 연 1~2%다. 강남권 꼬마빌딩 임대수익률이 이 수준이라는 점을 감안하면 아주 낮다고 할 수는 없다.

그동안 개인 입장에서 월세를 받을 수 있는 부동산은 주로 꼬마빌딩이나 원룸주택, 상가주택이었다. 이런 부동산은 아파트에 비해 임대수익률은 높지만 관리하기가 여간 번거로운 게 아니다. 세입자 관리 자체가 '감정노동'이다. 그래도 수익률이 높아서 은퇴자들은 비아파트 주거용 부동산으로 노후를 준비했던 것이 사실이다. 가령

10년 전만 해도 은퇴자들은 신도시에 점포겸용주택(상가주택)을 사서 월세 받는 게 로망이었다. 꼭대기 층에 살면서 거주도 하고 월세를 받겠다는 생각에서다. 하지만 요즘은 인기가 많이 식었다. 코로나19 사태 이후 소비 패턴이 비대면으로 바뀌면서 상가 공실이 늘어 수입이 예전 같지 않다. 2022년 매도분부터 12억 원 초과의 상가주택 한 채에 대해 양도세를 '상가 면적 따로, 주택 면적 따로' 계산하는 것도 종전보다 불리해졌다. 과거에는 주택 면적이 상가 면적보다 많으면 주택으로 인정받아 1주택 비과세로 양도세를 줄일 수 있었지만, 이제는 제대로 내야 한다.

이렇다 보니 은퇴자들이 상가주택이나 원룸주택을 대체할 '머니 파이프라인'으로 아파트 고액 월세에 관심을 갖는다. 머니 파이프라인이란 우물에서 부엌으로 파이프라인을 연결해놓으면 눈이 오나 비가 오나 안정적으로 물을 확보할 수 있는 것처럼 지속해서 흘러들어오는 수입을 비유하는 말이다.

아파트를 월세로 임대하고 있는 한 60대는 "여유 층이 고액 월세에 거주하므로 연체 걱정은 거의 없다"고 말했다. 그는 같은 월세를 받더라도 자신보다 잘사는 사람에게 받는 게 낫다는 생각이 든다고 했다. 전문직 고액 연봉자, 연예인, 스포츠 스타, 혹은 국내에 체류하는 외국인 CEO나 임원이 주요 월세 수요층이다. '부의 콘크리트 벨트'인 강남 아파트는 꼬마빌딩처럼 월세가 나오는 수익형 부동산으로 자리매김하고 있다.

부러움과 동시에 질투받는 부자들

브루스 베레스포드 감독의 영화 〈드라이빙 미스 데이지(1990)〉는 부자 아들을 둔 유대인 할머니와 흑인 운전사 간의 우정을 그린 휴먼 드라마다. 데이지 여사는 70세가 넘었지만 자존심이 세고 까탈스러운 성격의 소유자다. 그녀는 차를 몰다가 집 앞에서 가벼운 사고를 낸다. 이를 본 아들은 운전사를 고용한다. 데이지 여사는 처음에는 필요 없다고 거절하다가 결국 받아들인다.

영화의 여러 장면 중에서 가장 기억에 남는 것은 데이지 여사가 휴일에 교회에 들렀다가 나오는 장면이다. 운전사가 교회 바로 앞에 차를 댄 것을 보고 그녀는 "다들 무슨 생각을 하겠나. 부자 행세한다고 하지 않겠나"라고 나무라듯이 말한다. 운전사는 당신이 부자인데 왜 남 눈치를 보는지 이해하지 못하겠다는 표정을 짓는다. 이에 데이지 여사는 "잘난 척한다는 소리 듣기 싫다"고 잘라 말한다. 이 장면을 보고 이런 생각이 들었다. '부는 남에게 과시하는 게 아니라 조용히 누리는 것일 수 있겠구나.'

세상의 부자에는 2가지 종류가 있다. 부를 뽐내면서 사는 과시형 부자, 그리고 데이지 여사처럼 부자 티를 내지 않고 조용히 사는 겸손형 부자가 그것이다. 과시형 부자는 TV 드라마에서 코인이나 주식으로 대박을 터뜨린 젊은 부자가 고급 외제 차를 타고 뽐내며 나오는 장면을 떠올리면 된다. 현시 욕구를 아무 데서나 드러내는 부류다.

그동안 많은 부자를 만나봤지만, 과시형 부자는 100명 중 1명꼴로 찾기 어려웠다. 학자들이 강남 집을 '사회경제적 스펙을 과시하는 신분재'나 '남과 구분 짓기를 위한 기호 소비'로 분석하지만 그런 생각으로 강남에 사는 사람은 드물다. 강남 아파트가 부를 일군 상징적 자산이라는 의미의 '트로피 자산'일 수는 있겠지만 자랑하기 위해 그 트로피를 번쩍 들어 올렸다가는 따가운 눈총을 받을 것이다.

"강남, 살아보면 별거 없는데 왜 다들 들어오려고 하는 거지?" 모처럼 등산을 함께 하던 지인 A가 산 중턱에서 한마디 툭 던졌다. 이런저런 이야기를 하다가 나온 말이다. A는 올해 15년째 강남 아파트에 살고 있다. 무심코 나도 한마디했다. "강남에 살지 않는 사람들은 다른 생각일걸?" 산을 내려오면서 다시 곰곰이 생각해보니 A와 나눈 짧은 대화는 요즘 강남 부동산의 또 다른 면을 보여주는 것 같았다.

바로 이미지와 실체에 관한 얘기다. 막상 강남에 살아보니 다른 데 살 때와 별 차이를 못 느낀다는 A의 얘기가 맞을 수도 있겠구나 하는 생각이 든다. 강남은 실제보다 매스컴에서 포장된 욕망의 이미지가 더 강렬하다. 이미지는 때로는 실체를 초월한다. 실체를 그대로 드러내기보다는 수시로 굴절되어 허상을 만들어낸다. 강남살이는 부자 이미지를 드러내는 과시적 소비보다 다른 목적이 더 강한 것 같다. 자녀를 키우기 위해서, 때로는 재테크 목적으로 강남 집을 사고, 여의치 않으면 전세를 구한다. 집값만 비쌀 뿐 살기가 불편하다는 불평도 들린다. 자식들 교육 다 시키면 다시 옛집으로 회귀하는 '대전족(대치동 전세족)'들도 많다.

많은 수의 강남 사람들은 평상시 자신을 부자라고 내세우거나 부자로서 기호를 소비하기 위해 살지 않는다. 물론 가끔 자녀의 결혼을 앞두고 부자 동네에 산다는 것을 드러내기 위해 강남 주소를 고집하는 경우도 있다. 하지만 자신을 드러내는 기간은 길지 않다. 바쁜 일상생활에서 그런 생각만 하고 산다는 게 얼마나 피곤한 일인가. 다만 누가 자신을 무시하거나 험한 일이 생겼을 때 강남에 위치한 재산은 보호막이 되어줄 것이다.

요즘은 데이지 여사처럼 겸손형 부자들이 더 많아진 것 같다. 세계 어느 나라보다 평등의식이 강한 우리나라에서 섣부른 돈 자랑은 외톨이가 되기 딱 좋다. '가진 척하지 말라'는 말은 요즘 시대를 슬기롭게 사는 불문율이다. 그래서 겸손형 부자들은 과도하게 비싼 차를 타거나 화려한 옷을 입지 않는다. 지하철을 즐겨 타고 서민처럼 사는 부자들도 많다. 국내 주요 그룹의 오너 3~4세의 행동을 눈여겨보라. 실리와 소통을 중시하는 이들은 권위적이지 않고 오히려 몸을 낮춰 직원들을 찾아간다. 심지어 업무 현황을 설명하러 나온 직원에게 90도로 허리를 숙여 인사한다.[20] 강남의 60대 부자는 "부(富)라는 그릇은 조용히 채워나가는 것이다. 가급적 평범하게 보이고 이웃 눈 밖에 나지 않도록 조심한다"고 말했다.

부자는 남들로부터 부러움을 받음과 동시에 질투도 받는다. 어지간해선 존경의 대상이 되기 어렵다. 부자로서 존경을 받으려면 그만한 자격이 요구되는 것 같다. 사회적 기부가 대표적인 사례다. 많이 가졌다고 소문날수록 사회적 기대 수준이 높아진다. 하다못해 동창

회비, 축의금이라도 더 내라는 무언의 압박을 받는다. 자발적인 기부는 즐겁지만 강요된 기부는 돈을 내고 나서도 기분이 찜찜할 것이다.

은밀한 콘크리트 축장

부자들은 버는 만큼 돈을 쓸까? 그렇지 않다. 부자일수록 한계소비성향(소득이 1단위 추가로 증가할 때 소비지출의 크기)이 낮다. 소득은 증가해도 먹고 입는 데 지출하는 돈은 그만큼 늘지 않는다는 것이다. 소득이 곱절 늘어도 하루에 세 끼인 밥을 여섯 끼로 늘리지 않으니 말이다. 부자들은 그 대신 '남아도는 소득을 어디에 저장할까'에 관심을 쏟는다. 부자들이 골몰하는 것은 프랑스 철학자 질 들레즈의 표현처럼 입고 쓰는 데 필요한 '향유자본'보다는 부를 늘리는 '투자자본'이다.[21]

부즉다사(富卽多事)라고 했던가. 돈이나 재물이 많으면 일도 많은 법이다. 부자들은 티 내지 않고 부를 저장하고 싶어 한다. 저장한 재산은 나중에 뜻깊은 데 사용할 수도 있고, 자녀에게 물려줄 수도 있다. 여기에서 축장(蓄藏·hoarding)이라는 개념이 등장한다. 돈을 콘크리트 건물에 저장하는 것은 대표적인 축장 행위다. 다람쥐가 도토리를 경쟁자 몰래 땅속에 저장하듯이 말이다. 건물은 태풍이 불어도 날아갈 일이 없다.

아파트는 굳이 자신이 소유자라는 것을 밝히지 않는 한 누구 것인지 잘 모른다. 작정하고 남의 등기부 등본을 뒤질 일은 흔치 않다.

하지만 승용차나 옷, 시계 등을 보면 금세 부자인지 아닌지 눈치챌 수 있다. 이러니 강남 아파트는 돈을 잘 드러내지 않고 안전하게 축장할 수 있는 1차 '머니 저장창고'인 셈이다. 축장은 실거주를 위한 '똘똘한 한 채' 매입이나 갭투자 등의 여러 가지 형태로 나타날 수 있다.

성공적인 축장을 위해서는 나중에 되팔 때의 환금성을 고려해야 한다. 아파트는 금고 안에 넣어둔 5만 원짜리 지폐보다는 못하지만 다른 부동산에 비해서 돈으로 바꾸기 쉽다. 아파트는 전체 주택의 60%를 넘게 차지할 정도로 물량이 많고, 거래 회전율도 높다. 아파트는 금융위기나 거래절벽 사태 같은 특별한 상황을 제외하곤 원할 때 언제든지 돈으로 바꿀 수 있는 현금성 자산이다. 다시 말해 아파트는 가치를 저장하고 있다가 언제든지 캐시로 만들 수 있는 실물화폐이자 현금인출기(ATM) 기능을 한다는 것이다.

물론 마음 편히 돈을 묻어두려면 고만고만한 물건을 고르지는 않을 것이다. 곡식을 저장할 때 썩을 가능성이 있는 것은 빼고 저장하듯이 말이다. 안전자산으로 이미 검증된 강남 아파트를 손쉬운 가치 저장 공간으로 생각하는 것은 당연하다. 이런 생각이 굳어진 데는 '묻어두기만 하면 돈이 되더라'는 경험치도 크게 작용했을 것이다.

이런 축장 행위는 타인에 대한 과시라기보다는 자존감의 일환이라는 측면이 강하다고 본다. 집에 황금을 묻어두고 있으면 왠지 뿌듯한 것과 같다. 서울 강남의 3.3㎡당 1억 원이 넘는 아파트는 이런 개념이 아니고선 이해하기 힘들다. 축장 행위로서 아파트를 사는 사람들이 많아지면 아파트값이 상상을 초월할 정도로 비싸질 수 있다.

한국에도 '빈집세' 물리는 시대가 올까

강남권에 30억 원대 아파트를 보유한 자산가 양형석(가명·62) 씨. 강남 아파트를 한 채 더 사겠다는 그의 말에 필자는 의아한 표정을 지으며 말했다. "아니, 종부세가 많을 텐데 겁이 안 나요?" 강남 다주택자에게 종합부동산세를 비롯한 보유세 부담은 여전히 크다. 하지만 그는 "보유세 부담이 있긴 하지만 은행에 돈을 넣어도 이자가 많지 않으니 아파트를 사는 게 낫겠다는 판단"이라고 말했다. 그는 5~10년 정도 묻어두면 세금으로 낸 것보다 값이 더 오를 것으로 본다고 했다.

3년의 시간이 흘러 그를 다시 만났다. 강남 아파트는 세입자 관리가 어려워 6개월 동안 집을 비워두고 있다고 했다. 임대차 기간이 사실상 4년이라 한번 세를 들이면 팔기 어려운 점도 고려했다고도 했다. "집을 잘 관리해줄 수 있는 세입자가 있으면 한번 생각해보려고요." 한국에서도 축장 개념의 부동산이 강해지면서 굳이 세입자를 두지 않고 비워두는 일이 생길 것 같다. 중동 부호들이 유럽에 집을 사놓고 임대하지 않듯이 말이다.

영국에서는 고급주택 소유주들이 가만히 있어도 집값이 오르기 때문에 빈집 보유를 선호한다. 거주할 곳은 없는데 빈집은 늘어나는 기현상이 나타난다. 소유주들이 빈집을 내버려두는 이유는 런던의 집값 상승으로 가만히 있어도 돈이 되기 때문이다. 그래서 영국에선 2년 이상 비워둔 집에 빈집세를 물린다. 그냥 놔두지 말고 매각이나 임대를 하라는 압박이다.

캐나다 밴쿠버도 2017년 빈집세를 도입했다. 일본 교토시도 2026년쯤 빈집세를 도입하기로 했다. 집이 모자라는 유럽과는 달리 인구 감소로 버려지는 집이 늘어나자 도시의 슬럼화를 막는 차원에서 시행하는 것이다. 우리나라는 대도시의 일부 부자를 제외하곤 장기간 집을 비워두는 경우는 많지 않다. 변수는 '차이나 머니'다. 남북관계가 안정되면 중국인들이 한국 아파트를 축장 개념으로 매입할 수도 있어서다. 만약 이런 움직임이 나타난다면 한국도 영국이나 캐나다처럼 빈집세를 물릴 수 있을 것이다.

빌딩에서도 엿보이는 '자산 굳히기'

"빌딩 임대수익률이요? 그다지 중요하지 않아요."

순자산 200억 원대를 보유한 강남구 거주자 김경수(가명·56) 씨는 임대수익률을 어느 정도 기대하느냐는 질문에 이같이 답했다. 임대수익률은 높을수록 좋은 것이 아닌가. 하지만 김씨의 반응은 의외였다. 그는 "대출 이자와 재산세를 낼 정도의 임대료만 나오면 된다"고 말했다. 그는 빌딩을 매입한 뒤 임차인 재구성을 통한 건물의 최유효 활용 방안을 고민하는 일반 건물투자자와는 사뭇 달랐다. 임대수익을 극대화하는 데 별로 관심이 없다면 빌딩을 살 이유가 없지 않을까. 그는 이렇게 말했다. "토지보상금을 받았는데 마땅히 돈을 묻어둘 데가 없어 그냥 빌딩을 사는 거죠."

요즘 강남권 빌딩 임대수익률은 연 2%대를 잘 넘지 않는다. 불과 5~6년 전만 해도 임대수익률이 연 4% 언저리는 되었지만, 요즘은 거의 반 토막이 난 셈이다. 이처럼 임대수익률이 낮아진 것은 임대료는 제자리인데 매매 가격이 껑충 뛰었기 때문이다. 그래도 입지가 좋은 빌딩은 없어서 못 팔 만큼 거래가 잘된다. 심지어 연 1%대의 빌딩도 거래될 정도다. 임대료로 빌딩의 가치를 측정하는 수익 환원법으로 따지면 거품이 잔뜩 낀 빌딩을 매입하는 것이다. 물론 미래의 자본이득, 즉 시세차익이 저조한 임대소득을 충분히 커버할 것이라는 기대도 크게 영향을 미쳤을 것이다.

지난 몇 년간 강남 빌딩은 한마디로 초과 수요였다. 옆에서 지켜보니 자산가들의 강남 부동산 편식은 강남 아파트보다 강남 빌딩이 더 강한 것 같다. 자산가들은 강북이나 수도권에서 아파트는 사도 빌딩은 꼭 강남을 고집한다. 투자자금이 모자라거나 마땅한 매물이 없을 때 차선으로 비강남을 고려할 정도로 자산가들의 강남 빌딩 애착은 심하다.

일부 자산가들의 강남 빌딩 투자는 다른 곳의 매입행위와 약간 다른 것 같다. 강남 빌딩 매입을 '콘크리트 저축 행위' 혹은 '자산 굳히기'로 생각한다는 것이다. 아파트의 축장 개념과 유사하다. 강남에서 수요가 많은 100억 원 안팎의 빌딩은 가격만 조금 낮추면 언제든지 팔릴 수 있는 현금성 자산이나 다름없다. 한 투자자는 "불황기에 자금이 필요해서 빌딩을 매각하고자 할 때 주소에 '강남'이 붙어 있어야 가능하지 않겠느냐"고 말했다.

일부 자산가들에게 강남권 빌딩 매입은 일종의 '에셋 파킹(asset parking)'의 일환일 수도 있다. 개발도상국 부호들이 국내 치안이 불안해 해외 선진국에 자산을 주차하듯 자산을 파킹하는 것이다. 에셋 파킹은 일반적인 투자와는 다르다. 일반적으로 빌딩 투자는 임대수익을 극대화하는 데 있다. 하지만 에셋 파킹은 내 재산을 지키는 데 좀 더 많은 비중을 둔다. 말하자면 수익 증대보다 자산의 안전 보관이 더 중요하다는 것이다. 마치 자산가들이 유사시를 대비해 금 또는 달러를 사두거나 마늘밭에 5만 원짜리 지폐 다발을 묻는 것과 비슷한 행위다. 재산 보전에 목적이 있는 만큼 임대수익률에 너무 연연하지 않는 경향이 있다.

물론 현재 강남 빌딩 매수자 모두가 축장 개념으로 투자하는 것은 아니다. 부를 관리하는 차원에서 축장 개념으로 접근하는 사람들이 과거보다 많이 늘어났다고 보는 게 좋을 것 같다. 빌딩시장의 새로운 흐름인 것은 분명해 보인다.

'강남 불패'보다는 '강남 덜패'

강남 아파트값이 영원히 오를 수는 없다. 흔히 '똘똘한 한 채' 트렌드가 확산되면서 강남 아파트값은 하락하지 않으리라고 생각할 수 있으나 위험한 맹신이다. 투자 상품이 된 부동산은 과거보다 훨씬 변동성이 커졌다. 강남 아파트도 전체 시장 흐름을 떠나 존재할 수 없으므로 대세 하락이 오면 시세가 크게 떨어질 것이다. 특히 강남 재건축 아파트 같은 투자 상품은 하락기에는 낙폭이 더 깊을 수밖에 없다. 만약 아파트값이 과도한 기대로 부풀려졌다면 후유증이 더 클 것이다. 생각보다 가격이 많이 떨어지는 '변동성 쇼크'가 일어날 수 있다.

'산고곡심(山高谷深)'이라는 옛말이 있다. 산이 높으면 골이 깊다는 것이다. 가격이 많이 오르면 당연히 많이 떨어진다. 이것은 자연의 논리뿐만 아니라 경제의 논리다. 물론 강남 아파트는 시장의 주도주 성격을 갖는 만큼 상승기에는 다른 지역보다 빠르게 회복할 것이다. 그런 점에서 장기적으로 보면 '강남 불패'보다는 '강남 덜패'에 더 가깝다. 즉 강남은 투자에 실패하지 않는다는 의미라기보다 다른 지역에 비해 손해를 덜 본다는 뜻이다.

강남은 일종의 상대적 안전자산 개념이다. 금 같은 안전자산도 고점에서 물리면 오랫동안 마음고생을 해야 한다. 강남 아파트도 너무 비싸게 사면 고통스러운 긴 세월을 보내야 한다. 그런 점에서 안전자산은 절대적 개념이 아니라 상대적 개념이다. 강남의 '덜패 신화'가 언제 끝날지는 알 수 없으나 대체 지역이 나오기 전까지는 지속될 것 같다.

전국 곳곳에 들어선 '리틀 강남'

부촌은 말 그대로 부자들이 모여 사는 동네다. 지방도 당연히 부촌이 있다. 흥미롭게도 지방에는 단독주택형 부촌이 드물다. 서울에는 평창동, 성북동, 한남동, 양재동 일대에 단독주택형 부촌이 형성되어 있지만 지방은 딴판이다. 지방에는 단독주택형 부촌이 없으니 부자들이 아파트에서 모여 산다. 자연스럽게 지방에는 아파트형 부촌이 형성된 것이다. 즉 지방은 아파트를 통해 부촌이 탄생하고 유지되는 구조다. 고급아파트가 지어지면 부촌이 새롭게 만들어진다. 새 부촌이 나타난다고 해도 기존 부촌을 대체하지 않고 새로 하나가 더 생긴다. 원래 부촌은 한번 생기면 쉽게 사라지지 않는다.

지방 대도시는 서울보다 인구가 많지 않으니 부촌 규모는 작다. 특정 지역만 집값이 비싸 공간적으로 뾰족한 모양새를 띤다. 부산 해운대, 대구 범어동, 대전 둔산동, 울산 신정동과 옥동, 광주 봉선동, 제주 노형동과 연동 등이 대표적이다. 주변 지역에 비해 아파트 값이 많게는 2배가량 비싸다. 다만 강남에 비하면 집값이 절대적으로 비싼 수준은 아니어서 축장 개념은 아직 나타나지 않는다. 돈을 저장한다기보다 프리미엄 공간을 이용하는 개념에 더 가깝다. 국민주택규모(84㎡) 아파트 월세는 보증금 1억 원에 120만~250만 원 선으로, 금액 대비 임대수익률은 서울보다 약간 높다.

지방 부촌은 주로 명문 학교나 학원 밀집 지역 등 교육 특구에 위치해 있다. 서울이든 지방이든 집값은 결국 교육이 중요한 영향을 미치는 것 같다. 맹모, 맹부에 의해 부촌이 만들어지는 경우가 많다는 얘기다. 자녀를 낳아도 1~2명에 불과하니 학부모 입장에선 교육에 더욱 올인한다. 교육여건이 좋은 지역으로 진입하려는 수요들이 많아 시장에 병목현상이 생긴다. 진입하기 위해서는 당연히 웃돈을 지불해야 한다. 이러다 보니 다른 지역과 차별적인 집값이 형성된다(다만 부산 제1의 부촌인 해운대는 교육 특구라기보다는 휴양지로 개발되면서 사회적 기반이 다른 지역보다 월등히 좋아져 부가 집중된 케이스다). 지방에 '리틀 강남'이 탄생하는 이유다.

일각에서는 학령인구가 급격히 감소하면서 집값에 교육이 미치는 영향이 줄어들 것으로 내다본다. 평균적으로 보면 그럴 수 있다. 하지만 이 세상에 맹모, 맹부가 사라지지 않는 한 차별화된 공간으로서 교육 특구 역시 쉽게 사라지지 않을 것이다. 설사 지금보다 중요성이 조금 낮아질 수는 있어도 집값에는 교육여건이 핵심 변수로 계속 작용한다는 얘기다.

KEY POINT

'부의 콘크리트 벨트'인 강남 아파트 시장에 변화의 조짐이 나타난다. 우선 월세가 워낙 고액이다 보니 아파트가 꼬마빌딩을 대체하는 수익형 부동산으로 각광을 받는다. 강남 아파트는 잘 드러내지 않고 돈을 축장할 수 있는 1차 '머니 저장창고'다. 부동산이 축장 대상이 되려면 저장 가치와 환금성이 뛰어나야 하는데, 강남 아파트는 이 요건을 충족한다. 강남 빌딩도 임대수익률보다 자산 굳히기 차원에서 매입하는 자산가들이 적지 않다. 자산 굳히기는 아파트의 축장 개념과 유사하다. 축장 개념으로 접근하는 사람들이 많아지면 시장에 초양극화 현상이 나타날 수 있다.

아파트가 '쉬코노미'의
상징이 된 이유가 있었네

요즘 40대 이상 남성 직장인 사이에서 "집사람 말을 들을걸" 하고 후회하는 사람이 많다. 그래서인가. 이 세상에 '복부인은 있어도 복장군은 없다'고 했다. 남편들이 부동산 재테크에는 형편없다는 뜻이다.

"중국도 이제 아파트 공화국이죠."

코로나19 사태가 터지기 전 중국 충칭(重慶)에서 양쯔강을 따라 크루즈 여행을 하면서 만난 한 60대 여행객에게 소감을 물었더니 이같이 말했다. 충칭 시내 곳곳에는 대규모 고층 아파트 단지가 숲처럼 들어서 있었다. 아파트 공사가 진행되고 있는 곳도 많았다. 전통 문화재 빼고 주택은 다 아파트 같다는 느낌까지 받았다. '중국 아파트를 보러 왔나'라고 생각할 정도로 고층 아파트가 즐비했다. 심지어 양쯔강 주변까지도 중고층 아파트가 줄지어 사열하듯이 들어서 있었다. 그 인상은 강렬했다. 여행사의 중국 교포 가이드는 10년 전보다 중국에 아파트가 확실히 많아졌다고 귀띔했다. 가이드의 말을 들으면서 "아파트는 20세기 최고 발명품"이라고 했던 한 정치인의 명언이 떠올랐다.

중국에 아파트가 많아진 이유

중국 곳곳에 아파트가 들어선 이유는 도시 인구가 크게 늘어나면서 토지를 효율적으로 이용하기 위한 목적이 클 것이다. 하지만 개인적으로 여권 신장과 공간의 편의성이라는 측면에서 중국 아파트를 고찰하고 싶다. 여성의 사회 진출이 급속도로 늘어나면서 집안일을 줄일 수 있는 최적의 공간이 아파트였을 것이다.

전통적으로 중국 여성들의 사회적 지위는 매우 낮았다. 천 년 이상 이어져온 전족 풍습은 이를 여실히 보여준다. 전족은 여자의 발을 작게 만들기 위해 헝겊으로 묶은 것으로 일종의 여성 학대이자 발 페티시(fetish)다. 여성은 사회적 활동이 제약되어 있었다.

하지만 신해혁명을 거쳐 문화대혁명이 일어나면서 여성들의 지위가 크게 바뀌었다. 문화대혁명은 부모도 고발할 정도로 반인륜의 비이성적 광기였지만 남성 중심의 위계질서를 무너뜨리는 기폭제가 되었다. 유교 사상의 상징인 공자 사당도 이때 많이 사라졌다. 이 책을 쓰면서 공자의 여성관을 보기 위해 『논어』를 다시 읽어봤다. "오직 여자와 소인은 다루기가 어렵다. 가까이하면 불손하고 멀리하면 원망한다"는 글귀를 보고 깜짝 놀랐다. 요즘 같으면 여성 비하 도서라고 여성단체에서 대대적인 불매운동을 벌였을 책이다.

문화대혁명을 일으킨 모택동의 『모주석 어록』에는 "하늘의 절반은 여성이 떠받친다"고 적혀 있다. 문화대혁명은 역사적으로 부정적인 평가를 받지만 여권 신장에는 상당한 기여를 했던 것이 사실이다. 실제로 세계경제포럼(WEF)이 2021년에 내놓은 '글로벌 성 격차

보고서'에 따르면 중국의 성평등 수준은 107위로, 우리나라(102위)보다는 낮았으나 일본(120위)보다는 훨씬 높다. 일반적으로 소득 수준이 높을수록 여성들의 사회적 지위가 높은데, 중진국인 중국이 선진국인 일본보다 높다는 사실에 다소 놀랐다.

최근 한 중국 교포 여성은 가정 내의 남편과 아내의 역할에 관한 얘기를 들려주었다. "중국에서는 이미 1990년대부터 지금 한국 신세대가 하는 것처럼 밥과 설거지, 빨래와 육아를 부부가 나눠서 했죠. 가사 분담은 맞벌이에 필수입니다." 그녀는 "퇴근하고 밥 하기는 아내가 전담하는 것이 아니라 먼저 집에 온 사람의 몫"이라며 "같이 생활하는 사람으로서 당연한 것"이라고 말했다.

중국은 빠른 속도로 도시화가 진행되고 있고 도시에서는 부부가 함께 돈벌이를 해야 먹고산다. 이런 생활의 니즈를 충족시켜줄 공간인 아파트의 보급은 앞으로 더 늘어날 전망이다. 즉 중국의 주거문화도 한국처럼 아파트로 쏠리지, 단독주택으로 회귀하지는 않을 것이다. 한번 큰 흐름이 만들어지면 되돌리기 어렵다는 '비가역성의 힘'은 생각보다 세다.

아파트는 남녀의 수평적 질서를 상징한다

중국이든 한국이든 과거에는 단독주택에 많이 살았다. 지금의 단독주택은 편리하게 개조되었지만 과거의 단독주택(한옥)은 그렇지 않았다. 공간 배치는 권력관계를 그대로 투영한다. 개량 전 한옥은 남녀 차별적 공간이자 봉건적·유교적·가부장적인 공간 구조였다.

부엌은 여성들의 사회적 지위를 상징한다. 과거 한옥에서 부엌은 마당보다 지대가 낮았다. 하지만 요즘 아파트에서는 부엌의 높이가 거실이나 안방과 같다. 새 인테리어 방식인 '스킵 플로어(skip floor)'로 설계한 집은 부엌 높이가 오히려 거실보다 높다. 스킵 플로어는 부엌의 높이를 3~4cm 올려 설계하는 것으로, 공간의 효율성과 입체감을 살릴 수 있다. 층고를 높일 수 있는 호화 빌라나 최고급 아파트에서는 스킵 플로어 방식의 부엌이 최근 들어 눈에 띄게 등장하고 있다.

한 인테리어 업체 대표는 요즘 집수리를 할 때는 여성들이 즐겨 사용하는 공간에 더 주안점을 둔다고 했다. 즉 집안의 다른 공간보다 부엌과 화장실을 고급스럽고 화사하게 꾸미는 것이 요즘 집수리의 트렌드로 완전히 자리잡았다는 것이다. 이 대표는 "집수리는 집안에서 힘이 세진 여성의 니즈를 맞추는 게 핵심 포인트"라고 말했다.

사실 아파트 공간은 남녀 평등적 공간이다. 아파트는 위계적 질서보다 수평적 질서를 상징한다. 아파트는 공간이 좁아서 위계적 질서를 따질 수 없다. 며느리로서 시부모를 모시기도 어렵다. 공간 자체가 사생활이 다 노출되어 서로 어색하고 불편하기 때문이다. 아파트는 편의를 극대화한 기능주의적이고 실용적인 공간이라는 점에서 현대 여성에게 적합한 주거 공간이다. 한국 남편들의 가사노동 시간은 하루 49분으로 일본(41분)과 거의 비슷한데, 미국(166분)에 비하면 30%에도 못 미친다.[22] 남편의 큰 도움 없이 가사노동과 사회활동까지 해야 하는 바쁜 여성들에게 아파트 선호는 지극히 자연스러운 일이다.

그런데 건축가들은 생각이 다른가 보다. 한 유명 건축가는 "집은 적당히 불편해야 하고 공간이 적절히 떨어져 걸을 수 있어야 사유가 생기고 건강하다"고 했다. 일리가 있는 말이다. 하지만 여성들은 얼마나 동의할지 모르겠다. 건축가가 꿈꾸는 주택과 직접 살아가는 생활인의 입장에서 보는 주택은 다를 수밖에 없다. 아파트 한 채 갖는 게 평생소원인 일반 서민층에게 건축가의 이상적인 주택관은 낯설기만 하다. 아마도 개인의 취향을 살린 단독주택 설계에서나 가능한 꿈이 아닐까 싶다.

지금의 아파트 쏠림현상은 여성들에게 물어보면 답이 나온다. "당신은 어디에서 살고 싶습니까?"라고 말이다. 아파트 문화는 편리함을 추구하는 여성들이 만들었고, 계속 업그레이드시키고 있다. 아파트는 경제와 소비에서 주체적으로 활동하는 여성을 의미하는 '쉬코노미(She+economy)'의 상징이다.

삼식이는 맹자 탓?

맹자는 군자에게 부엌을 가까이하지 말라고 가르친다. 『맹자』는 "군자는 죽어가는 금수를 보지 못하고, 울부짖는 그 소리를 듣고는 고기를 먹지 못한다. 그래서 부엌을 멀리해야 한다"고 했다. 『맹자』를 자세히 읽어보면 문장의 맥락으로 볼 때 남자의 부엌 출입 '엄금'은 아니다. 하지만 사서삼경을 암송하며 한평생 살아온 유학자들이 이를 도식적으로 받아들였다. 유학자들은 잘 때 공자가 태어난 중국

산동성 곡부를 향해 발도 뻗지 않았다. 당연히 남자는 부엌에 들어가면 큰일 나는 줄 알았다. '남자가 부엌에 들락거리면 불알이 떨어진다'는 말이 아직도 회자될 정도로 그 영향은 컸다.

근대화가 되기 이전, 집안에서 부엌일은 여자의 몫이었다. 그뿐만 아니라 집안의 허드렛일은 여자들이 도맡아 했고, 남자는 뒷짐만 지었다. 바깥일을 하는 성실한 남편도 있었지만 집안 내의 역할은 확실히 나뉘어 있었다. 부엌 근처에도 가지 않는 '삼식이'는 맹자의 유산이 아닐까 싶다. 이미 알고 있듯이 '삼식이'는 은퇴하고 집에서 삼시 세끼 꼬박꼬박 밥상을 차리게 하는 남편이라는 뜻이다. 삼식이는 주로 부엌을 멀리했던 베이비붐 세대나 전통 세대 사이에서 회자되는 말이다.

하지만 이제는 세상이 달라졌다. 요즘 밀레니얼 세대가 사는 집을 가보라. 공정성에 민감한 세대니 가사 또한 공정한 방식으로 분담한다. 남편이 부엌일을 거들어주는 정도가 아니다. 설거지를 도맡아 하거나 음식물 쓰레기 분리수거, 집안 내 청소까지 남자의 몫이 된 가정도 많다. 남자들도 이제는 부엌을 피하는 것이 아니라 오히려 요리를 즐긴다. 각종 TV 요리 프로그램에 남자들이 등장하면서 '요섹남(요리하는 섹시한 남자)'이라는 유행어도 생겨났다. 요즘 부엌은 주부만의 공간이 아니라 온 가족이 함께 요리하는 가족공용공간으로 바뀌었다. 압축된 아파트 공간에서는 남녀의 역할 구분이 자연스럽게 허물어진다. 그렇지 않으면 중국처럼 맞벌이 가정이 유지될 수 없을 것이다.

아파트에서 답답함을 느끼는 남자들

어떤 남자들은 요리에 취미를 붙여 재미있게 산다고 하지만 모든 남자가 다 그런 것은 아니다. 남자들은 아파트라는 좁은 콘크리트 공간이 답답하기만 하다. 이제 고인이 된 어떤 남성 유명 작가는 "아파트는 인간 보관용 콘크리트 캐비넷"이라고 표현했다. 공간의 효율성을 강조하는 아파트는 기본적으로 여성 중심적 공간이다.

과거 한옥 시절만 해도 남성 전용공간인 사랑채가 있었다. 남편은 이곳에서 외부 손님을 접대하거나 소일거리를 하며 머물렀다. 하지만 아파트 생활이 시작되면서 사랑채는 사라지고, 남편의 공간은 가족 공용 휴게공간인 거실로 대체되었다. 남편만 쓰는 공간이 아니기에 거실에 대(大)자로 누워 있으면 아내 눈치가 보인다. "당신만의 자리가 아니니 다른 곳에 가서 누울 수 없겠느냐"는 눈총을 받기 십상이다.

남자들은 아파트에선 마음 붙일 곳이 없다. 아파트는 남성성이 극도로 위축되는 공간이다. 집안에서도 남성의 권위가 많이 줄어들었다. 상대방과 어느 정도 공간적 거리를 둬야 권위가 생긴다. 회사 대표이사 사무실이 넓은 이유도 권위와 관련이 있지 않을까.

88올림픽 이전만해도 가장은 집에서 담배를 피웠다. 지금으로선 상상도 할 수 없는 일이지만 재떨이를 가져오라고 가족에게 요구해도 누구 하나 '안티'를 걸지 않았다. 아버지는 당시 집안 내에서 권력자였기에 몸을 움직이지 않아도 '니즈'를 해결할 수 있었다. 권력자는 움직이지 않는 법이다. 과장이 임원에게 보고하러 움직이지,

임원이 과장 자리까지 찾아와서 이야기를 듣지 않는 것과 같은 맥락이다. 집에서 밥을 먹을 때도 과거에는 가장은 앉아있고, 누군가는 밥상을 들고 왔다. 하지만 지금은 세상이 완전히 바뀌었다. 아파트는 실내에서는 물론 실외 발코니나 정원에서도 마음대로 담배를 피울 수 없다. 밥을 먹을 때도 가장이 몸소 부엌 근처의 식탁으로 이동해야 한다. 그만큼 남자가 집안에서 행사할 수 있는 권력이 줄어들었다는 뜻이다. 외부와 실내의 완충공간이던 발코니마저 확장하면서 거실과 방만 커져버렸다. 아파트에선 남자들이 더 이상 숨을 곳도, 숨쉴 곳도 없다.

그래서 남자들은 자꾸 아파트를 벗어나고 싶어 한다. 퇴근만 하면 〈나는 자연인이다〉〈강철부대〉〈정글의 법칙〉〈도시어부〉〈동물의 왕국〉을 즐겨보는 것은 답답한 공간을 벗어나고 싶다는 간절함의 발로다. 이런 TV 프로그램들은 중년 남자들에게 콘크리트 속에서 그나마 꿈꿀 수 있는 쉼터이자 해방구인지 모른다. 수렵 채취 시절 사냥하던 그 남성성을 회복하고 싶다는 것이다. 남성들 사이에서 캠핑과 '차박'이 늘어나는 것도 이 때문이리라.

이 같은 남성들의 공간에 대한 갈망 때문인가. 주거시설에도 변화의 움직임이 감지된다. 얼마 전 강남역 근처에 지은 37층짜리 최고급 오피스텔을 보니 세대별로 실외 테라스가 있었다. 12.2㎡(3.7평) 규모로 제법 넓었다. 이 돌출 테라스는 의자를 놓고 와인을 마시거나 바비큐 구이를 할 수 있도록 실내와 분리된 별도의 공간이다. 남성에겐 콘크리트 속 미니 사랑채처럼 편히 숨 쉴 수 있는 공간인 셈이다. 돌출 테라스는 일부 고급 아파트나 대단지 아파트, 최고급 오 피스텔에 속속 도입되고 있다. 하지만 분양가 규제와 경제성 문제 로 일반 아파트, 특히 중소도시까지 확산되기에는 시간이 걸릴 것으 로 보인다. 반복하건대 주거문화의 큰 트렌드는 여성 중심의 편의성 이다. 남성들이 답답한 아파트를 꺼린다고 해도, 안타깝지만 아파트 중심의 주거문화는 바뀌지 않을 것이다.

여성들이 주도한 아파트 재테크의 역사

베스트셀러 『82년생 김지영』을 읽으면서 김지영의 우울한 삶보다 는 1954년생 어머니 오미숙 여사의 부동산 재테크 능력에 더 눈길이 갔다. 오 여사는 전세를 낀 아파트를 사고팔아 시세차익을 얻었다. 요즘 말하는 갭투자로 나름대로 성공한 것이다. 그리고 건물 1층의 한 미분양 상가를 매입하기도 했다.

어느 날 오 여사와 남편이 나눈 대화는 집안에서 어머니의 위상을 그대로 보여준다.

"죽집도 내가 하자고 했고 아파트도 내가 샀어…. 당신 인생 이 정 도면 성공한 건 맞는데, 그거 다 당신 공 아니니까 나랑 애들한테 잘 하셔…."

"그럼, 그럼! 절반은 당신 공이지! 받들어 모시겠습니다."[23]

앞에서 언급한 유하 감독의 영화 〈말죽거리 잔혹사〉에서도 재테 크를 위해 이사를 결정한 사람은 할아버지도, 아버지도 아닌 할머니 였다.

재산을 불리기 위해 이사를 결심하는 일은 아마도 1980년대 이전에는 거의 없었을 것이다. 당시만 해도 교육이나 일거리를 찾아서, 말하자면 생존 차원에서 이사하는 게 주류였다. 이런 의사결정은 주로 할아버지나 아버지 같은 남성이 맡았다. 하지만 집안 내 의사결정 구조에 변화가 생겨났다.

1980년대 이후 우리나라 부동산 시장에는 주부들이 본격적으로 등장한다. 여성학자 최시현 교수에 따르면 급격한 산업화가 이뤄지면서 남편과 아내의 분업이 더 구체화했다. 남편은 밖에서 열심히 일해서 돈을 벌어오고 아내는 자녀 양육과 살림, 남편이 받은 월급으로 재산을 불리는 역할을 도맡아야 했다. 아내에게 어진 어머니이자 착한 아내를 의미하는 현모양처보다 더 많은 일이 주어진 셈이다. 아내들이 가족을 위해 부동산 재테크에 주도적으로 나서게 된 것은 자연스러운 일이었다. 아내들은 아파트 청약을 하고 중개업소와 개발 현장을 다니며 정보를 입수해 집안의 재산을 늘리는 데 열성적이었다.

이 무렵 옛 중개업소 명칭인 복덕방을 자주 들락거리는 부인이라고 해서 '복부인'이라는 신조어도 생겨났다. 우리 가족만 잘 먹고 잘 살면 된다는 가족 이기주의의 극단을 보여주는 것이다. 하지만 남자는 김지영 아버지처럼 재테크에 크게 관여하지 않았다. 그래서일까. 청문회에서 후보자의 부동산 투기 논란이 일어나면 이 같은 발뺌성 답변이 자주 등장한다. "집사람이 알아서 한 일이라 저는 자세히는 모릅니다."[24]

복부인은 있어도 복장군은 없더라

지금도 이런 부동산 시장의 흐름이 이어지고 있다. 부동산 문제로 상담센터를 찾아가는 사람의 대부분은 여성이다. 자녀의 내 집 마련 걱정도 대부분 여성들의 몫이다. 목동의 한 부동산 중개업자는 "부동산 계약하러 오는 사람의 80%는 여성이다. 남편이 가끔 동행하지만 참관인 정도의 역할"이라고 말했다.

요즘 40대 이상 남성 직장인 사이에서 "집사람 말을 들을걸" 하고 후회하는 사람이 많다. 그래서인가. 이 세상에 '복부인은 있어도 복장군은 없다'고 했다. 남편들이 부동산 재테크에는 형편없다는 뜻이다. 물론 모든 여성이 재테크에 미다스의 손은 아니다. 여성들도 과열기에 상투를 잡거나 충동적으로 부동산을 매입해서 낭패를 겪는 사례도 주변에 많다. 여성의 재테크 능력을 무조건 '찬양'하자는 것은 아니다.

핵심은 확률이다. 경험적으로 볼 때 여성들이 성공할 확률이 남성보다 높은 것 같다. 이러다 보니 '남편은 집 문제에 제발 나대지 마라. 집 문제는 집사람에게 맡겨라'는 말이 불문율처럼 나도는 것이다. 모 대학 경제학과 교수는 "경제학의 핵심은 와이프의 말을 잘 듣는 것"이라고 말했다. 농담이긴 하지만 어찌 보면 정곡을 찌르는 말 같기도 하다. '부동산 투자를 잘하려면 경제학 교실이 아닌 미용실에서 공부해야 한다'는 말이 그래서 나오는 것이리라.

우리나라 여성들의 부동산 성공 스토리는 왜 자주 회자되는 것일까. 다음의 2가지를 설명하면 답을 찾을 수 있을 것 같다. 바로 '여성들의 직관적 사고와 필요에 따른 판단'이다.

아내들이 과연 남편보다 부동산을 더 많이 파고들어서라거나, 거시경제나 금융시장 동향을 잘 알아서 그런 얘기를 들을까. 그렇지는 않을 것이다. 오히려 남자들이 분석적인 능력이 뛰어나고 이성적으로 요모조모를 잘 따진다. 남자들은 자신이 냉철한 소크라테스라고 착각한다. '장고 끝에 악수 난다'고 했던가. 남자들은 지엽적인 문제에 너무 많은 시간을 허비한다. 수시로 요동치는 시장의 대응은 생각만큼 쉽지 않다. 스스로 합리적이라고 생각하는 남자일수록 당위에 집착하면서 시장 흐름과 싸움을 벌인다. 하지만 예상과는 달리 시장이 계속 달아오르면 인내심에 한계를 드러낸다. 어느 순간 '자아 고갈'이 나타나고 충동적으로 매수에 동참한다. 요컨대 남자들은 생각을 이성적으로 하려고 노력하지만, 막상 '욱'하면서 비이성적으로 행동하기 일쑤다. 이에 비해 여성들은 분석적이라기보다 직관적이다. 직관은 부분에 대한 분석에 매몰되지 않고 전체를 꿰뚫어 보는 통찰력이다. 집을 사야 할지 팔아야 할지 결정적인 순간에 직관은 강력한 무기가 된다.

또 하나는, '투자 타이밍'을 재기보다 '필요'로 판단하면 의사결정이 쉽다는 점이다. 사실 10년 이상 부동산 시장을 연구한 전문가도 집값이 내릴지 오를지 장담 못 한다. 아무리 박식하다고 해도 결단을 내려야 할 순간에는 누구나 갈등을 겪는다. '혹시 내 판단이 틀리진 않을까, 어렵게 산 집값이 떨어지진 않을까, 이런 안갯속 상황에선 어떻게 하는 게 지혜로울까' 하고 고민하게 된다.

『주역』에 '궁즉통(窮則通)'이라는 말이 있다. 궁하면 곧 통한다는 뜻으로 절실하면 길이 열린다는 것이다. 전세살이가 힘들어서 내 집을 장만하고, 집이 너무 작아서 큰 집으로 옮긴다면 결정이 생각보다 쉬울 수 있다는 얘기다. 여성의 재테크 능력은 바로 '필요의 힘'과 앞에서 설명한 '직관'이 합쳐서 나오는 것이다.

그렇지만 독단은 가끔 사고를 부른다. 필요에 따라 남편은 분석, 아내는 결단과 행동으로 역할을 나눠보는 것도 괜찮다. 한 지인은 경매 투자에서 이런 역할 분담을 통해 제법 큰 돈을 벌었다. 최종 의사결정에서는 서로 중지를 모으는 것은 필수다. 그래야 실수를 최소화하지 않을까 싶다.

부부 공동명의가 증가한 또 다른 이유

오랫동안 우리나라에서는 결혼하면 부거제(父居制) 전통을 따라왔다. 부거제는 결혼한 부부가 남편 쪽에서 거주하는 것을 말한다. 부거제 전통에 따라 결혼할 때 남편은 대체로 집을 마련했다. 대신 아내는 혼수를 장만했다.

하지만 최근 들어 이런 풍습에 금이 가고 있다. 남자가 집 해오는 것은 옛말이 되었다. 집값이 천정부지로 치솟았기 때문이다. 신랑 측과 신부 측이 7대 3이나 5대 5씩 분담해서 집 장만을 한다.

"신랑 측과 반반씩 부담했죠." 최근 딸을 결혼시킨 홍성규(가명·62) 씨는 "집값이 너무 올라 어쩔 수 없었다. 요즘은 여유가 되는 쪽에서 집 마련 비용을 더 많이 댄다"고 말했다. 신혼집 마련 과정에서 비용을 분담하므로 남편의 단독명의는 거의 없어졌다. 부부 공동명의 등기는 이제 기본이 되었다. 1주택자 양도세뿐만 아니라 증여세 부담을 낮추려는 현실적인 고민도 있을 것이다. 집값이 비싸니까 한쪽에서 자녀에게 현금을 증여해 집을 사면 증여세 부담이 급증하기 때문이다. 증여세율(10~50%)은 금액에 따라 누진세를 적용하므로 양쪽에서 각각 증여하면 그만큼 증여세가 줄어든다. 서울 마포의 한 중개업자는 "요즘은 아예 전세금도 양가에서 보태 공동명의로 계약하기도 한다"고 말했다.

이런 상황이니 가정 내에서 여성들의 힘이 그만큼 세질 수밖에 없다. 여성의 권력은 총구에서 나오는 게 아니라 재산권에서 나오기 때문이다. 내 집의 절반이 내 명의라는 것은 살아가는 데 은근한 버팀목이 된다. 결혼생활에서 챙겨야 할 것은 서로에 대한 믿음과 사랑이 아니라 '경제권(혹은 재산권)과 공인인증서'라는 우스갯소리가 나올 만하다.

요즘 부부 공동명의 등기가 부쩍 늘자 일각에서는 세금을 줄이기 위한 꼼수라고 삐딱한 시선을 보낸다. 그러나 그보다는 여성의 사회적 지위 향상에 따라 경제적 주체로 거듭나기 위한 시각에서 봐야 한다. 10년간 6억 원 한도 내에서 부부 한쪽이 보유한 주택 일부를 배우자에게 증여할 때는 증여 취득세를 3.5%(부가세 포함 3.8% 혹은 4%)에서 아예 1% 이하로 인하해야 한다. 공동명의가 쉬워질 수 있도록 취득세 장벽을 낮춰야 한다는 이유에서다. 종합부동산세 역시 부부 공동명의에 대해서는 단독명의보다 부담을 확 줄여야 할 것이다. 여성가족부에서 이 문제에 대한 목소리를 좀 더 높여야 한다. 거듭 강조하건대 여성의 주체적 삶은 재산권에서 나온다는 것을 잊어서는 안 될 것이다.

KEY POINT

우리나라 아파트 주거 역사는 여성들이 만들어왔다고 해도 과언이 아니다. 아파트는 편의를 극대화한 압축 공간으로, 현대 여성에게 적합한 주거 공간이다. 남자들은 아파트에서 마음 붙일 곳이 없다. 아파트는 남성성이 극도로 위축되는 공간이다. 집안에서도 남성의 권위가 많이 줄어들었다. 여성들은 재테크에서도 주도권을 행사한다. 지금까지 여성의 재테크 성공은 '직관적 사고와 필요에 따른 판단'에 기인한다고 본다. 요즘 들어 부부 공동명의 등기는 기본이다. 집안에서 여성들의 힘이 그만큼 세질 수밖에 없다. 여성의 권력은 총구가 아니라 재산권에서 나오기 때문이다.

월세화 시대의
주거 경제학

월세 수익률이 집 고르기의 판단 기준이 될 것이다. 세입자에게 아파트 월세화는 슬픈 일이지만, 노후를 준비하는 은퇴자에게 아파트는 월세가 나오는 또 다른 금융상품이 될 것이다.

월세 시대가 성큼 다가왔다. 이제는 전국에서 전세살이보다 월세살이하는 사람들이 더 많다. 목돈이 없는 2030세대일수록 월세로 사는 비중이 더 높다. '월세는 길바닥에 돈을 뿌리는 것'이라고 생각할 정도로 월세에 거부감이 강한 기성세대가 보기에는 낯선 풍경이다.

그동안 월세는 주로 연립주택이나 원룸을 중심으로 거래되었지만 최근 들어 아파트에도 월세가 본격 도래하고 있다. 임대차 3법, 보유세 증가, 대출금리 상승 등 여러 요인이 겹쳐 주택의 월세화가 생각보다 빠르게 진행되고 있다. 월세가 대세가 되는 시대가 되면 부동산 시장의 판도도 많이 바뀔 것이다.

부쩍 늘어나고 있는 준월세

지금은 주택 임대차 시장이 전세에서 월세로 넘어가는 과도기 단계다. 전세 소멸, 전세 종말 시대가 점점 다가오고 있지만 곧바로 전면적인 월세 시대는 열리지 않는다. 전면적인 월세 시대로 가려면 적어도 10년 이상은 시간이 필요할 것이다. 전세는 월세와 혼재하면서 당분간 명맥을 유지할 전망이다.

주목할 만한 점은 서울 아파트 시장에서 준전세보다 준월세가 크게 늘어나고 있다는 것이다. 임대차 계약은 전세, 월세, 준월세, 준전세로 나눠진다. 서울시에 따르면 월세는 보증금이 월세의 12개월(1년) 치 이하, 준월세는 보증금이 월세의 12~240개월(1~20년) 치, 준전세는 보증금이 월세의 240개월(20년) 치를 초과하는 거래다. 서울시 부동산 정보광장을 보면 최근 1년간(2021년 6월~2022년 5월) 서울지역 아파트 임대차 거래에서 준월세가 준전세보다 1.17배 많았다.

이 통계를 보고 솔직히 놀랐다. 아직 아파트는 준전세가 많지 않겠나 생각했기 때문이다. 준전세 시대라고 한 지가 얼마 되지 않았는데 벌써 준월세 시대가 찾아온 것이다. 상대적으로 보증금이 많은 준전세는 변형된 전세지만, 준월세는 변형된 월세에 가깝다. 준월세는 보증금이 낮으니 다달이 임대료를 많이 내는 구조다. 준월세가 늘어나고 있다는 것은 그만큼 월세화가 많이 진척되었다는 방증이다. 주택의 월세화 현상이 빨리 진행된 이유는 크게 2가지다.

첫째, 집주인과 세입자의 이해관계가 맞아떨어졌기 때문이다. 대출금리가 급등하면서 세입자들은 전세대출을 받아 은행에 이자를 내기보다 집주인에게 월세로 내는 것이 유리할 수도 있다. 또한 추후에 금리가 오를 것이 예상된다면, 집주인과 한번 계약하면 2년 동안 지불 금액이 일정한 월세 선택이 훨씬 낫다는 계산을 할 수도 있다. 일반적으로 급여의 소득세율이 낮을수록 전세대출 이자 납입분에 대해 연말 소득공제를 받는 것보다 월세로 지출하고 세액공제를 받는 게 유리한 편이다. 물론 전세와 월세를 합친 반전세는 전세 소득공제와 월세 세액공제를 모두 받을 수 있다. 요즘 소규모 아파트나 빌라 단지에서 전세 비율이 높아져 세입자 입장에서는 깡통전세 우려가 커지고 있다. 깡통전세를 피하기 위해 보증보험에 가입하려니 금전적으로 부담이다. 여러모로 세입자 입장에서 월세 선택이 유리할 수 있는 셈이다. 집주인 입장에서도 보유세 부담에 전세를 월세로 돌리려고 할 것이다.

둘째, 전셋값 급등에 따른 후폭풍 영향이 크다. 임대차 3법 시행에다 전세대출 확대로 전세 가격이 껑충 뛰면서 재계약 때 오른 인상분만큼 월세로 지급하는 경우가 많아졌다. 대출이나 여유자금으로 보증금을 조금이라도 마련한 세입자는 준전세를 선택하겠지만, 그마저 힘들다면 준월세 혹은 순수 월세를 선택할 것이다.

전세살이는 이제 금세(金貰)살이가 되었다. 경제학에서 공짜는 없다. 작용이 있으면 반드시 반작용이 뒤따른다. '그림자 금융'인 전세가 사라지면 깡통전세라는 말도 함께 사라지겠지만 집 없는 세입자의 월세살이는 한마디로 힘겨울 수밖에 없다.

내 집 마련의 '사적 지렛대'가 사라지다

몇 년 전 한국을 찾은 한 미국인은 우리나라의 전세제도를 신기하게 생각했다. 세입자가 맡긴 보증금 전액을 2년 뒤 고스란히 돌려받을 수 있다는 점에 놀라워했다. "한국의 전세제도를 외국에도 보급해야 한다"고 격찬했던 그의 말이 기억난다. 전세는 후진국형 사금융이지만 서민들에겐 '꿀 복지'였다. 2년 동안 보증금을 맡기고 저축을 열심히 해서 나올 때는 목돈을 쥘 수 있었다. 전세는 내 집으로 가는 징검다리 역할도 했다. 돈이 모자라 당장 집을 장만할 형편이 안 되는 경우 요즘 말하는 '갭투자'를 했다. 일단 전세를 끼고 사뒀다가 돈을 모아 이사를 하는 계단식 내 집 마련의 방식이다. 이른바 '선량한 갭투자'다.

앞으로 본격 월세 시대가 되면 내 집 마련의 사다리가 사라진다. 내 집 마련은 '언감생심'이다. 전세살이 몇 년 하고 목돈을 마련한 뒤 내 집을 장만하는 패턴이 힘들어지는 것이다. 전세라는 완충이 사라지면 '월세 → 내 집 장만'으로 곧장 도약해야 한다. 전세의 사금융 기능을 대신해줄 수 있는 장기 모기지의 활성화는 필수적이다. 다행히 시중은행에서 40년 만기 주택담보대출(주담대) 상품을 속속 선보이고 있고, 정부도 최근 50년짜리 정책 모기지 상품을 내놓았다. 일본은 이미 2019년부터 50년짜리 주담대를 판매하고 있다.

만기가 늘어나면 총부채원리금상환비율(DSR) 규제에도 빌릴 수 있는 총대출금이 늘어나고, 매달 내는 원리금 상환금액은 줄어든다. 시중은행 대출담당자는 "2030세대는 대출한도를 최대한 늘리기 위해 초장기 대출을 이용한다"고 말했다. 대출 기간이 긴 상품을 이용하면 그만큼 내 집 마련의 진입장벽이 낮아지는 셈이다. 대출을 받더라도 만기 40~50년까지 끌고 갈 이유는 없다. 3년이 지나면 중도상환 수수료가 없으므로 집을 팔든지, 아니면 다른 대출로 갈아탈 수 있다. 신규분양에서도 분양가가 높아 2030세대에겐 그림의 떡이다. 처음에는 지분을 일부만 보유하다가 장기간 걸쳐 지분을 늘리는 방식의 분양제도를 늘려야 한다. 집을 살 수 없는 한계 계층에 대한 주택 바우처 지원을 늘리는 것도 필요하다. 내 집 마련 지원과 주거복지를 병행하는 주택정책을 펴야 2030세대의 주거난 해소에 도움이 될 것이다.

집 한 채는 필수다

전세가 완전히 사라진다고 상상해보자. 내집살이와 월세살이 중 하나를 선택해야 한다. 월세로 살아보지 않은 사람은 그 고통을 잘 모른다. '하루가 짧은 것은 실직해보면 알고, 한 달이 짧은 것은 월세를 내보면 안다'고 했다. 월세 시대에 내 집 한 칸은 더욱 소중해진다. 매달 월세 지출을 하지 않으려면 내 집은 필요하다. 최근 대출 금리가 올라도 젊은 층이 집을 사는 이유는 월세 내기에 지쳐 내 집 마련의 욕구가 더 간절했기 때문인지도 모른다. 금리 부담보다 내 집 마련 설움이 더 무섭다.

젊을 때는 그나마 월세살이를 견딜 만하다. 투자를 왕성하게 할 수 있으니 집을 사지 않고 다른 데 투자해서 벌충하면 된다. 더욱이 매달 소득이 있으니 월세를 낼 수 있을 것이다. 하지만 일정한 소득이 없는 은퇴자들은 사정이 다르다. 월세를 받아도 모자랄 지경에 월세를 낸다고 생각해보라. 나이 들어서는 이삿짐 꾸리기도 힘에 벅차다. 정처 없이 떠도는 노후의 월세살이는 한마디로 끔찍하다. 가격이 오르든 내리든 내 집이 노후생활의 필수요소이자 기댈 수 있는 언덕이 될 것이다. 젊었을 때는 무주택으로 있더라도 머리가 희끗희끗해지면 든든한 안식처는 꼭 필요하다. 실제로 미국 시니어를 대상으로 조사한 결과 92%가 선호 주거 형태로 편히 살 수 있는 자가를 원했다.[25] 월세 시대의 노후생활에서 내 집 마련은 더 절실해질 수밖에 없다.

흔들리는 집값 하방경직성

집값은 일반적으로 하방경직성을 띤다. 이미 언급한 '손실 회피'나 '처분 효과' 이외에도 전세가 버티고 있기 때문이다. KB국민은행에 따르면 전국 아파트 전세가 비율은 2022년 6월 현재 66.3%다. 매매 가격이 10억 원이면 전세 가격은 6억 6,300만 원이라는 얘기다. 매매 가격은 교환가치이고, 전세는 사용가치이자 내재가치이다. 매매 가격이 하락하더라도 외환위기 같은 극단적인 사태가 일어나지 않는 한 전세 가격 이하로는 잘 떨어지지 않는다. 간혹 일시적으로 역전세난이 일어나 지방이나 수도권 외곽지역에서 전세 가격보다 싼 역전 현상이 생기기도 하지만 자주 일어나지 않는다. 전세 가격은 매매를 지탱하는 버팀목이 된다. 하지만 완전 월세 시대가 되면 지지대가 사라진다.

　월세 시대에는 대출금리에 민감도가 높아질 수 있다. 목돈이 많지 않은 상태에서는 최대한 대출해서 집을 살 수밖에 없는데, 금리 동향에 따라 집값이 출렁일 수 있다. 대출금리가 집값을 좌지우지하는 핵심 변수가 될 수 있다는 얘기다. 집값이 급등할 때는 정부의 통제력이 더 강화될 수 있을 것이다. 대출을 막으면 집을 살 수 없기 때문이다. 지금은 대출을 규제해도 전세보증금을 활용한 갭투자로 집을 살 수 있다. 전세 시대에선 집값이 오를 때 상당한 목돈을 쥐고 있는 전세 거주자들은 재빨리 내 집 마련에 나선다. 상승기에는 패닉 바잉이 쉽게 나타난다. 하지만 완전 월세가 되면 지금보다는 세입자들이 시장흐름에 탄력적으로 대응하기 어렵다. 자금력이 없는 상태에선 집을 사고 싶어도 그림의 떡이나 다름없다. 대출로 '영끌 빚투'를 할 수 있겠지만 모험적인 투자라 간이 작은 사람들은 쉽게 결단하기 어렵다.

세입자 면접 보는 시대가 올까

　외국에서는 세입자를 받을 때 신분을 꼼꼼히 따진다. 며칠 전 유럽에서 월세를 구하는데 8명이 함께 면접을 봤다는 기사를 본 적이 있다. 대졸 신입사원 면접도 아니고 월세 하나 구하는 데 집단 면접을 보다니 우리에겐 상상도 못 할 일이다. 외국에선 우리나라처럼 돈만 내면 아무나 세입자로 받아주는 게 아니다. 독일이나 스페인에선 월세를 구하기 위해 서류 전형이라는 1차 관문을 통과해야 집주인과 면접을 볼 수 있다.

서류 전형에서 애완동물이나 동거 가족 여부, 재직증명서나 소득 증빙 서류 제출은 기본이다. 무엇보다 경제적 능력을 철저히 체크하는데, 이는 월세를 낼 수 있을지 미리 신용도를 따지는 것이다. 심지어 세입자의 전 집주인에게 전화를 걸어 문제를 일으키지 않았는지 평판 조사까지 한다. 집은 적은데 구하려는 사람이 많은 지역에선 집주인의 '면접 갑질'은 일상사다. 임대가 끝난 뒤 나갈 때도 입주 때의 사진과 비교해 조금이라도 흠결이 있으면 보증금에서 공제한다. 주인 몰래 벽에 못을 박는 것은 꿈에서도 못 할 일이다.

우리나라에서도 세입자를 골라 받던 시절이 있었다. 집주인은 안채에 살고 문간방에 세를 놓곤 했는데 식구가 많으면 계약을 거부하는 일이 잦았다. 그래서 이사 오고 나서 가족 중 한두 명은 집주인 눈을 피해 저녁에 몰래 집에 들어오곤 했다. 요즘은 식구가 많지 않고 공간 전체를 단독으로 사용하는 '독채' 구조다. 집주인의 갑질은 커녕 집주인을 볼 일도 거의 없다.

전세를 준 집주인은 월세보다는 관대한 편이다. 세입자가 집을 함부로 쓰면 나갈 때 잔소리는 하겠지만 그냥 눈감고 넘어가는 경우가 많다. 집주인이 집값 상승으로 보상받았다면 더욱 그랬을 것이다. 전세는 세입자가 도배와 장판을 직접 하는 게 관행이어서 집주인은 유지비용이 크게 들지 않는다. 반면 월세는 집주인이 그 비용을 부담하므로 전세보다는 상대적으로 엄격한 편이다.

우리나라에서도 준월세나 순수월세 계약이 늘면 세입자를 가려서 받을 가능성이 높다. 집주인 입장에서 세입자가 월세를 제때 내지 않고 버틴다면 골칫거리다. 명도하는 데 시간이나 비용도 많이 든다. 월세 디폴트 방지용 자금인 보증금이 많지 않다면 선별적으로 세입자를 받을 수밖에 없다. 월세화가 진행되더라도 당분간은 외국처럼 집주인이 집단 면접까지는 보지 않겠지만 좀 더 까탈스러울 것이다. 이런 흐름은 고액 월세 시장부터 서서히 나타날 것이다.

이런 시대적 추세를 잘 파악한 걸까. 서울지역에서 세입자의 월세 납입을 보증하는 스타트업이 최근 생겨났다. 세입자는 보증금 없이 월세 주택에 입주할 수 있으며, 월세는 집주인이 아닌 스타트업 회사에 낸다. 집주인 입장에서도 세입자가 개인적인 사정으로 월세를 늦게 내더라도 스타트업 회사에서 대신 지급하니 연체 걱정은 없는 셈이다. 회사 측에선 임차인이 월세를 밀리지 않고 납입할 수 있는지 16가지 재무 성향을 조사한다. 이 절차를 통과한 세입자만 이 프로그램을 이용할 수 있다. 이용료는 한 달 치 월세다.

월세가 아파트 등급을 가른다

"모든 것은 제값이 있지. 인생에서 가장 힘겨운 싸움은 그 값이 얼마 하는지 알아내는 씨름이었단다."

리들리 스콧 감독의 영화 〈올 더 머니(2017)〉에서 석유 사업으로 세계 최고의 부자가 된 J. 폴 게티가 손자에게 이같이 말했다. 그의 말처럼 물건의 적정한 가격(price)을 알아내기는 힘들다. 주관적 취향이 반영되는 가치(value)의 판단은 어찌 보면 쉬울 수 있다. 거칠게 말해 내가 좋으면 가치도 높은 것이다. 하지만 시장에서 사고파는 가격은 나뿐만 아니라 다른 사람의 기호나 욕망, 수급도 감안해야 한다. 적정 가격 산정이 더 어려운 것은 평가척도가 고정된 것이 아니라 변하기 때문이 아닐까. 세상 흐름이 바뀌면 잣대도 달라지니까 말이다.

월세 시대가 되면 아파트 평가도 전세 시대와 다를 수 있다. 투자금 대비 월세 수령 액수(월세 수익률)가 평가의 기준이 될 것이다. 아파트도 미래에 예상되는 수익을 기초로 적정 가격을 추산하는 수익환원법이 각광받을 가능성이 있다. 수익환원법은 그동안 주로 다세대나 다가구(원룸)주택 등 수익형 부동산을 사고팔 때 매겨왔으나 이제는 아파트도 적용될 수 있다는 얘기다. 현재 아파트는 수익형 부동산보다는 시세 차익형 부동산에 더 가깝다. 갭투자가 하나의 재테크 방식으로 자리잡은 것은 전세제도가 있어서다. 갭투자는 현금흐름보다 자본이득으로 보상받는 구조다. 하지만 월세 시대가 되면 현금흐름 중심으로 가격을 따진다. 전세형 주택이 주식형 주택이라면, 월세형 주택은 채권형 주택이다. 채권 이자처럼 정기적으로 임대료를 받는 것이다.

이제는 전세보다 월세가 잘 나가는 아파트를 눈여겨보는 게 좋을 것 같다. 포털이나 부동산 모바일 앱에서 월세 거래량과 금액을 비교 대상 단지와 대조해보라. 같은 금액의 아파트라도 월세 수익이 더 높은 곳이 장기적으로 유리할 것이다. 월세 수요자들이 선호하는 더블역세권이나 업무지구에 위치한 '대단지＋새 아파트'면 금상첨화다. 월세를 잘 받는 아파트는 교통, 편의시설 등에서 유리한 입지를 갖추고 있다. 향후 월세가 잘 나오는 집과 그렇지 않은 집 간의 매매 가격 차이는 벌어질 것이다.

　아파트를 새로 사거나 갈아타기를 할 때는 처음에는 거주하더라도 나중에는 월세로 돌릴 가능성에 초점을 두고 고르는 게 좋다. 이른바 '월세 전환형 아파트'다. 반복하건대 향후에는 월세 수익률이 집 고르기의 판단 기준이 될 것이다. 세입자에게 아파트 월세화는 슬픈 일이지만, 노후를 준비하는 은퇴자에게 아파트는 월세가 나오는 또 다른 금융상품이 될 수 있다.

KEY POINT

이제는 전세살이보다 월세살이하는 사람들이 더 많아졌다. 전세는 월세와 혼재하면서 당분간 명맥을 유지할 것이다. 완전 월세 시대가 오면 어떻게 될까. 내 집과 월세살이 중 하나를 선택해야 한다. 근로소득이 없는 노후에는 월세를 내기 어려우므로 내 집은 필수다. 전세의 사금융 기능을 대신해줄 수 있는 장기 모기지가 활성화되어야 한다. 집을 살 때 대출 의존도가 높으므로 금리에 따라 집값이 출렁일 수 있다. 집주인이 세입자를 고를 때 집단 면접까지 보지는 않더라도 지금보다 까탈스러울 것이다. 아파트도 월세 수익률에 따라 등급이 매겨질 가능성이 높다.

요즘 부동산 시장의
심리적 이중주와 편향

최고의 선은 물과 같다는 '상선약수(上善若水)'처럼 정책의 목표는 시장이 물처럼 자연스럽게 흘러가도록 돕는 것이다. 거래량이나 가격이 박스권에서 머무르는 것이 이상적이다.

누구나 집값은 안정되어야 한다고 생각한다. 새벽 버스를 타고 힘들게 일하는 서민들이 집을 살 수 있도록 집값은 크게 오르면 안 된다는 게 일반적인 사고다. 올라도 물가 상승률 이내로 안정되는 게 이상적이다. 마땅히 그렇게 되어야 한다는 측면에서 일종의 당위론이다. 당위론에 대해 이의를 제기하는 사람은 없다. '당위'와 '전망'은 엄격히 분리해야 한다.

문제는 가끔 토론하다 보면 이 당위를 전망으로 연결시키는 전문가들이 적지 않다는 점이다. 즉 집값이 '안정되어야 한다'를 '안정될 것이다'로 둔갑시키는 셈이다. 무주택 서민들에게 더 좋은 것은 안정을 넘어 '하향 안정'되는 것이다. 거칠게 말해 무주택자들도 집을 살 수 있도록 거품이 잔뜩 낀 집값이 떨어지는 것이다.

집값이 '안정되어야 한다'와 '안정될 것이다'의 차이

당위론의 함정에 빠지면 시장의 자연적 흐름을 인정하지 않고 애써 부정하려고 한다. 집값이 올라가는 것은 실수요가 아니라 투기꾼 때문이라고 목소리를 높인다. 집값이 안정되어야 하는데, 투기꾼만 때려잡으면 안정될 것이라는 극단적 논리를 편다. 시장을 흑과 백으로 이분법적 구도를 만들어 한쪽을 공격한다. 정상적인 분석을 '가진 자들의 편들기'로 비판하고, 그럴듯한 음모론으로 부동산 시장을 왜곡한다.

당위론이라는 렌즈만으로 시장을 바라보면 억척과 궤변으로 이어지기 쉽다. 결론을 미리 내놓고 이유를 갖다 붙이는 것 같다. 결론에 저해되는 변수는 버리고 뒷받침할 수 있는 변수만 선택하니 다분히 작위적이다. 부동산에서 당위론을 지나치게 강조하는 사람을 만나면 현실과 괴리되어 생뚱맞다는 느낌을 지울 수 없는 것도 이 때문이다.

사실 전문가들이 어떤 해석과 전망을 하든 그것은 개인의 자유다. 문제는 나 자신이다. 전문가들의 당위론적 전망에 휩쓸려 판단을 그르치는 일이 없도록 해야 한다. 당위론적 전망은 경제학 교과서보다는 도덕 교과서로 앞날을 내다보는 것이다. 경제는 도덕으로 돌아가지는 않는다. 집값은 수요공급에 따라 내릴 수도 있고, 반대로 오를 수도 있다. 시장을 전망할 때 당위론이 뒤섞이지 않았는지 곰곰이 생각해봐야 한다.

주택 시장이 침체기일 때도 '시장이 회복되어야 한다'와 '회복될 것이다'를 구분해야 한다. 나 혼자 회복이라는 '희망 회로'를 돌려봐도 시장이 회복될 리 만무하다. 나 자신이 부동산 가격을 당위적으로 안정시켜야 하는 정책 당국자는 아니다. 평범한 개인은 시장 흐름을 걱정할 수는 있어도 조종할 수는 없다. 개인은 앞서거니 뒤서거니 그 흐름을 따라갈 뿐이다. 당위적 가치관에 너무 빠지면 시장의 힘에 밀려 오히려 피해자가 될 수 있다. 시장을 싫어하든, 좋아하든 그 흐름을 항상 예의주시해야 한다.

정책은 국민의 상식을 제도화한 것이다

우리는 진보정권이 들어서면 규제책을 내놓고 보수정권이 들어서면 부양책을 펼칠 것이라고 예상한다. 그런 예상이 현실화되기도 하고, 그렇지 않을 수도 있다. 당시 시장 상황에 따라 정책이 탄력적으로 달라지는 경우가 많기 때문이다.

공포 수준의 규제였던 택지소유상한법과 토지초과이득세법, 개발이익환수법 등 '토지공개념 3법'은 노태우 정부 시절에 내놓았다. 우리나라 부동산 규제 역사에서 가장 센 '끝판왕' 급이다. 노무현 정부 당시 집값 급등의 뇌관으로 작용했던 분양가 자율화는 외환위기 시절 김대중 정부가 단행한 것이다.

윤석열 정부는 대선 공약 당시 파격적인 공약이 많았다. 가령 30년이 지난 노후 공동주택에 대해서 정밀안전진단을 면제한다는 공약이 대표적이다. 파격적인 공약은 상대방 정책과 대비될 수 있도록, 정책의 선명성을 내세우기 위한 목적일 것이다. 하지만 취임식을 앞두고 발표한 국정과제에서는 이 내용이 빠졌다. 휘발성이 큰 재건축에 대한 규제 완화 기대감이 시장 불안으로 이어지지 않을까 해서 속도 조절에 나선 것이다. 시장과 교감은 하되 과도하게 불안 심리를 자극하지 않겠다는 생각인 것 같다.

문재인 정부도 취임 초기에는 수요 억제 중심으로 강력한 부동산 규제정책을 내놓았으나 막판에는 공급 병행으로 돌아섰다. 시장의 힘이 워낙 강해 규제만으로는 집값을 잡기에는 어렵다고 판단했기 때문일 것이다.

부동산 정책의 목표는 다름 아니라 시장을 안정시키는 것이다. 정부가 집 있는 사람을 위해서만 정책을 펼칠 수는 없다. 집 부자를 위해 정책을 펴는 정부는 이 세상에 없다. 우리나라에서 집 없는 사람이 40%나 되는데, 이들도 생각해야 하기 때문이다. 집값이 너무 오르면 안정책을 내놓고, 너무 내리면 규제를 풀어 수요를 진작시킬 것이다.

최고의 선은 물과 같다는 '상선약수(上善若水)'처럼 정책의 목표는 시장이 물처럼 자연스럽게 흘러가도록 돕는 것이다. 거래량이나 가격이 박스권에서 머무르는 것이 이상적이다.

정책은 특정 이념이 아니라 국민 개개인이 가진 상식을 제도화하는 것이어야 한다. 세상의 모든 일이 결국 상식으로 회귀하듯 정책도 장기적으로는 상식에서 크게 벗어나지 않는다. 상식 궤도에서 이탈한 정책은 시간이 걸릴 뿐 반드시 되돌아온다. 정책은 결국 국민의 눈높이에 맞춰 민의를 반영하고 행정적으로 옮기는 것이기 때문이다. 지나친 당위나 이데올로기보다는 실용주의 노선이 국민의 눈높이에 딱 맞는 것 같다.

가격과 가격지수는 다른데…

일반적으로 사람들은 아파트 가격(price)에 민감하다. 당장 내가 사거나 팔려는 아파트값이 더 중요하니까. 하지만 매주 혹은 매달 발표하는 아파트 가격지수(price index)는 잘 다가오지 않는다. 체감 가격과 거리감이 있는 것 같다. 아파트 가격지수는 표본 가중치 평균의 변동률을 지수화한 것이기 때문이다. 중위가격은 가장 싼 가격부터 가장 비싼 가격까지 줄을 세웠을 때 중간에 위치한 가격이다. 시장이 움직일 때 가격지수는 중위가격보다 변동률이 낮다. 오를 때는 덜 오르고 내릴 때 역시 덜 내린다. 가격지수와 가격에 편차가 있는 것은 맞다.

그렇다면 어느 것을 주(主) 지표로 사용하는 게 좋을까. 시장을 정확히 파악하기 위해선 가격지수가 더 적당할 것이다. 중위가격은 보조지표로 활용하는 게 좋지 않을까 싶다. 가격지수가 국제 표준이기 때문이다. 가격지수는 각 나라에서 집값이 많이 올랐는지 내렸는지를 볼 때 공통적으로 쓰는 지표라는 얘기다. 물가 통계도 소비자물가지수(CPI)를 주 지표로 활용하고 장바구니 물가를 보조지표로 쓰듯이 말이다.

지금까지 주택통계는 가격지수를 활용해왔다. 그런데 지금 와서 중위가격을 주 지표로 활용하면 과거 가격지수 통계와의 일관성뿐만 아니라 통일성에서도 문제가 생긴다. 중위가격을 쓰면 상승기에 과거보다 훨씬 많이 오른 것처럼 착각할 수 있다는 얘기다. 물론 내릴 때도 마찬가지다. 국제적으로 통용되는 가격지수를 활용하지 않고 중위가격으로만 전망하는 언론이나 전문가는 경계해야 한다. 가격 변동을 지나치게 부풀릴 우려가 있어서다.

또 하나, 중위가격은 말 그대로 중간가격이므로 해당 지역에 고가의 대단지 블루칩 아파트가 입주하면 크게 오른다. 내가 사는 헌 아파트값은 그대로인데 마치 전체 아파트 가격이 급등한 것처럼 착시 현상이 발생할 수 있다. 극단적으로 집값 하락기에도 비싼 아파트가 한꺼번에 입주하면 중위가격은 오를 수 있다.

가격이 '날 것'이라면, 가격지수는 통계방식으로 일정한 기준에 따라 '가공한 것'에 가깝다. 가격은 인간 감정을 자극하지만, 가격지수는 좀 더 이성적인 반응을 유도한다. 그래서 시장을 좀 더 객관적으로 바라보기 위해선 가격지수를 중점적으로 보는 게 낫다. 개인적으로 좀 답답할 수 있지만, 통계를 통해 시장을 읽는 게 더 합리적이지 않나 싶다.

TV, 부동산 욕망과 당위의 갈림길

지상파 방송에서의 부동산 뉴스는 대체로 부정편향성을 띤다. 부동산을 가진 사람 입장에서는 안 좋은 뉴스가 주류를 이룬다. 심각한 가계부채, 고령화와 저출산, 하우스푸어, 깡통전세, 깡통주택, 역전세난 같은 부정적 소식은 단골 메뉴다. 강남을 비롯한 특정 지역 아파트값이 급등했다는 보도기사는 잘 다루지 않는다. 전 국민이 보는 뉴스에 특정 지역 집값을 다루는 게 적절하지 않다는 판단도 있겠지만 자칫 시장의 불안 심리를 자극할지 모른다는 우려도 있기 때문이다.

이보다는 집값, 특히 강남 아파트값 하락 기사를 더 선호한다. 자산적 가치로써 아파트보다 서민층 주거 안정 측면의 이슈를 더 자주 내보낸다. '사는 것'보다 '사는 곳'을 지향하고 개인 자산의 가치보다 공공성과 사회적 책임을 더 중시한다. 넘쳐나는 자본의 흉포함에 맞서 당위와 도덕을 강조하는 산골 선비처럼 느껴진다. 부동산을 그대로 다루지 않고 사회적 문제로 다루려는 경향이 강하다. 기자들을 사적으로 만나면 유연한 사고를 하는데, 방송 뉴스에서만큼은 정형화된 패턴을 따른다.

집을 찾아주는 지상파 예능 프로그램도 비싼 강남 고급 아파트를 잘 다루지 않는다. 주로 빌라나 단독주택이다. 설사 아파트가 나오더라도 아주 비싸지 않은 아파트가 등장한다. 돈 되는 아파트보다는 돈 안 되는 아파트가 더 많이 나온다. 대중의 욕망과는 정반대 방향으로 프로그램을 짜는 셈이다. 어찌 보면 지상파 방송의 책무이자 사명인지도 모른다. 다만 그것이 지나칠 경우 개인의 욕망은 무시한 채 '마땅히 있어야 하는 것'만 나열할 가능성이 있다.

이에 비해 경제 전문 케이블TV는 재테크로서 부동산을 직접 다룬다. 대의명분이나 당위보다 실용적인 정보에 초점을 둔다. 개인의 이기적인 본능에 충실하고, 솔직한 수준을 넘어 노골적이다. 유망

지역을 찍어주면서 부동산 투자를 안내하고 이 과정에서 시청자의 욕망을 충족시킨다. 특정 지역과 아파트 단지를 거론하는 경우도 많아 시장 불안을 야기할 가능성이 있지만 크게 염두에 두지 않는다. 그렇다고 해서 주택 시장 불안을 반기는 것은 아니다. 다만 국민 전체의 공익보다 시청자의 개인적 재테크가 더 중요한 포인트인 것이다. 케이블TV는 부동산에 대한 투기적 정서를 담은 B급 상품 시장으로 존재한다.

만약 아파트를 잘 사고팔아 돈 벌기를 원한다면 케이블TV의 부동산 프로그램을 보는 것이 낫다. 지상파 프로그램은 당위성에 치중되어 있어 부동산 재테크에는 도움이 되지 않는다. 오히려 부동산 시장 흐름을 놓치는 등 판단의 걸림돌이 될 수도 있다. 요즘은 리모컨 몇 번의 클릭이면 지상파와 종편, 케이블TV에 쉽게 접속이 가능한 시대다. 채널을 돌리다 보면 같은 TV 화면에서 부동산 접근법이 극과 극으로 달라 가끔은 어색하고 낯설게 다가오는 것은 나만의 느낌일까.

마이 비즈니스와 유어 비즈니스

서울 강남에 빌딩을 사서 큰 시세 차익을 얻은 연예인이나 스포츠 스타의 성공 스토리는 언론에서 자주 다뤄진다. 4~5년 만에 매입가의 곱절을 벌어들인 대박 신화도 실제로 존재한다. 빌딩을 몇 채를 사든, 어디 내놓아도 부끄럽지 않은 당당한 투자인 것처럼 비친다. 강남뿐만 아니라 용산, 마포 일대에 이들이 사들인 일부 건물은 지역에서 랜드마크로 자리잡기도 한다. 강남 아파트 가격 정도의 꼬마 빌딩을 샀다는 뉴스도 종종 들린다. 비슷한 가격의 아파트를 살 수 있는데도 굳이 빌딩에 투자하는 것에서 유명인들의 빌딩 편식을 엿볼 수 있다.

같은 돈으로 강남 아파트를 여러 채 샀다면 팬들로부터 투기꾼으로 낙인찍힐 수 있다. 이 같은 상반된 평가는 왜일까. 정부가 강남 아파트를 집중적으로 규제하는데 이것을 사면 정책에 반하게 되므로 비난받아야 하는 걸까. 반드시 그렇지만은 않을 것이다. 연예인이나 스포츠 스타는 대체로 빌딩을 사옥 같은 실제 이용 목적으로 매입하지는 않는다. 따박따박 월세를 받기 위해서도 아니다. 그동안 벌어놓은 자금을 묻어두거나 투자하려는 목적이 강하다. 아파트를 단순 투자로 산다고 해도 목적은 비슷하다. 어차피 누군가에게 임대주택을 제공하는 것이고, 또 한편으로는 시세 차익을 거두는 것이다. 아파트나 빌딩 모두 세입자로부터 임대료를 받는다. 기업이나 자영업자에게 공간을 빌려주고 임대료를 받는 빌딩이 좀 더 부가가치 생산에 기여할 수 있겠지만, 지대(地代)를 추구하는 것은 아파트와 같다.

강남 아파트나 강남 꼬마빌딩은 누구에게나 로망이다. 다만 아파트는 빌딩보다 일반인도 손쉽게 다가갈 수 있는 가까운 대상이므로 '배아프리즘'이 좀 더 쉽게 작동할 수 있다. 강남 빌딩이 오르는 것은 나와 관계없는 부자들의 얘기지만 강남 아파트 가격이 상승하면 보유 중인 내 아파트나 장차 매입하려는 아파트에 영향을 준다. 나도 조금만 더 노력하면 언젠가는 강남 아파트 주인 대열에 동참할 수 있을지도 모른다. 하지만 강남 빌딩의 주인이 되는 건 엄두도 못 낸다. 강남 빌딩은 먹고 싶어도 먹기 어려운 일종의 '그림 속의 떡'일 수 있다.

다시 말해 아파트는 마이 비즈니스(my business)가 될 수 있지만 빌딩은 유어 비즈니스(your business)일 뿐이다. 배아프리즘은 대상물이 거리상으로 가깝게 느껴질수록 더 강하게 발동한다. 그래도 이런저런 차이만으로 강남 아파트와 꼬마빌딩에 대한 인식의 차이를 드러내는 것은 다소 의아하다. 두 부동산을 놓고 우리의 시각은 모순적이며 다중적인데, 여기에는 우리 사회의 프레임이 적지 않게 개입되어 있지 않나 생각된다.

우월감 속 또 다른 열등감

부자 동네 사람들은 항상 우월감을 갖고 살까. 인근에 자신보다 더 잘 사는 또 다른 부자 동네가 있다면 그런 생각을 할까. 예를 들어 사람들은 강남 아파트 거주자들이 항상 우월의식을 갖고 살 것이라는 선입견을 갖는다. 하지만 막상 살고 있는 사람에게 물어보면 그렇지 않다. 오히려 열등감을 느낄 때도 많다. 자신이 사는 아파트보다 더 비싼 아파트를 보면 갑자기 초라해진다. 때로는 우월감을 느끼다가도 어느 순간 열등감이 교차하게 된다는 것이다. 사람은 기본적으로 감정의 동물이다.

강남에서 주거 등급은 아파트 브랜드보다는 지역 그 자체로 매긴다. 지은 지 40년이 넘는 압구정동의 낡은 아파트는 여전히 부자들에게도 부러움의 대상이다. 하지만 강남이라고 해서 다 같은 강남이 아니다. 강남에도 나름의 서열이 있다. 강남 안에서 또 하나의 부동산 카스트(caste)가 만들어져 신분 등급이 매겨진다는 얘기다. 외부에서 볼 때는 비싼 아파트끼리 동류의식을 느낄 것 같지만 속내에는 치열한 경쟁의식이 잠재하고 있다. 우리 동네가 훨씬 살기도 좋고 지하철역도 가까운데 왜 집값은 싼지, 언제 그 차이를 메울지, 걱정하고 조바심을 낸다.

독일 철학자 하이데거의 표현처럼 '격차에 대한 조르게(Sorge, 염려)'가 발동한다. 강남도 주거계급 피라미드의 꼭대기나 그 근처의 동네는 소수다. 그곳에 포함되지 않은 나머지 강남 사람들은 약간의 콤플렉스를 느낀다. 물론 자신이 사는 동네보다 싼 아파트에 대해서는 우월감을 느낄 것이다. 말하자면 도곡동 사람은 수서동에 대해서는 우월의식을 갖지만 압구정동에는 콤플렉스를 느끼는 식이다. 판교 사람도 분당이나 용인 수지에 비해 우월감을 갖지만 서울 강남과 비교하면 왠지 주눅이 든다.

지방도 마찬가지다. 부산의 부촌 해운대 사람들은 창원이나 양산에 비해 우월의식을 갖지만 서울에 비해선 콤플렉스를 느낀다. 우월의식과 콤플렉스는 극단의 감정이지만 또 한편으로는 서로 닮아 있다. 이 모든 감정이 가격을 통해서 다른 아파트와 비교하면서 생긴 것이다.

전원생활이 자연 친화적이라는 착각

저 푸른 초원 위에 들어선 하얀 지붕의 전원주택과 도심의 아파트 가운데 어느 주택이 에너지를 덜 쓸까. 정답은 '아파트'다. 미국 하버드대학교 에드워드 글레이저 교수에 따르면 단독주택의 전기소비량은 다섯 채 이상 들어선 아파트 단지의 한 집보다 평균 88% 더 많다.[26] 아파트 단지에 많은 인구가 모여 살면 면적당 전력 소비량이 적다. 성냥갑처럼 공간을 압축한 콘크리트 구조물인 아파트의 특성도 난방비 절약에 도움을 준다.

가령 A 아파트 802호에 산다고 가정해보자. 이 아파트의 천장은 위층 902호의 바닥과 붙어 있고, 바닥은 아래층 702호의 천장과 붙어 있다. 또한 양 벽면은 801호, 803호와 접하고 있다. 즉 아파트는 상하, 좌우가 콘크리트로 밀폐되어 외벽 노출이 많은 단독주택에 비해 난방비가 적게 소모된다. 이렇다 보니 만약 위층의 층간소음에 시달린다면 한겨울에 보일러를 보름만 가동하지 않아도 분풀이가 될 것이라는 유머도 나온다. 아래층에서 보일러를 틀지 않으면 위층의 난방비가 더 나올 수밖에 없기 때문이다.

아파트는 에너지 절감형 주택이다. 미국처럼 단층 단독주택이 인구밀도가 높은 우리나라 대도시에 들어섰다면 에너지 과소비 사회가 되었을 것이다. 아마 지금보다 미세먼지나 매연도 더 심했을 것이다.

아파트에 사는 사람이 단독주택 거주자보다 훨씬 자연 친화적인 삶, 자연을 오염시키지 않고 자연과 잘 어울리는 삶을 사는 것이다.

전원주택에 사는 사람은 자연이 베푸는 숲이나 강을 즐기는 삶을 사는 것이지, 자연에 도움이 되는 삶을 사는 것은 아니다. 산속에 혼자 사는 자연인은 먹고 자기 위해 많은 나무를 불태워 탄소를 배출한다. 자연의 입장에서는 그 속에서 집을 짓고 사는 자연인이 반갑지 않을 것이다.

자연환경에 최대의 위협요인은 사람이다. 북한산이나 지리산 등 산코스를 3년만 폐쇄해도 산림생태계가 급속히 회복되는 것만 봐도 쉽게 알 수 있다. 인간의 방해만 없다면 자연은 금세 회복된다. 물론 자연인을 무조건 자연을 훼손하는 사람으로 폄훼해선 안 된다. 산속에 띄엄띄엄 살고 있어 큰 위협요인이 아닐 수 있고, 일일이 통제할 수도 없다. 다만 짚고 넘어가고 싶은 점은 인간이 아닌 자연의 입장에서 생각해보자는 것이다. 인간이 자연에서 멀리 떨어질수록 자연은 보탬이 된다. 자연은 인간에게 힐링이 되지만 인간은 자연에게 귀찮고 성가신 존재다.

이동 수단도 환경에 영향을 미친다. 자가용보다 지하철이나 버스를 타는 사람이 에너지를 덜 쓴다는 것은 자명하다. 따라서 대중교통이 미흡한 지방 중소도시에서 자가용을 몰고 출퇴근하는 사람이 대기를 상대적으로 더 오염시킨다. 요컨대 대도시 아파트에 살면서 지하철을 타고 출퇴근하는 사람이 그나마 지구온난화 속도를 늦추는 데 이바지하는 사람이다.

그래서 글레이저 교수는 미래가 더 푸르게 변하려면 더 도시화해야 한다고 잘라 말한다. 요즘 인기 있는 '컴팩스마트시티'는 이런 흐름에 부합하는 도시유형이다. 도심 내에 주거·상업·서비스의 기능을 집약적으로 뾰족하게 개발하는 것이다. 도시의 무분별한 확산에 따른 환경파괴를 막을 수 있는 도시개발 방법이다. 난개발은 자연이나 인간 모두에게 이득이 되지 않고 국토를 망치는 길이다. 글레이저 교수의 입장을 지지한다. 우리가 잘못 알고 있는 전원과 도심의 왜곡된 인식을 버릴 때가 되었다.

KEY POINT

부동산에 대한 우리의 시각은 편향과 모순으로 가득 차 있다. 연예인이 강남에 빌딩 몇 채를 사도 대수롭지 않게 여기면서 강남 아파트를 여러 채 샀다고 하면 투기꾼 취급한다. 강남빌딩은 내 삶과 거리가 멀지만 강남 아파트는 '나의 일'이 될 수 있다고 생각하기 때문은 아닐까. 부자 동네에서 살면 우월감만 느낄 것으로 생각하지만 집값이 더 비싼 동네와 비교해 열등감을 느낀다. 전원 속 단독주택에 사는 사람이 대도시 아파트 거주자보다 전기 에너지를 덜 쓸 것 같지만 현실은 반대다. 고정관념과 편견이 개입되어 우리도 모르게 왜곡된 시각이 자주 나타난다.

개인도 타이밍의 승부사가 되어야 살아남을 수 있다. 집을 산다는 것은 인생과 재산을 건 운명과의 싸움이다. 금융상품처럼 적립을 통해 위험을 분산하기도 어렵다. 실패에 대한 두려움으로 선뜻 결론을 내지 못하는 의사결정 장애 증상이 자주 나타난다. 자신의 잘못된 판단에 후회와 분노가 치밀어 오른다. 내 집을 장만했으면 가격에 신경 끄고 살아야 하지만 쉽지는 않다. 지식 네트워크로 뭉친 개인들은 평상시에는 집단지성을 발휘한다. 하지만 불안하면 군집행동이 나타난다. 개인도 생존하기 위해선 시장 메커니즘을 제대로 알아야 한다. 시장이 과거보다 거칠어지고 지능도 높아졌기 때문이다.

PART 3

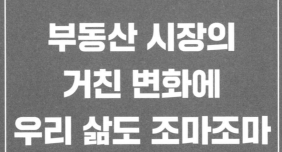

부동산 시장의
거친 변화에
우리 삶도 조마조마

누구나 전문 딜러처럼 타이밍을 재면서 살아야 하는 운명

드라마 〈나의 해방일지(2022)〉에 이런 대사가 나오는데 원하던 아파트를 못 산 경우에 딱 맞는 것 같다. "저의 어머니가 늘 하시는 말씀이 있죠. '집하고 짝은 찾아 다니는 게 아니다. 때가 되면 온다.' (반드시) 내게 옵니다."

"출중한 지혜를 갖는 것보다 유리한 기회를 잡는 것이 더 낫고, 좋은 농기구를 갖는 것보다 적절한 농사철을 기다리는 게 낫다."

중국 고전 『맹자』에 나오는 얘기다. 인간의 지식이나 재주보다 좋은 때와 찬스를 잘 잡는 게 중요하다는 말이다. 한마디로 타이밍(timing, 시점 포착)이 승패를 가른다는 것이다. 가령 농사꾼에게 아무리 좋은 삽과 괭이가 있어도 때에 맞춰 씨를 뿌리지 않으면 곡식을 거둘 수 없다. 농기구는 수확량을 조금 더 늘리거나 줄일 뿐이다. 이보다는 '때'가 한 해 농사에서 훨씬 중요한 변수가 될 수 있을 것이다. 모든 일에는 때가 있다.

올봄에 아파트 발코니 화분에 더덕 모종을 심어보니 때가 얼마나 중요한지를 깨달았다. 4월 중순에 '아기 모종'을 종로 꽃시장에서 사서 심었을 때는 금세 땅 내음을 맡고 뿌리를 내렸다. 하지만 5월

중순이 넘어 심은 '청소년 모종'은 적응을 못해 비실비실 잘 크지도 않았다. 한여름을 지나도 이 두 더덕 모종은 튼실함에서 확실히 차이가 난다. 때를 잘 만나면 순풍에 돛 단 듯 모든 게 순조롭다. 하지만 그 시기를 놓치면 훨씬 많은 공을 들여야 성과를 낼 수 있다. 어릴 때 귀가 따갑도록 듣던 '공부는 때가 있다'는 부모님의 잔소리가 지금 와서 절실히 다가온다. 철은 왜 이리 늦게 드는 걸까.

사고파는 시점이 삶을 가른다

농경사회에서 때를 맞추는 것은 그다지 어려운 일은 아니다. "모내기는 치자꽃 필 때가 지나면 늦다"는 속담이 있다. 그렇다면 치자꽃 피기 전에 모를 심기만 하면 된다는 말이 아닌가. 완전 초심자가 아닌 이상 이미 농사의 경험치가 있고 주변 논밭의 눈치를 잘 살피면 큰 실수는 하지 않는다. 해마다 계절이 반복되니 타이밍을 재는 것은 평범한 농부라면 누구든지 할 수 있는 일이다. 세상이 느린 속도로 변하니 굳이 타이밍을 크게 의식하지 않았을 테고, 하루 이틀 늦는다고 크게 달라질 것도 없었을 것이다.

농경사회에선 집을 살 때도 시기는 중요하지 않았다. 결혼이나 분가를 할 때처럼 집이 필요할 때 구하면 되었다. 가격 변동이 심하지 않았던 데다 집을 투자용으로 생각하지도 않았기 때문이다. 하지만 세상이 너무 달라졌다. 자본의 논리가 지배하는 주택 시장은 수시로 널뛰기 장세를 연출한다. 때에 맞춰 집을 잘 사고파는 것은 인생에서 매우 중요한 일이 되었다. 같은 타이밍이라고 해도 농사철을 맞

추는 것보다 난이도가 매우 높을 뿐만 아니라 실패했을 때 치러야
하는 대가도 만만치 않다.

이제 평범한 장삼이사(張三李四)도 냉엄한 머니게임의 장에서 타
이밍의 승부사가 되어야 살아남을 수 있는 세상이 되었다. 수시로
실적이 평가되는 성과사회, 스스로 구축한 자산으로 살아야 하는 자
산 기반형 복지사회에서 개인도 훌륭한 마켓 타이머로 살기를 요구
한다. 하지만 현실은 녹록지 않다.

집을 산다는 것은 운명과의 백병전

아침마다 메일로 오는 '최규상의 유머 편지'에는 가끔 뼈 때리는
코믹펀치가 있다. 한 남자가 불면증을 견디다 못해 병원을 찾았다.
의사는 여러 검사를 마쳤지만 특별한 이상이 없었다. 의사는 불면증
은 스트레스에서 비롯되었을 가능성이 있으니 너무 신경을 많이 쓰
지 말라고 조언했다. 남자는 시큰둥한 표정을 지으며 "스트레스를
안 받기는 어려울 것 같다. 대출을 많이 내서 집을 샀기 때문"이라
고 말했다. 집을 살 때 빚의 비중이 높을수록 삶 자체가 불안정해지
고 예측 불가능한 상태로 내몰린다. 투자는 기본적으로 불안증을 유
발한다. 확실성을 상징하는 저축과는 달리 그 성과가 확실하지 않기
때문이다. 투자의 미래는 그 누구도 장담할 수 없다.

"사고파는 타이밍에 따라 큰돈을 벌 수도 있고 완전히 파산할 수
도 있다. 그들은 그 일을 '투자'라고 부르지만 나는 '투기'라고 부른
다." 세계 최대의 자전거 제조업체인 대만 자이언트 창업주인 류 진

뱌오 전 회장의 얘기다. 그의 말은 섣부른 타이밍 비즈니스가 얼마나 위험한가에 대해 경종을 울린다. 지인 K씨는 밤새 미국 주식을 사고팔다가 대상포진에 걸려서 한 달을 고생했다. 투자하느라 심신이 피곤하고 스트레스를 많이 받았다는 증거다. 그는 "언제 사서 언제 팔지 밤새 시세에 신경 쓰다 보니 병에 걸린 것 같다"고 말했다. K씨는 투자에서 3,000만 원을 잃었다. 손해 본 금액도 금액이지만 자신의 판단이 틀렸다는 것에 기분이 언짢았다.

개인 입장에서 보면 아파트를 사고파는 것은 주식 매매와는 차원이 다르다. 투자 금액 면에서 아파트는 주식을 압도한다. '내 집 장만이 인생 최대의 쇼핑'이라는 말은 이제 고리타분한 말이다. 지금은 인생과 가진 재산을 건 운명과의 백병전이다. 백척간두의 위험한 외줄 타기가 되었다는 것이다. 펀드나 주식 투자는 적립식으로 위험을 분산할 수 있지만 집을 살 때는 기회가 딱 한 번이다. 가진 것을 다 걸어야 한다. 실수는 용납되지 않는다. 더구나 제 돈 내고 집 사는 사람은 거의 없다. 빚(대출)이라는 외상까지 동원해 풀 베팅을 하는, 건곤일척의 투기행위로 변한 것이다.

수시로 바뀌는 부동산 정책도 불안 심리를 가중시킨다. 정책이 자주 바뀌니 개인 입장에서는 제대로 된 계획을 세울 수 없다. 미래의 불확실성이 증대되는 상황에서 개인들은 집값에 거액의 투자금을 쏟아부었으니 초긴장하지 않을 수 없다. 한 번의 실수만으로도 인생의 나락으로 떨어질 수 있기 때문이다. 개인들도 주식 전문 딜러처럼 매번 타이밍을 재며 조마조마한 삶을 살아야 한다. 때로는 거래

과정에서 마법사라도 되어야 할 것 같다. 이러다 보니 실패에 대한 두려움으로 선뜻 결론을 내지 못하는 의사결정 장애 증상이 자주 나타난다. 우리는 어느새 집값의 노예가 되어버렸다. 편안함을 제공해야 할 집이 이래저래 스트레스 유발의 주 원인이 되었다.

저 자신을 용서하기 힘듭니다

서울 명문대 경제학과를 졸업하고 미국 MBA까지 마친 대기업 김수형(가명·45) 부장은 아파트 얘기만 나오면 속이 쓰리다. 2015년 김 부장은 3년간 미국 지사 발령을 받고 살던 강남 아파트를 어떻게 할지 고민하다가 처분하기로 결정했다. 경제가 저성장체제로 굳어지고 가계부채도 치솟아 집값이 크게 오를 가능성이 낮다는 생각이 들어서다. 그래도 나중에 귀국해서 집은 있어야 하지 않겠느냐는 주변의 만류가 있었지만 애써 무시했다.

그가 최근 귀국한 뒤 예전에 살던 아파트 시세를 보니 12억 원이나 올라 있었다. 살 집은 있어야 한다는 아내의 성화에 대출 4억 원을 내서 비강남의 싼 아파트를 매입했다. 하지만 최근 금리 인상으로 아파트값이 5,000만 원 내려 뒤늦게 상투를 잡은 것 같아 걱정이다. 김 부장은 "잇따라 타이밍을 잘못 포착해 손해만 보다 보니 '마이너스(minus, 손실)의 손'이 되어버렸다"고 한숨을 내쉬었다. 자신이 바보가 된 것 같은 자괴감에 잠 못 이룰 때가 많다고 했다. 명색이 명문대 경제학 전공자인데, 어처구니없는 실수를 반복적으로 저질러 자신을 용서하기 어렵다는 것이다. 김 부장은 "무엇보다 자존심이 무너져 괴롭다. 남들에게 나 자신의 '슬픈 스토리'를 떠벌리기도 어렵다"고 말했다. 김 부장처럼 고학력자일수록 아파트를 잘못 사고팔면서 자기혐오에 빠지는 경우가 많다. 자신의 자존심이나 주변의 기대치에 미치지 못한 결과를 두고 자신에게 실망을 표출하는 것이다. 많이 배우고 지능이 높아도 실제 자산관리에는 헛똑똑이가 의외로 많은 게 현실이다.

이 같은 현상을 설명해줄 흥미로운 개념으로 합리성지수(RQ)가 있다. 캐나다 토론토대학교의 키스 스타노비치 교수에 따르면 RQ는 지능지수(IQ)와는 다르다. RQ는 적응 행동, 신중한 판단, 효율적인 행동 조절, 합리적인 우선순위 설정, 심사숙고, 철저한 근거 확인 등의 다양한 능력이다. IQ와 RQ의 상관관계는 20~30%에 불과하다.[27] 지능이 높다고 의사결정 능력이 뛰어난 것은 아닌 셈이다.

판단을 내려야 할 결정적인 순간에 작동하는 것은 지식보다 지혜다. 지혜는 삶의 경험에서 우러나올 때가 많다. 교과서적인 지식을 달달 외워 학교 성적이 좋아도 구체적인 실생활에 응용하는 능력에서는 뒤따라가지 못할 수도 있다. 더욱이 지식을 많이 쌓는다고 해서 감정 조절이 그만큼 능숙한 것도 아니다. 자산관리 능력은 시험 점수나 논문 수와 비례하지 않는다. 그러니 좋은 대학을 나온 똑똑한 사람도 의외로 어리석은 의사결정을 하는 것이다. 경제 상식을 많이 쌓았다고 해서 그만큼 집을 잘 사고파는 것은 아니다. 물론 사기를 당하거나 어처구니없는 실수는 덜할 것이다. 냉철한 분석력과 합리적 상상력, 그리고 내지를 수 있는 결단력이 부를 가른다.

때로는 이성적 접근이 더 어려운 시장

"빙판이 얇으면 스케이트 날을 벼릴수록 위험은 오히려 더 증가한다."

영국의 경제학자 존 메이너드 케인스의 유명한 명언이다. 일반적으로 스케이트 날을 날카롭게 갈수록 남보다 더 빨리 달릴 수 있을 것이다. 하지만 빙판이 얇다면 얘기는 달라진다. 오히려 차가운 얼음물에 빠지는 위태로운 문제가 생길 수 있다.

케인스의 말은 시장이 비합리적으로 움직이는데 무턱대고 합리적으로 대응하면 되레 낭패를 당할 수 있다는 경고의 메시지다. 서울대나 외국 명문대 경제학 박사들이 강남의 비싼 아파트에 사는 경우는 많이 보지 못했다. 냉철한 이성으로 접근했을 때 도저히 살 수 없을 정도로 오버 슈팅된 가격이라고 판단했을 것이다. 개인적인 경험이지만 경제학 비전공자들이 더 비싼 곳에 사는 것 같다. 요즘은 이성과 합리성이 비이성과 비합리성을 못 당하는 시대다.

주로 개미들이 참여하는 아파트 시장은 단기적으로 이해 불가의 시장이다. 펀더멘털보다 심리 같은 비펀더멘털적인 요소가 더 강하게 작용할 때도 많다. 그래서 시장이 비이성적으로 자주 출렁인다. 즉 욕망, 공포, 시기심 등이 뒤섞여 투영되어 변동성이 심하게 나타난다는 얘기다. 시장이 과열될 때 "부동산이 미쳤다"는 말을 자주 듣는다. 물리학자 아이작 뉴턴이 "나는 물체의 움직임은 계산할 수 있어도 사람들의 미친 광기는 도저히 계산 못 하겠다"고 외친 것과 맥락을 같이한다. 때로는 제정신으로는 해석하기 어렵다는 뜻이다.

'시장이 미칠 때는 적당히 미쳐줘야 한다'는 농담이 나올 만하다. 하지만 그런 농담도 때를 가려야 한다. 하락기에는 그런 농담대로 투자했다가는 속된 말로 '골'로 갈 수 있다.

옛날 가격을 알면 다시 사기 힘든 이유

아파트를 사려고 고민만 하다가 구매 기회를 놓친 사람이 많을 것이다. 한참 구매 여부를 망설이다가 어느 날 아파트를 사기로 마음을 먹었다고 하자. 부동산 중개업소에 들러보니 사고자 했던 아파트 가격이 그사이 껑충 올라 있었다. 이때 이 아파트를 아무런 망설임 없이 매수하는 사람은 드물다. 지금까지 구매자 패턴을 지켜본 결과 매수자는 한 명도 없었다.

왜 그럴까. 합리적인 인간이라면 과거 시세에 연연하지 않고 추가 상승 기대가 있다면 매수할 것이다. 하지만 인간은 이성보다 감정이 앞선다. 그래서 철학자 데이비드 흄이 "이성은 정념(情念)의 노예에 불과하다"고 했는지도 모른다. 자신의 잘못된 과거 판단에 대한 후회와 분노가 치밀어 오른다. 시세는 숫자에 불과하다. 아무런 감정이 없다는 얘기다. 하지만 기회를 놓친 그 아파트를 보면 마음의 평정을 잃는다. 한번 놓친 과거 시세에 자꾸 집착한다. '그때 샀어야했는데, 내가 바보였어.' 그 아파트 가격에 자신의 어리석은 의사결정이라는 자신의 감정을 교차시킨다. 순간 자신의 판단에 실망감이 커지고, 심하게는 자기 분노에 시달린다.

강남에서 기획회사를 운영하는 강성구(가명·62) 씨는 동네 아파트만 바라보면 화가 치민다. 10년 전만 해도 강남의 30평형대 아파트는 10억 원이면 살 수 있었는데 차일피일 미루다 기회를 놓친 것이다. 지금은 거의 2~3배가 올라 엄두를 못 낸다. 강씨는 "지금 강남 아파트 가격이 약간 내렸고 자금도 있지만, 나 자신이 밉고 옛날 그 가격이 생각나서 사기 힘들다"고 말했다.

이처럼 과거 시세는 현재 시점에서도 아파트 구입 여부를 결정짓는 '닻 내림(anchoring)' 역할을 한다. 새로운 가격을 받아들이지 못해 결국 그 아파트 매수를 단념한다. 이를 보면 인간은 이성적인 척하지만 실제로는 납득하기 힘든 감정의 동물인 것 같다.

집을 사니 이젠 값 떨어질까 걱정

서울 중견기업에 다니는 맞벌이 직장인 이국수(가명·38) 씨. 2022년 1월 23일은 그의 생애에서 가장 큰 결심을 한 날이다. 꿈에 그리던 아파트를 계약한 날이기 때문이다. 아내의 반대에도 불구하고 집값이 더 오를지 모른다는 불안감에 급히 집을 구입했다. 대출은 주택담보대출, 마이너스통장, 부모 지원금까지 총동원했다. 대출금액은 4억 5,000만 원이었다. 주변 시세보다 3,000만 원 저렴해서 그는 잘 샀다고 생각했다.

그런데 집을 사고 나니 이제 걱정이 슬슬 밀려온다. 너무 고점에 사지 않았는지, 너무 서두른 게 아닌지 걱정이다. 모바일 부동산 앱을 열어 수시로 아파트 가격 동향을 체크한다. 요즘 옆 동네에서 집값이 떨어졌다는 소식이 들려온다. 나도 모르게 손실에 대한 두려움이 몰려온다. 앞으로 대출금리가 올라간다는데, 허리띠를 더 졸라매야겠다는 생각이 든다.

내 집 장만을 했으면 아파트값에 신경 끄고 살아야 하지만 쉽지는 않다. 대출 '풀 베팅'으로 집을 샀기 때문인지 집값에 민감해지는 것 같다. 이씨는 "집값이 떨어지지 않길 기도하면서 살 수밖에 없는 게 현실"이라고 말했다.

'유동성 잔치' 후 거품 해소는 필수 과정

거침없이 오르던 아파트값이 2022년 여름부터 하락세로 접어들었다. 유동성이 넘치면서 올랐던 아파트 시장이 금리 상승 본격화로 급속 냉각된 것이다. 이번 하락장은 비강남, 비서울부터 시작된 것이 특징이다. 특히 경기, 인천 같은 수도권 아파트값이 두드러지게 하락세를 보인다. 단기간에 아파트값이 급등하면서 소득 대비 가격 자체가 부풀려졌기 때문이다.

최근 2~3년간 2030세대는 상대적으로 가격이 싼 수도권으로 대거 몰려갔다. 마침 곳곳에서 GTX 개발 호재까지 터졌다. 주로 갭투자 방식의 '탈서울 내 집 마련 수요'가 폭발했다. 이러다 보니 경기 남부 아파트값은 서울 강북지역 아파트를 뺨칠 수준으로 많이 올랐다. 아파트값이 많이 상승했으니 당연히 차익매물이 나올 수밖에 없다. 게다가 2023년 5월 9일까지 조정대상지역에서 시행되는 다주택자 양도세 한시적 감면 조치로 절세매물까지 나와 시장을 짓누른다. 서울 다주택자 입장에선 살지 않는 집을 먼저 처분하려고 할 것이다. 집값까지 많이 올랐으니 더 매도 욕구가 강할 것이다. 즉 수도권은 단기 급등에 따른 후유증에 양도세 절세매물까지 겹쳐 하락 압력을 크게 받는 것이다. 지방 집값 역시 최근 부동산 랠리가 저금리와 유동성에 기인한 만큼 수도권 집값 흐름과 동조화할 수 있다.

잇따른 금리 인상에 맷집이 강했던 강남권도 약세다. 금리 인상 같은 '시장 위험'이 커지면 나 홀로 상승이란 없다. '똘똘한 한 채'라도 일정 기간은 버티겠지만 악재가 누적되면 큰 흐름을 피해가긴 어렵다. 다만 가격 하락률이 상대적으로 낮을 수 있다. 고가아파트가 밀집한 강남은 15억 원 초과 대출금지 등 각종 규제를 받아 그동안 가격 상승률이 수도권보다 낮았기 때문이다.

잔파도는 무시하되 큰 파도는 신경 써라

살아가면서 작은 일까지 신경을 곤두세우고 살 수는 없다. 그랬다가는 신경쇠약에 걸릴 수 있기 때문이다. 하지만 큰 흐름에 대해선 깊은 고민이 필요하다. 부동산 시장 역시 잔파도는 무시하되 큰 파도가 몰려올 때는 조심하는 게 좋다.

2021년 하반기부터 불어오는 글로벌 금리 인상 파도가 예사롭지 않다. 악재는 겹쳐서 몰려온다고 했던가. 러시아의 우크라이나 침공, 원자재 급등에 따른 인플레이션까지 가중되면서 경제의 불확실성이 갈수록 커지고 있다.

밀려오는 금리 파도에 수요자들은 어떻게 대응해야 할까. 안타까운 일이지만, 이미 부동산을 보유한 사람들은 적극적으로 대처하기가 어렵다. 시장이 경색되어 집을 팔고 싶어도 팔리지 않기 때문이다. 돈이 급하면 가격을 많이 낮춰야 한다. 최근 고점에서 '영끌(영혼을 끌어모아 대출)' '빚투(빚내서 투자)'로 집을 산 사람은 더욱 난감할 것이다. 과감한 손절매를 결심하지 않는 한, 시장 여건이 나아질 때까지 버티는 수밖에 없다. 집 한 채를 실거주용으로 보유한 사람이라면 더욱 그렇다.

아주 긴 시계열을 보면 부동산 가격(명목 가격)은 물가만큼 오른다. 최근 원자재를 비롯한 물가 급등은 결국 시차를 두고 실물자산인 부동산 가격을 끌어올리는 요인으로 작용한다. 부동산 가격 상승은 물가 상승(인플레이션)에 따른 보상 행위로 볼 수 있다. 인플레이션은 침체기에는 집값 상승 압력으로 이어지지 않는다. 시장이 안정되고 점차 상승 사이클로 접어들 때 부동산 시세에 한꺼번에 반영된다. 말하자면 인플레이션 압력은 침체기에 누적되어 있다가 상승기에 집값을 끌어올리는 요인으로 작용한다. 인플레이션의 시세 반영은 연속적이기보다는 단속적(불연속적)이다. 물가 상승은 단기적으로 악재가 될 수밖에 없다. 금리 인상으로 이어져 부동산 시장이 휘청거릴 수 있다.

이번 금리인상 파도는 금융역사의 일회성 이벤트다. 고물가·고금리 체제가 장기간 이어질 수는 없다. 우리나라의 인구 고령화·경제 저성장 추세를 감안할 때 시차를 두고 다시 저금리 시대로 되돌아갈 것이다. 이번 고금리 사태는 홍역처럼 앓고 지나가는 것이다. 화폐가 팽창하는 자본주의 체제에서 명목가격의 영원한 우하향은 없다. 따라서 기존 부동산 보유자들은 이러한 빙하기를 잘 이겨내는 것이 필요할 것이다. 작가 박완서는 "고통은 극복하는 것이 아니라 그냥 견디는 것"이라고 했다. 당분간 아파트 시세는 보지 말자. 가격을 보면 볼수록 판단실수에 따른 자괴감이 밀려와 심리적으로 힘들 수 있다. 시세를 멀리할수록 괴로움도 멀어진다. 다만 금리 상승으로 대출 이자가 부담된다면 대출을 슬림화하는 것은 가능하다. 현금화할 수 있는 자산을 정리해 대출을 갚은 것도 좋은 방안일 것이다. '빚 줄이기'가 불황기를 대처하는 가장 지혜로운 방법이라는 얘기다.

반대로 매수자는 자신의 뜻대로 움직일 수 있다. 한마디로 집을 사지 않으면 되기 때문이다. 매수자는 '헐값 사냥꾼' 마인드로 가격 메리트가 생길 때까지 관망하는 것이 좋다. 다만 집 살 돈이 없는데 타이밍을 재는 것은 무의미하다. 타이밍은 자금을 확보해놓고 나서 꿈꿀 수 있다는 얘기다. '묻지 마 청약'이 기승을 부릴 때 '선당후곰'이라는 유행어가 나돌았다. 먼저 당첨되고 나서 고민해본다는 뜻이다. 지금은 이보다 '선돈후곰'이다. 돈을 먼저 마련해놓고 나서 타이밍을 고민해야 한다.

큰 파도가 일어날 때는 신중함이 미덕이다. 이런 안갯속 장세에서 집은 필수보다 선택이다. 굳이 가격이 싸지도 않은데 모험적 투자를 할 필요는 없다. 시장이 불확실한데 집을 사놓고 기우제를 지내는 것은 심리적으로 힘겨운 일이다. 폭풍우가 그치고 나서 그때 사도 늦지 않다. 시장이 안정될 때까지 매수자는 일단 한 박자 쉬어간다고 생각하는 게 좋을 것 같다.

마음을 다치지 않는 '정신 승리법'

어렵게 부동산을 사고팔았다고 해서 그 결과까지 성공한다는 보장은 없다. 투자 결과는 언제든지 예상을 빗나갈 수 있다. 이런 때를 대비해 자신이 다치지 않을 '마음의 요새'를 만드는 것이 필요하다. 일종의 '정신 승리법'이다. 2가지만 제시하고자 한다.

첫째, 집을 산 뒤에는 무조건 자신을 합리화하라. '계약 전에는 가격 흥정을 위한 흠집 잡기, 사고 나면 장점 발견하기' 전략이다. 심리학에 '선택 후 지지 편향'이라는 개념이 있다. 나름대로 최선의 선택을 했다고 스스로 '생각'을 주입하는 것이다. 어차피 산 집이니 지금 와서 물릴 수도 없다. 모든 물건에는 장단점이 겹쳐 있는 법이다. 이제 내 집이 되었으니 장점만 발견하는 것이다. 말하자면 내 판단이 옳았다고 의미 부여하는 게 자신의 정신 건강상 이롭다. 어떤 사람은 결혼 후에 '선택 후 지지 편향'이 행복한 마취제가 될 수 있다고 했다. 부동산을 살 때뿐만 아니라 결혼 생활에도 도움을 줄 수 있는 지혜인 것 같다.

또한 원하던 아파트를 사지 못했다면 '신포도 전략'을 사용해도 좋다. 그 아파트를 샀어도 행복하지 않았을 것이라고 자기변명을 하는 것이다. '당시로선 어쩔 수 없었던 거야. 아마 그 아파트를 샀다면 집안에 우환이 생겼을지 몰라. 주위가 저렇게 지저분한데 우리가 어떻게 살아. 돈이 전부가 아니잖아.' 그래도 힘들다면 자기 기억을 약간 조작하는 방법도 나쁘지 않다. '그 아파트는 내 집이 되지 않으려고 그랬나 보다.' '되돌아보니 그 아파트는 확 당길 정도로 매력적이지 않았고 우리가 간절하게도 필요한 집도 아니었어'라고 자기 위로를 하는 것이다. 말하자면 돈이 없어 '못 산 것'이 아니라 물건이 좋지 않아 '안 산 것'이라는 생각이다.

혹시 사지 못했다면 '이번이 아니더라도 싸게 살 기회가 또 온다'는 생각을 갖자. 쉽지는 않겠지만, 세상은 돌고 돈다는 생각으로 마음의 여유를 갖는 것도 좋다. 인기 드라마 〈나의 해방일지(2022)〉에 이런 대사가 나오는데 이 대목에 딱 맞는 것 같다. "저의 어머니가 늘 하시는 말씀이 있죠. '집하고 짝은 찾아다니는 게 아니다. 때가 되면 온다.' (반드시) 내게 옵니다."

둘째, 부동산을 팔고 나서는 가급적 그 주위를 벗어나는 게 좋다. 만약 매각한 집값이 올랐다는 사실을 알게 되면 자신의 선택을 매우 후회하게 될 것이다. 주변에 집을 팔고 난 뒤 그 집 가격이 급등해서 우울증에 시달리는 사람들이 의외로 많다. 자신의 결정에 대한 혐오가 심해졌기 때문이다. 문제는 같은 동네에 살면 자신이 원하지 않더라도 시세를 알게 된다는 점이다. 동네 부동산 중개업소를 지나다가 밖에 붙여놓은 시세표에서, 혹은 옆집 사람과의 대화를 통해서도 그럴 가능성이 있다. 그러니 보기만 해도 열불 나는 그 동네를 아예 벗어나는 것이 낫다.

불교에서 8가지 인식 작용을 뜻하는 팔식(八識) 가운데 제1번이 안식(眼識)이다. 사물은 눈으로 보는 게 가장 강한 자극이다. 타임머신을 타고 매매계약 이전으로 되돌릴 수 없지만 그나마 그 아파트를 안 보면 아픈 기억이 덜 떠오른다. 잘 모르는 게 오히려 마음 치유에

도움이 된다.

　매도자 역시 스스로 잘 팔았다는 논리를 만들어내는 것이 필요하다. '직장 출퇴근하기에는 너무 멀어. 살지도 않을 집인데, 언젠가는 팔았어야 했어.' 팔고 난 뒤 집값이 올라 마음이 다소 쓰리더라도 자신을 합리화할 수 있는 논리를 찾아내 스스로 주입하면 덜 괴롭다. 집을 잘못 팔아 어쩔 수 없이 새로운 집을 사더라도 자신의 과오가 떠오르지 않는 다른 동네 아파트를 매입하는 게 좋을 것이다. 기분 나쁜 감정이 유발되지 않는 대체재를 구입하는 것이다. 경제적 관점을 넘어 마음의 생채기가 덧나 우울증으로 이어지지 않도록 하는 일도 매우 중요하다.

KEY POINT ——

집을 산다는 것은 내 인생과 재산을 건 운명과의 백병전이다. 냉엄한 머니게임의 장에서 타이밍의 승부사가 되어야 살아남는다. 금융상품처럼 적립을 통해 위험을 분산하기도 어렵다. 집을 살 때는 한 번에 가진 것을 다 걸어야 한다. 빚까지 동원해 풀 베팅을 한다면 더욱 조마조마할 수밖에 없다. 집을 사고 나면 이제 값이 떨어질까 걱정이다. 똑똑한 사람일수록 결정적인 실수를 한 자신의 판단을 용서하기 어렵다. 실패에 대한 두려움으로 의사 결정 장애 증상이 자주 나타난다. 그러나 결과는 언제든지 예상을 빗나갈 수 있다. 이럴 땐 마음을 다치지 않는 방법으로, '사고 나선 장점 발견하기, 신포도 전략, 팔고 나선 아예 그 동네를 벗어나기' 등이 있다.

지식 네트워크로 똑똑한 개인들이
자주 군집행동을 하는 이유

지식이 공짜가 된 시대다. 사람들의 지식이 예전에 비해 상향 평준화되면서 '전문가의 전당'도 무너졌다. 개인들도 전문가에게 "나도 이제 당신만큼 알아"라고 말해도 이상하지 않은 시대다.

"성직자조차 종교적 의식을 행하는 시간에도 스마트폰을 붙잡고 있으니…."

최근 프란치스코 교황은 갈수록 심해지는 스마트폰 중독증을 안타까워했다. 그는 "스마트폰은 위대한 발전이며 사용해야 할 물건이지만 스마트폰의 노예가 되면 자유를 잃게 된다"는 일침도 잊지 않았다.[28] 속세에 거리를 두는 신부나 수녀들의 스마트폰 중독이 우려될 정도니 일반인들은 오죽할까. 지하철이나 버스를 타서 승객들을 살펴보라. 다들 고개를 숙이고 손에 들린 스마트폰을 들여다보고 있다. 마치 '스마트폰 좀비' 같다.

출퇴근할 때는 물론이고 여행, 공부, 식사할 때도 스마트폰을 들고 있는가 하면 심지어 잠잘 때도 머리맡에 스마트폰을 두고 잔다. 스마트폰이 고장이라도 나면 정신이 혼미해진다. 스마트폰은 현대인에게 신체의 일부 혹은 '디지털 반려기기'가 된 지 오래다.

우리나라의 스마트폰 보급률은 세계 최고 수준이다. 10명 중 9명 이상(93.4%, 2021년 기준)이 스마트폰을 사용하고 있다. 스마트폰은 언제든지 정보를 쉽게 받아볼 수 있는 휴대용 미니컴퓨터다. 수많은 정보가 누구에게나 전달될 뿐만 아니라 전달 속도 역시 엄청나게 빨라졌다. 수용자 간의 정보격차가 줄어들다 보니 사람들의 사고는 물론 행동까지도 과거와는 다른 패턴을 보인다.

SNS는 부동산 정보의 보물창고죠

서울에 사는 김수진(가명·46) 씨는 아침에 일어나면 스마트폰의 밴드나 카페, 유튜브, 블로그 같은 사회관계망서비스(SNS)에 들어가는 것으로 하루를 시작한다. 그가 가입한 디지털 소통 채널은 부동산 분야에서만 6~7개가 된다. 그는 그날 나온 뉴스나 정책, 세금, 시장 동향 등을 꼼꼼히 읽는다. 회원 수가 많은 카페에는 하루에도 수백 개씩 글이 올라오기 때문에 수시로 들어가 확인한다. 그는 시시각각 변하는 부동산 시장의 흐름을 놓치지 않기 위해서라도 손에서 스마트폰을 놓을 수 없다고 털어놨다.

시장이 급등락을 오가는 불안한 장세일수록 카페나 밴드를 주목한다. 바닥 흐름을 읽는 풍향계로 활용할 수 있어서다. 회원들이 익명이나 별명으로 글을 쓰기에 핵심을 더 날카롭게 꿰뚫는 것 같다. 실명으로 쓴다면 이것저것 눈치를 볼 텐데 말이다. 각종 빅 데이터를 활용, 전문가를 뺨칠 정도로 높은 수준의 글이 수없이 올라온다.

새 규제책이나 규제 완화책이 나온 뒤 시장 영향이 궁금해질 때 SNS 글을 보면 감이 잡힌다. 때로는 부동산 뉴스보다는 훨씬 심도가 있는 것 같다. 집을 살까 말까 결정하지 못할 때 SNS에 물어보면 금세 답이 나온다. 개인의 입장에서 SNS 의존도가 높을 수밖에 없다.

피데스개발이 최근 1,300명을 대상으로 실시한 설문조사에서 응답자의 절반 이상(52%)이 부동산 정보를 수집하는 채널로 웹사이트와 검색 포털을 꼽았다. 신뢰도(45%) 역시 공인중개사(10%)보다 훨씬 높았다.[29] 과거에는 의사결정을 할 때 친인척의 조언에 많이 의존했지만 요즘은 그 역할을 디지털 미디어나 SNS가 대신한다. 예전처럼 친인척을 자주 만날 일이 없고 세상의 많은 일을 디지털 공간을 통해 듣고 보기 때문인지 모른다. 김씨는 "요즘 SNS는 부동산 지식이나 정보의 보물창고이자 총집결지라고 할 만하다"고 말했다.

평상시에는 집단지성

디지털 공간에서는 소비자들이 정보를 수동적으로 수용하기만 하지 않는다. 직접 생산하고 소비도 하는 프로슈머(참여형 소비자)들이 부쩍 늘었다. 그 지식을 혼자 독차지하는 것이 아니라 회원들과 공유한다. 유료로 팔아도 될 만한 알짜 정보들도 무료로 쉽게 구할 수 있다. 지식이 공짜가 된 시대다. 지식의 수많은 상호작용으로 인해 확실히 과거에 비해 개개인이 똑똑해졌다. 지식이 상향 평준화되면서 '전문가의 전당'도 무너졌다. 개인들도 전문가에게 "나도 이제 당신만큼 알아"라고 말해도 이상하지 않은 시대다. 이제 각종 카페, 밴드, 유튜브, 블로그 등 SNS로 무장한 개인들은 거대한 지식 네트워크를 형성한다. 지식 네트워크는 말 그대로 지식을 서로 교환하고 협조하면서 구축한 연결망이다. 개인들은 과거처럼 미미한 존재가 아니라 이제 막강 파워를 자랑한다. 서로 소통과 참여를 통해 지식의 축적물을 만들어낸다.

개인들은 평상시에는 냉철하고 합리적일 뿐만 아니라 문제 해결 능력도 뛰어나다. 집단지성이 발휘되기 때문이다. 아무리 어려운 문제라도 몇 사람의 중지만 모으면 해결된다. 필자도 최근 SNS에 질문을 올렸더니 30분 만에 20개 이상의 답이 올라왔다. 답변자 중에는 전문가급 역량을 갖춘 개인들이 적지 않았다. 우리나라에 여러 분야의 능력자들이 많다는 사실에 깜짝 놀랐다. 하지만 외부의 자극을 받아 출렁일 때 개인들의 행동은 180도 달라진다. 이성과 합리성에서 멀어진다. 불안 심리가 작동해 함께 행동하려는 경향이 자주 나타난다.

불안해지면 경기장의 관중처럼 행동한다

얼마 전 국가대표 축구 경기를 관람하러 서울 마포구 상암동 월드컵 경기장을 다녀왔다. 경기장에서 관중은 누구나 하나가 된다. 경기장은 외부와 차단된 채 선수들의 몸짓 하나하나에 집중하고, 결과에 따라 환호하거나 탄식한다. 주목할 만한 점은 관중은 독립적인 개개인이지만 경기장에서는 서로 감정을 교류한다는 것이다. 선수들의 절묘한 패스 못지않은 현란한 감정의 패스가 관중석에서도 일어난다. 자기만큼 열광하는 다른 팬들과 정서적 교류를 통해 끈끈한 감정의 연대를 연출한다. 표정이나 행동까지 서로 전염되어 때로는 경기 내용보다 율동과 파도타기 같은 응원에 더 몰입하고 일체감을 느낀다. 감정과 행동 교류를 통해 관중이 열광으로 빠지는 작동 원리다.

스마트폰 사용이 보편화되면서 부동산 시장의 참여자들은 축구 경기장의 관중과 유사한 움직임을 보인다. 사람들이 하루 종일 스마트폰만 쳐다보고 있으면 독립적인 사고가 어렵다. 정보는 수시로, 그리고 빠르게 우리 온몸을 휘감고 지나간다. 스마트폰 중독은 기기 자체에 대한 중독이 아니다. 그보다는 스마트폰이라는 기기가 제공하는 서비스나 정보에 중독된 것이다. 스마트폰에서 잠시만 벗어나 있으면 나만 세상 흐름에 멀어져 외톨이가 되지 않을까 불안하다. 우리는 다른 사람과 거의 스마트폰으로 연결되어 있기 때문이다. 우리는 하루에도 수십 번씩 카카오톡이나 문자 메시지를 통해 정보를 얻고 다른 사람들과 소통한다. 사회의 핫이슈가 생기면 거의 반나절이면 다 알게 된다.

영국 프리미어리그에서 활약하고 있는 손흥민 축구 선수. 그를 두고 언론에서 모바일 스트라이커(mobile striker)로 표현하는 것을 봤다. '기동력 있는 공격수'라는 얘기다. 손흥민은 시속 33.8km로 달릴 수 있는데 소속팀인 토트넘 홋스퍼에서 가장 빠르다. 그가 공을 몰고 축구 경기장을 질주하는 것을 보면 날쌘 표범이나 재규어를 보는 것 같다. 요즘 투자자들은 손흥민 선수처럼 재빠르게 움직인다.

모바일 혁명으로 정보 유통속도가 빨라졌기 때문이다. 간편함과 실시간 소통, 그리고 강력한 유통 파워로 정보의 확산 속도는 상상을 초월할 정도다.

이제는 아파트 시장 자체가 효율적 시장(efficient market)에 가까워지고 있다. 유진 파머의 '효율적 시장이론'에 따르면 효율적 시장은 새로운 정보가 지체 없이 가치에 반영되는 시장이다. '어느 지역 아파트값이 싸다고 하더라' '집값이 바닥을 찍었다고 하더라' 등의 정보가 나돌아 공감대가 형성되면 투자자들이 일제히 움직인다. 그래서 무리 지어 움직이는 '군집행동'이 쉽게 나타난다. 정보를 동시다발적으로 수용하면서 시장 참여자들의 생각은 비슷해지기 마련이고, 이 과정에서 두드러지게 나타나는 현상이 바로 군집행동이다. 군집행동은 스스로 판단해 독자적으로 행동하기보다는 집단의 일원으로서 함께 움직이는 것을 말한다.

군집행동은 다른 사람의 생각이 틀리지 않을 것이라는 믿음이 있어야 가능하다. 나의 독립적인 판단 기준은 버리고 다른 사람을 따라 의사결정과 행동을 함께 하는 것이다. 이러한 군집행동은 시장이 불안할수록 자주 나타난다.

모방의 무한 연쇄

시장이라는 거대한 집단적 공간에서는 나보다 남을 더 신경 쓴다. 집이 거주보다 투자의 대상일 때는 더욱 그럴 것이다. 반면 거주 공간을 마련하기 위한 집 구매는 자신의 형편이나 자금이 중요하지 남을 크게 의식하지는 않는다. 한마디로 각개전투다. 하지만 투자자 중심일 때는 상황이 달라진다. 투자자는 자신의 독립적인 의사결정보다 시장 대다수가 어떤 의사결정을 할지가 훨씬 중요하다. 한마디로 남의 눈치를 보면서 움직이는 경향이 있다. 다른 사람들도 역시 비슷한 생각을 할 것이고, 모방의 무한 연쇄작용 끝에 거대한 무리 짓기가 만들어진다. 부동산 시장이 확 달아오르다가 어느 순간 돌변해서 얼어붙는 것은 바로 이 같은 이유에서다.

수요자들은 작은 자극에도 물고기 떼나 메뚜기 떼처럼 이리저리 몰려다닌다. 시장 흐름이 수시로 바뀌니 종잡을 수가 없다. 남과 보조를 맞추다가도 어느 순간 재빨리 움직여 남들보다 앞서야 한다. 이성적으로 이해가 되지 않는 일들도 자주 발생한다.

부동산 시장은 큰 바위 같다. 산비탈의 바위는 한번 구르기 시작하면 걷잡을 수 없다. 부동산 시장도 한번 달아오르면 어지간한 대책으로 안정시키기 어렵다. 호황기에는 악재가 터져도 시장은 꿈쩍하지 않는다. 호재는 아무리 작아도 민감하게 움직인다. 반대로 정지된 바위를 굴리기 어렵듯이 부동산 시장도 한번 침체되면 되살리기가 힘들다. 침체기에는 호재에는 둔감하고, 악재에는 민감하게 반응한다. 아무도 움직이지 않고 서로 눈치만 보며 눈만 깜빡거린다. 정보의 비대칭성이 사라지면 그 속의 대중도 같은 정보를 받기에 동조화 현상이 잘 나타난다. 이런 쏠림은 바로 스마트폰에 따른 시장 참여자들의 군집화로 인해 더욱 두드러지게 나타난다.

경쟁 심리와 군집 스위치

미국의 심리학자 조너선 하이트는 '군집 스위치(hive switch)'라는 개념을 내놓았다. 군집 스위치는 '나를 잊고 거대한 무엇에 빠져들게 만드는 결정적인 심리적 기제'다.[30] 군집 스위치는 당연히 혼자보다 집단 속에 있을 때 쉽게 작동될 것이다.

버스를 타고 무리 지어 아파트를 쇼핑하는 모습을 TV에서 본 적이 있다. 집단 속 개인행동은 의외로 쉽다. 아무리 투자 유망한 아파트라도 혼자 찾아가 매수하기는 두렵다. '집값이 떨어지면 어떻게 하나', '더 좋은 투자처가 있을지도 모르는데 이곳을 사도 될까'라는 생각에 의사결정을 쉽게 하지 못한다. 하지만 떼를 지어 몰려다니면 묘한 경쟁 심리까지 작동되면서 '의사결정 장애'는 순식간에 사라진다. 오히려 '내가 먼저 좋은 물건을 잡아야겠다'는 심리적 압박감에 충동구매가 쉽게 이뤄진다.

함께 투자하기에 두려움도 크지 않다. 혼자서 실수하는 것보다 여럿이서 함께 실수를 저지르는 것이 덜 위험하다고 느낀다. '나만 사는 게 아닌데 뭐'라는 집단 심리다. 현장에 나왔으니 이왕이면 이번 기회에 매수하고 싶은 생각이 간절해지고 계약서에 덜컥 도장을 찍는다. 인간 뇌의 군집 스위치가 작동되는 순간이다. 만약 단체 투어가 아니라 개인적으로 다시 현장을 방문한다면 매수하기 쉽지 않을 것이다. 혼자서는 독립적 사고를 해야 하므로 분위기에 잘 휩쓸리지 않기 때문이다.

이런 집단적 상황이 아니더라도 비이성적 과열이 장기화되면 개인에게도 군집 스위치가 켜진다. 집값이 더 오르지 않을 상황인데 계속 올라 예측이 빗나가면 개인들은 인내에 한계를 드러낸다. 이성과 합리성을 계속 믿었다가는 나 자신만 바보가 될 것 같다. 대열에 낙오되지 않기 위해 지금이라도 집을 사야겠다는 생각이 들어 매수계약서에 덜컥 사인한다.

오래전부터 이어져 온 안타까운 이야기지만, 과열의 끝은 무주택자들의 희생으로 마무리된다. 이들은 비이성적 무리 짓기 형태로 막바지에 참여하는 경향이 강하다. 무주택자들이 한꺼번에 시장에 뛰어들어 병목현상이 생기지 않도록 심리적 안정을 유도해야 한다. 주택 시장 안정의 열쇠는 대체로 무주택자들이 쥐고 있다. 무주택자들에게 공급이 늘어날 뿐만 아니라 내 집을 싸게 장만할 수 있다는 신호를 보다 명확하게, 그리고 자주 전달할 필요가 있다. 그 신호는 단순한 신호가 아니라 믿음이 되어야 한다.

하락기 군집행동은 생존 본능

이처럼 군중 속에 있는 개인은 오로지 옆 사람의 행동에 눈과 귀가 쏠려 있어 '남 따라 하기'로 이어지기 쉽다. 최근 연구 결과 부동산 시장에서는 재건축처럼 투자 성격이 강한 상품일수록 상대적으로 더 강한 무리 짓기가 나타난다. 실제로 서울지역 아파트 경과 연수로 볼 때 21~30년 이하 혹은 30년 초과 노후주택에서 군집행동이 발생했다.[31] 재건축은 실거주보다 투자 목적으로 구입하는 경우가 많아 떼를 지어 구매하는 현상이 많이 나타난다는 얘기다.

또 하나 흥미로운 것은 시기적으로 군집행동은 주택 가격이 오를 때 강하게 나타난다는 점이다. 연구 보고서를 보면 우리나라뿐만 아니라 미국이나 중국 부동산 시장에서도 군집행동은 호황기나 상승기에 집중적으로 나타난다. 일반적으로 집값이 하락할 때보다 오를 때 수요자의 불안감이 커진다. 불안은 독감보다 빠르게 주변에 전염되는 특성이 있다. 이럴 때 조급함과 초조감이 촉발되고 무리와 같이 행동하고 싶은 욕구가 커져 결국 매수대열에 동참하게 된다.

군집행동은 자신의 지식으로 판단하기보다 그저 흐름에 따라 움직이는 것이다. 같은 군집행동이라도 주식은 아파트와 시기가 다르다. 연구 결과 중소형주나 코스닥 주식을 중심으로 하락기에 손실에 대한 두려움이 커지면 투매라는 방식으로 군집행동이 나타난다.[32] 즉 주식은 주가 하락에 따른 손실 공포로, 아파트는 가격 상승에 따른 투자 열광으로 군집행동이 분출된다. 아파트나 중소형주 또는 코스닥 주식에서 군집행동의 주체는 큰손보다 개미들이라는 점은 공통적이다.

다만 필자의 경험으로 볼 때 부동산 시장에서 하락기에 군집행동이 전혀 나타나지 않는 것은 아니다. 상승기보다 군집의 강도가 세지 않을 뿐이다. 외부 충격으로 공포 국면이 조성되면 심리적으로 같이 행동하려는 성향이 나타나기 때문이다. 최근 들어 스마트폰을 통해 정보를 동시다발적으로 수용하면서 이런 군집행동이 두드러진다. 하지만 주식시장처럼 단기적으로 매도자의 투매보다는 매수자의 심리 냉각으로 거래절벽으로 나타나는 게 특징이다. 지금 집을 사면 너무 비싸게 사는 게 아닌가 하는 걱정에 몸을 사리는 '풉(FOOP, fear of overpaying, 과매수 공포)' 증후군이 수요자들 사이에서 일제히 발동하는 것이다. 일종의 생존본능이 작동하는 것이다.

요컨대 우리나라에서 부동산 시장의 군집행동은 상승기에, 그것도 재건축에서 더 노골적으로 나타난다. 따라서 상승장에서 재건축에 참여할 때는 과열 분위기에 휩쓸리기보다 냉정함이 필요하다. 자칫 내가 거품을 마지막으로 떠안는 '최후의 바보'가 될 수 있으니까 말이다.

KEY POINT

스마트폰 보급으로 정보격차가 해소되면서 사람들은 똑똑해졌다. 개인들은 평상시에는 냉철하고 합리적일 뿐만 아니라 문제 해결 능력도 뛰어나다. 지식 네트워크를 통해 집단 지성이 발휘되기 때문이다. 하지만 시장이 불안해지면 달라진다. 이성과 합리성에서 멀어진다. 생존본능이 작동해 함께 행동하려는 군집행동이 나타난다. 나의 독립적인 판단 기준은 버리고 다른 사람을 따라 움직이려는 것이다. 주식은 하락기에 투매 방식으로, 부동산은 상승기에 패닉 바잉(공포 매수)으로 군집행동이 심하게 나타난다. 분위기에 휩쓸리지 않도록 냉정하게 대응해야 한다.

시장의 힘은 공룡, 머리는 슈퍼컴퓨터, 움직임은 광속

시장은 막대한 돈과 빠른 정보 유통, 구성원 간 '정보 되먹임'으로 힘이 세지고 민첩해졌을 뿐만 아니라 고지능화되었다. 시장을 무시하고 정책을 내놓으면 금세 역습을 당하는 것도 이 때문이다.

부동산 시장이 많이 달라졌다. 요즘 시장은 막강한 자본력으로 무소불위의 힘을 자랑한다. 시장 지능도 갈수록 진화하고 있다. 시장을 단순히 비이성적 투기집단으로 생각하는 건 큰 오산이다. 몇 년전 만난 한 고위 인사가 "아파트는 돈이 아니라 집"이라며 시장의 욕망을 부정했던 기억이 난다. 시장의 욕망을 무시한 당위의 찬미는 실패로 이어지기 십상이다. 한 전직 관료는 "개인의 욕망을 억압하기보다는 그대로 인정하면서 정책을 펴야 효과를 발휘하더라"고 했다. 시장을 제대로 이해하지 못한 정책은 성공하기 어렵다.

개인도 살아남기 위해서는 시장 메커니즘을 제대로 알아야 한다. 자본의 욕망이 더욱 강하게 지배하면서 시장이 과거보다 거칠어지고 변덕도 심해졌기 때문이다. 변화무쌍한 시장의 흐름을 제대로 짚어내려면 선입견부터 버려야 한다. 과거에는 시장을 무조건 적으로 보고 투기와의 전쟁을 벌였지만 결국 실패했다. 시장의 질서를 무조건 '추앙'하라는 뜻은 아니다. 무엇보다 시장의 목소리에 겸허하게 귀를 기울이는 마인드가 가장 중요하다는 얘기다.

고지능 유기체로 진화하는 시장

시중에 여전히 돈은 많다. 대도시 아파트값 향배에 결정적인 영향을 미치는 M2(광의 통화)가 폭발적으로 늘어났다. M2는 현금과 요구불예금, 2년 이하의 저축성예금, 외화예금을 합친 금액이다. 언제든 현금화가 가능하며 시중에 돈이 얼마나 많이 풀렸는지 가늠할 수 있는 지표로 통용된다. 2022년 5월 현재 M2는 3,694조 원이다. 같은 해 정부 예산 607조 7,000억 원에 비하면 6배가 넘는다. 문재인 정부 5년 동안만 해도 M2는 50%가량 늘어났다.

자본력으로 무장한 시장은 공룡처럼 커졌지만 과거처럼 느릿느릿 움직이는 것도 아니다. 정보기술 발달로 시장 참여자 역시 전광석화처럼 민첩한 움직임을 보인다. 게릴라처럼 시장 주위를 이리저리 맴돌면서 투자할 곳을 찾는다. 실물경기와 관계없이 돈 흐름에 따라서 언제든지 시장은 불안해질 수 있다.

지식이 평준화되고 스스로 학습기능을 갖추면서 개인의 집합체인 시장은 '복잡 적응계'로 바뀌고 있다는 느낌이다. 복잡 적응계는 경제 주체들이 서로 영향을 주고받으며 상호작용해서 자체로 진화하는 시스템이다. '시장 IQ가 3만'이라는 얘기가 실감 난다. 시장의 축적된 학습효과는 때로는 무서운 힘을 발휘한다. 시장 참여자들은 과거 경험을 통해 결과를 이미 예견하고 있다는 듯이 행동한다. 과거와 유사한 정책을 내놓으면 약발이 먹히지 않는 이유는 시장이 선험적인 지식으로 대응하기 때문이다.

요컨대 시장은 막대한 돈과 빠른 정보 유통, 구성원 간 '정보 되먹임'으로 힘이 세지고 민첩해졌을 뿐만 아니라 고지능화되었다. 덩치는 공룡, 머리는 슈퍼컴퓨터, 움직임은 광속으로 달리는 매머드급 유기체로 생각하면 될 것이다. 시장을 무시하고 정책을 내놓으면 오래가지 못하고 금세 역습을 당하는 것도 이 때문이다. 생물학자인 최재천 이화여대 석좌교수는 한 강연에서 "정부는 정책을 만들고 국민은 대책을 만든다"고 말했다. 정부가 정책을 내놓으면 국민이 수동적으로 받아들이는 것이 아니라 재빨리 대응책을 만든다는 뜻이다. 시장은 물리적 실체가 아니라 수많은 개인의 의사결정이 집약되는 추상적 개념이다.[33] 많은 국민이 부동산 시장에 참여하고 있다. 시장이 무슨 생각을 하는지, 어떤 행동 패턴을 보이는지에 대한 보다 심도 있는 연구가 필요하다.

시장 가격은 개인의 평균 기대치 합이 아니다

가격은 수요와 공급의 변주곡이다. 수요가 많으면 가격이 올라가고 공급이 많으면 내려간다. 시장 가격을 결정하는 수요(demand)는 구매 욕구가 있다고 해서 성립하는 것은 아니다. 구매 욕구와 지출할 수 있는 구매력을 함께 갖춰야 한다. 구매력 없이 욕구만 있는 경우는 소요(needs)다. 시장의 가격은 모든 사람이 아닌 그 시장에 참여할 수 있는 수요층이 결정한다. 주택 시장에서도 돈 있는 수요층이 집값을 쥐락펴락한다. 즉 소요보다는 수요의 크기에 따라 집값이 오르고 내린다.

수요를 좀 더 엄밀히 말하면 유효수요다. 유효수요는 돈을 갖고 있으면서 물건을 사고 싶어 하는 사람들의 총합이다. 비싼 부동산일수록 유효수요는 제한적이다. 네티즌들이 값비싼 지역의 적정가격을 놓고 가타부타해봐야 시장에는 영향을 미치지 못한다. 유효수요가 그 가격을 어떻게 평가하고 행동하느냐에 따라 가격이 달라진다.

시장은 돈의 힘에 따라 가격이 좌지우지된다. 시장에서 돈은 곧 권력이다. 노벨경제학상을 받은 미국의 경제학자 폴 사무엘슨은 "시장경제는 달러 투표에 의해 움직인다"고 말했다. 민주주의 사회에서는 1인 1투표를 하지만 시장경제에서는 1인 1달러 투표를 한다. 머릿수로 다수결 투표를 하는 선거에서 1명은 외톨이로 참패를 할 것이다. 하지만 시장에서는 100만 1달러를 가진 한 사람이 각각 1달러를 가진 100만 명을 이길 수 있다는 얘기다. 시장은 돈의 액수로 서열을 매기는 구조다.

집값은 '미래를 어떻게 보느냐'는 기대치로 결정된다. 주택 가격은 미래를 낙관적으로 바라보는 유효수요가 움직일 때 오르기 시작한다. 다시 말해 가격은 구매력이 있는 사람이 시장을 낙관적으로 보고 모험적으로 매수에 나설 때 움직인다. 미래 가격에 모든 사람이 낙관적일 필요는 없다. 구매할 수 있는 유효수요만 낙관적으로 보면 된다. 반대로 이 유효수요가 시장을 부정적으로 볼 때 가격은 내릴 것이다. 즉 집값의 핵심은 유효수요의 힘이다. 무주택자의 울분이나 당위성에만 초점을 맞추면 전망에 착오가 생기는 이유가 바로 여기에 있다.

부동산 시장 특성에 대해 조금 더 깊게 다뤄보자. 부동산 시장은 주식 시장과 달리 공매도가 존재하지 않는다. 공매도는 주식을 빌려 매도 주문을 낸 뒤 주가가 떨어지면 해당 주식을 싼값에 사서 결제일 안에 주식대여자에게 돌려주는 방법으로 시세차익을 챙기는 투자 방식이다. 이런 공매도 투자는 부동산 시장에서는 통하지 않는다. 가령 A 아파트 108동 1205호를 공매도한 뒤 그 아파트를 몇 달 뒤 다시 싸게 사는 것은 현실적으로 불가능하다. 해당 아파트가 시장에 매물로 나올 리가 없기 때문이다.

그래서 부동산 시장의 가격 결정 구조는 주식 시장과 다르다. 시장 참여자의 평균적인 기대보다 낙관적으로 기대하는 집단이 가격 결정에 큰 영향력을 행사한다는 것이다. 주택 시장 호황도 가격 추세를 가장 낙관적으로 내다보는 시장 참여자에 의해 견인된다.[34] 이처럼 부동산 시장은 공매도 제도가 없으므로 미래를 비관적으로 내다보는 집단은 세력화에 나서기 힘들고, 시장에 크게 영향을 미치기도 어렵다. 집값이 급락하는 상황이 아니고선 시장의 구조상 낙관적인 기대를 가진 집단의 힘이 더 세다. 아파트값 거품 빼기 운동이나 대세 하락론을 펼치는 사람들의 주장이 힘을 얻지 못하는 데는 부동산 시장의 독특한 메커니즘도 한몫하고 있다.

한편으로 부동산 시장이 일부 세력에 의해 쉽게 조종될 수 있는 취약성도 함께 드러낸다. 자금력이 있는 소수의 집단이 집값의 우상향을 기대하고 특정 지역의 집을 사들인다면 집값이 요동칠 수 있기 때문이다. 그 피해는 해당 지역 실거주자들이 고스란히 떠안기 마련이므로 시장 교란 세력의 진입 여부를 예의주시해야 할 것이다.

시장은 때로 아전인수식으로 정보를 굴절시킨다

시장은 기본적으로 이기적인 만큼 정보 수용도 이기적이다. 그래서 정책은 그 자체의 성격과 취지만으로는 효과를 알기 어렵다. 시장 참여자들의 '수용 태도'에 따라 약발이 달리 나타나기 때문이다. 정부가 보내는 정책을 시장이 어떻게 '해석'하는지가 중요하다는 얘기다. 분명히 객관적으로 보면 악재가 뻔한데도, 시장은 자신에게 유리한 호재로 자주 둔갑시킨다. 그래서 '인간은 합리적 존재보다 합리화하는 존재'라고 했던가.

부동산 시장에서 가장 대표적인 사례가 '재건축 초과이익 환수제'다. 2018년부터 부활된 이 제도는 재건축 추진위원회 구성부터 입주까지 조합원의 평균이익이 3,000만 원을 넘어서면 부담금으로 10~50% 환수하는 제도다.

자신이 재건축 아파트를 사고파는 부동산 펀드매니저라고 상상해보자. 재건축으로 얻는 개발이익의 최고 절반까지 부담금으로 내야 하니 재건축 조합원들의 이익이 줄 것은 뻔하다. 투자 위험이 커지고 언제 재건축 사업이 마무리될지 모르므로 합리적인 사람이라면 투자가 내키지 않을 것이다. 특히 초기 단계 재건축을 중심으로 가격이 하락할 가능성이 높으니 매도세가 많아질 것이다.

하지만 부동산 시장 참여자들은 오히려 반대로 생각한다. 시장 참여자들은 '강남 재건축 규제 강화 → 아파트 공급 차질 → 강남 희소성 부각 → 미래 가격 상승'으로 연결고리를 만들고 정보를 굴절시켜 수용하는 것이다. 이런 편향은 집값 우상향 기울기가 가파를 것으로 기대될 때 더욱 심해진다. 재건축 사업을 하면 30% 정도의 주택이 새로 생긴다. 초과 이익환수제 등 재건축 규제로 공급이 위축될 수 있다는 우려는 맞다. 그래도 재건축 규제를 곧 가격 상승으로 연결하는 것은 다소 과장된 것 같다. 집값을 결정하는 변수는 금리나 심리 등 여러 요소가 있기 때문이다. 하지만 시장에서 한 사람이 아니라 여러 사람이 재건축 규제를 집값 상승으로 인식한다면 단기적으로 집값이 오를 수 있다. 이른바 집단으로 '자기실현적 기대'에 빠지면 그런 기대만으로 집값은 상승한다. 해당 이슈를 시장 참여자가 어떤 관점으로 바라보느냐에 따라 흐름이 달라진다는 얘기다.

정부가 서울 주변에 3기 신도시 공급 후보지를 공개하자 투자자들은 서울 도심 아파트로 이목이 쏠렸다. 수도권의 공급이 넘칠 것이니 서울 도심을 공급과잉의 피해를 덜 보는 안전지대로 생각해서다. 이런 생각들이 집단화하면 3기 신도시 공급 발표에도 시장 안정은커녕 서울 아파트값이 더 오르는 현상이 나타난다. 또한 세분화된 규제지역을 오히려 투자등급으로 왜곡한다. 가령 조정대상지역으로 지정된 지역보다는 조정대상지역과 투기과열지구 모두 지정된 곳이 상급지라는 식이다. 앞으로 값이 더 오를 곳일수록 정부가 규제를 더 심하게 하지 않겠느냐고 아전인수식 해석을 한다는 얘기다. 시장은 대의명분을 따르기보다 자신에게 이익이 되는 쪽으로 움직인다. 이런 경향은 얼핏 불합리한 것처럼 보이지만 인간이 본디부터 가진 성질 아닌가.

거래 허가제에도 아파트는 무덤덤

토지거래허가구역은 투기적 수요를 차단하는 강력한 장치다. 토지거래허가구역으로 지정되면 실수요자 외에는 일정 규모 이상 토지를 살 수 없다. 실제 용도별로 2~5년간 토지를 실제 이용해야 한다. 토지를 매입하려면 시군구의 허가를 받아야 한다. 허가를 받지 않으면 계약해도 무효가 된다. 이른바 '유동적 무효'다.

과거 참여정부 시절 농지와 임야 투기가 극성을 부리자 정부는 토지거래허가구역 지정으로 맞섰다. 효과는 곧바로 나타났다. 그 많던 투기수요는 종적을 감췄다. '허가제가 투기수요를 잡는 즉효 약'이라는 말까지 나돌았다. 하지만 아파트 단지에서는 딴판이다. 서울시가 압구정동, 청담동을 비롯한 강남권과 목동, 여의도 주요 아파트 단지를 토지거래허가구역으로 지정했지만 시장은 꿈쩍도 하지 않았다. 외지인의 갭투자가 불가능해 거래는 줄었지만 아파트 가격은 오히려 껑충 뛰었다. 한동안 거래만 되면 신고가 행진을 기록하는 기현상이 나타났다.

왜 이런 일이 일어났을까. 시장의 성격이 투자 중심인지, 실수요 중심인지에 따라 허가제의 영향이 판가름 난다. 농지와 임야는 주로 투자 목적으로 구입하므로 허가제를 시행하면 당장만이 아니라 장기간 효과가 나타나지만, 서울 아파트 시장은 다르다. 이미 서울 아파트 시장은 다주택자에 대한 취득세·양도세 규제로 1주택자 중심의 실수요로 재편된 지 오래다. 토지거래허가구역에선 대지지분 6㎡ 이상의 아파트는 2년 이상 실거주할 사람에게만 허가가 난다. 하지만 실수요가 굳건히 버티는 시장은 허가제라는 규제 카드를 꺼내도 잠시 위축될 뿐 계속해서 약발이 먹혀들지 않는다. 규제의 힘보다는 시장의 힘이 강하니 이런 현상이 나타난다. 허가구역으로 지정해도 집값이 쉽게 하락하지 않는 데는 집주인의 태도도 하나의 요인이 된다. 허가구역으로 지정되지 않은 옆 동네와 아파트 가격을 비교해 굳이 싸게 내놓지 않는 것이다. 집주인 사이에서 손해 보고 팔지 않으려는 심리가 작용하는 것이다.

시장은 환경 변화에 잘 적응하는 생물 같다. 새로운 규제가 처음 생기면 시장은 움찔하지만 시간이 지나면 둔감해진다. 과거 참여정부 시절 주택거래신고제, 총부채상환비율(DTI) 규제를 시행했을 때 집값이 크게 떨어졌다. 지금도 그런 제도가 시행되고 있지만 시장은 신경도 안 쓴다. 시장은 외부 자극에 적응과 대응을 하면서 스스로 지능을 높여간다. 그러므로 시장을 무시한 규제 만능주의는 정책 실패로 이어지기 쉽다. 갈수록 규제의 민감도가 떨어지기 때문이다. 그래서 오래전부터 이 말이 금과옥조처럼 통용된다. "단기적으로는 정부를 이기는 시장은 없다. 장기적으로는 시장을 이기는 정부는 없다."

양자 얽힘, 초연결사회와 임대차 3법

세상만사는 칡넝쿨처럼 얼기설기 서로 엉켜 있는 법이다. 상호 간에 끊임없는 되먹임을 통해 정보와 영향을 주고받는다. 세상은 일방보다는 쌍방이다. 이런 현상은 양자물리학의 '양자 얽힘'이라는 렌즈를 통해 보면 더욱 분명해진다. 초미세 영역에서 양자 얽힘은 고전 물리학에서는 쉽게 설명할 수 없는 현상이다. 얽힌 상태의 입자들은 공간적으로 아무리 멀리 떨어져 있어도 연결된 것처럼 즉각적으로 움직인다. 서로 보이지는 않지만 독립적이지 않고 영향을 미친다는 것이다.[35] 양자 얽힘은 음택풍수(陰宅風水)에서 동기감응(同氣感應)과 비슷하다. 조상을 명당에 모시면 조상과 유전자가 같은 후손들이 시공간적으로 멀리 떨어져 있어도 복을 받는다는 것이다. 얼핏 이해가 되지 않지만 양자 역학의 세상으로 바라보면 동기감응도 전혀 엉뚱한 얘기는 아니다.

요즘 같은 디지털 세상을 초연결사회라고 한다. 일상생활에 정보혁명 기술이 깊숙이 들어오면서 모든 사물이 거미줄처럼 인간과 연결된 사회가 되었다. 스마트폰 같은 모바일 기기의 진화로 사람과 사물의 모든 것이 네트워크로 이어진 사회라는 얘기다. 양자 얽힘, 동기감응, 초연결사회는 겉으로 보면 독립적이지만 깊숙이 들여다보면 서로 연결되어 상호작용을 한다는 점에서 비슷한 측면이 있다.

부동산 시장도 양자 얽힘으로 풀어낼 수 있다. 이 사회에서 살아가고 존재하는 한 환경으로부터 완전히 벗어날 수 없다. 자신이 세입자든, 유주택자든 말이다. 시장 참여자들은 가만히 머물러 있는 것이 아니라 서로 영향을 주고받는다. 가령 양도소득세나 종합부동산세 중과세는 다주택자에게만 미치는 세금이 아니다. 시간이 흐르면 어떠한 방식으로 경제적 약자인 세입자에게 전가된다. 임대료가 통제되면 아예 엘리베이터 비용이나 주차료, 계단청소비 명목으로 관리비를 올린다. 아직은 관리비 제한이 따로 없기 때문이다.

2020년 7월 말 임대차 3법이 시행되면서 세입자들은 주거권이 한층 강화되었다. 세입자들은 그동안 2년마다 이사해야 했지만 새 제도 시행 이후 4년까지 안심하고 살 수 있게 되었다. 계약 2년이 지나면 종전 임대료에 5%만 올려주고 계약갱신청구권을 쓸 수 있어 임대료 부담도 줄었다. 분명 임대차 3법은 세입자에겐 유리하고 집주인에게는 불리한 제도다. 하지만 이런 혜택을 활용하기 위해 세입자들이 재계약에 나서면서 전세 유통매물이 줄었다. 이 바람에 전세시장에서 수급 불균형이 심해지면서 전셋값이 2년 만에 많게는 곱절이나 올랐다.

멀쩡히 잘 있던 집이 없어져서 전셋값이 오른 게 아니다. 전국에 1,800만 채나 되는 집은 그대로 잘 있다. 문제는 스톡(저량)보다는 플로우(유량)다. 아무리 저수지에 물이 많아도 냇가에 흐르는 물이 적으면 고기가 살 수 없듯이 경제는 흐름이 중요하다. 이제 계약갱신청구권을 사용한 세입자들은 전세를 구하려면 더 많은 비용을 지불해야 할 판이다. 집주인들은 처음에는 울상을 지었지만 지금은 반드시 그렇지 않다. 전셋값이 크게 오르니 집주인들은 임대차 3법의 피해자가 아니라 수혜자가 되었다는 얘기까지 나온다. 전세보증금을 올려 받아 부동산 투자비용을 대거 회수했기 때문이다. 세입자의 주거 불안은 여전하다. 임대차 3법 시행 이후 전세 가격이 오버슈팅 되니 고점에 전세를 구한 세입자는 매매 가격이 조금만 내려도 깡통 전세 피해자가 되지 않을까 걱정이다.

부동산 시장에선 서로 되먹임을 통해 움직이기에 일방적이라는 개념은 통하지 않는다. 가령 흑과 백이라는 2가지 물감이 있다고 치자. 처음에는 색깔이 선명해 흑백을 쉽게 구분할 수 있다. 하지만 되먹임이 계속되면 흑과 백은 회색으로 변한다. 시장에서도 처음에는 누가 수혜자이고 누가 피해자인지 분명했지만, 시간이 흐르니 그 구분마저 모호해졌다.

의도에만 초점을 맞추고 정책을 펴면 예기치 않은 부작용이 나타난다. 선한 의도가 항상 선한 결과를 낳는 건 아니다. 정책은 당위나 규범보다 현실, 실용성에 입각한 '좋은 결과' 중심으로 접근해야 한다. 규제는 의도하지 않았던 결과를 초래한다. 굳이 양자 얽힘의 예를 들지 않더라도 경제정책은 조화와 합리성에 바탕을 두고 펴야 한다는 생각이 든다.

시장 근본주의자와 도덕주의자는 왜 위험한가

시장은 가격을 매개로 자유롭게 물건을 거래하는 장소다. 일부 깨어있다는 사람들은 시장에서 도덕을 찾는다. 도덕의 사전적 의미는 '인간이 지켜야 할 도리 또는 바람직한 행동 기준'이다. 하지만 아쉽게도 자본주의에서 시장은 도덕이 아닌 돈에 따라 움직인다. 미국

저널리스트 에두아르도 포터는 자신의 책 『모든 것의 가격』에서 "시장은 노골적인 방법으로 가격이 정의되는 곳"이라고 했다. 시장은 인간의 돈에 대한 욕망을 노골적으로 드러낸다. 개인들도 이윤을 추구하는 기업처럼 행동하도록 요구받는다.

주택 시장에서 사람들은 살 집보다 투자할 만한 집에 관심을 보인다. 정부가 서울과 수도권에 30만 가구를 공급하겠다고 발표하면, 많은 사람들이 이 가운데 분양아파트가 몇 가구가 될지 촉각을 곤두세운다. 30만 가구에는 임대아파트와 분양아파트가 섞여 있을 것이다. 분양아파트는 개인에게 소유권이 주어지므로 당첨되면 돈을 벌 수 있다. 임대주택 확충을 통한 서민 주거 안정 같은 대의명분에는 별로 관심이 없다. 소유 욕망 충족에 초점을 맞추는 일부 신문의 부동산 면은 '임대' 얘기는 거의 없고 온통 '분양' 뉴스로 도배된다.

돈 앞에서 인간은 '이기적 유전자'보다 더 이기적이다. 때로는 이익을 위해서라면 단순한 돈벌레를 넘어 악마처럼 행동하려는 극단적 비인간성이 드러난다. 이에 관한 흥미로운 실증연구도 있다. 독일 경제학자 아민 폴크와 노라 제히는 참석자들에게 '돈을 받지 않고 쥐를 살려주는 것과 돈을 받고 쥐를 죽이는 것' 중에서 택일하라고 주문했다. 시장이 있느냐, 없느냐에 따라 결과는 딴 판이었다. 실험 결과 시장이 존재하는 상황에서는 돈을 받고 쥐를 죽이는 사람이 유형별로 72.2~75.9%에 달했다. 하지만 시장이 존재하지 않는 경우 45.9%로 크게 낮았다.[36] 실험 대상자들은 아마도 시장에서 갖고 싶은 물건을 사고파는 것을 떠올리면서 답변했을 것이다. 시장에서 악마가 태어난다. 거래하는 시장에서 만나는 순간에는 개인의 이익을 위해 도덕적 기준을 버릴 수 있다는 것이다. 돈이 삶의 중심이 되는 순간 인간의 윤리와 도덕적 심성은 어디론가 사라질 수 있다는 것을 보여준다.

시장의 가치를 극단적으로 칭송하는 시장 근본주의는 위험하다. 시장 질서를 해치는 탐욕(greed)과 불법은 통제해야 하고, 응당 사회적 처벌도 뒤따라야 한다. 시장에서도 공정, 신뢰, 규칙의 가치는 소중하다. 헌법 23조에도 '모든 국민의 재산권은 보장된다. 재산권의 행사는 공공복리에 적합하도록 해야 한다'라고 적시되어 있다. 이는 한편으로는 공공선을 해치지 않는 수준에서 개인의 재산권 행사나 이익 추구는 정당하다는 것으로 해석해볼 수 있다.

시장이 있기에 경제도 움직인다. 시장의 근본적인 속성을 모른 채 문제 학생 나무라듯 훈계하는 것은 오히려 위험하다. 자본의 논리에 익숙하지 않은 도덕주의자들은 주택 시장의 흐름에 분노와 적대감을 드러낸다. 합법적인 테두리 내에서 하는 정상적인 경제활동이라도 부동산에 대해선 색안경을 쓰고 본다. 투기, 편법, 꼼수 같은 자극적인 용어를 사용하며 부동산 행위 자체를 죄악시한다. 도덕주의적 시각을 부동산 시장에 대입한 결과다. 숨 쉴 수 있는 한 칸의 여유도 주지 않고 부동산 시장에서 강한 도덕성을 요구하는 것은 오히려 역풍을 일으킨다. 인간 본성에 반하는 제도는 의도하지 않은 결과물을 만들어내는 것이다.

기본적으로 인간은 자기중심적이다. 시장 참여자들은 겉으로는 규제책에 공감하면서도 속으로는 언제든지 내뺄 궁리를 한다는 점을 감안하고 정책을 펴야 한다. 정책은 인간 본성과 시장 메커니즘에 대한 이해를 먼저 해야 실패가 없다.

헨리 조지의 좌도우기

헨리 조지의 사상에 '좌도우기(左道右器)'라는 개념이 있다. 진보 지향의 개혁을 하더라도 방법은 우파, 즉 시장의 도구를 사용해야 한다는 것이다. 시장은 애국충정으로 무장한 우국지사들이 모여 만드는 곳이 아니다. 시장에서 인간은 누구나 자기중심적으로 움직인다. 사적 이익과 공동체 이익은 반드시 일치하지 않는다. 두 가치체계가 수시로 충돌한다. 개인의 욕망을 최소화하고 공공의 가치에 따르도록 유도하기 위해서는 어떻게 해야 할까. 개인에게 '인센티브'라는 카드를 쓰는 것이다. 인센티브는 공공의 가치를 따르면서 생긴 손해를 어느 정도 보상하는 것이다. 인센티브는 당연히 효과가 클 뿐만 아니라 오래 지속될 수 있다.

가령 주택 임대차 3법으로 되돌아가보자. 임대차 3법의 문제는 세입자가 이익을 보는 만큼 집주인은 손해를 본다는 것이다. 따라서 집주인이 2년+2년 계약에 5% 이내로 임대료를 올리면, 보상을 해주면 된다. 집주인에게 양도세나 보유세를 깎아주는 방법을 쓴다면 집주인도 억울해하지 않을 것이다. 집주인과 세입자가 윈윈(win-win)할 수 있는 구조다.

어느 한쪽이 일방적으로 불리한 방법으로는 시장을 장기간 안정시키긴 어렵다. 반짝 효과에 그친다. 노자도 "까치발로 서 있는 자는 오래 서 있을 수 없다"고 했다. 까치발로 서보라. 발레 선수가 아닌 이상 3분을 채 서 있지 못할 것이다. 잠시 무리해서 서 있을 수는 있지만 너무 힘들어 이내 버티지 못하고 원래대로 되돌아온다. 개인이든, 경제든 순리를 따를 때 오래 지속될 수 있다.

멀미는 운전자보다 동승자가 한다

운전자는 멀미하지 않는다. 운전석에서 멀수록 멀미를 심하게 겪는다. 조수석보다 뒷좌석에서 더 멀미를 할 것이다. 뒷좌석이 아무래도 롤링(rolling)이 더 심하기 때문이다. 멀미는 몸이 수동적으로 움직일 때 나타난다. 자신이 스스로 발동을 걸거나 능동적으로 움직일 때는 멀미를 하지 않는다. 서울에서 부산까지 운행하는 고속버스나 트럭 운전기사가 멀미했다는 얘기를 들어본 적이 없다. 훌륭한 운전기사는 승객의 반응을 보고 속도를 조절한다.

부동산 정책도 마찬가지다. 정책을 만드는 사람은 수동적으로 그것을 받아들여야 하는 일반인의 멀미를 생각해야 한다. 정책은 입법자보다 시장의 수용자 입장을 고려해야 후유증이 적다. 세금도 거두는 사람보다 내는 사람 입장에서 생각해야 한다. 세금이 벌금으로 읽히지 않도록 해야 하는 것은 물론이다. 조세 정의도 좋지만 담세 능력을 고려해 탄력적인 접근이 필요하다. 그것이 진정으로 국민을 생각하는 세금 정책이다.

정부의 메시지가 제대로 전달되려면

길가의 신호등을 생각해보자. 사람들은 신호등에 빨간불이 켜지면 횡단보도를 건너선 안 되고 파란불일 때 움직여야 한다는 것을 안다. 대체로 우리나라 도로에서 신호등은 잘 작동되고 있다. 신호에 대한 메시지를 그대로 읽은 결과다.

정부와 시장 사이에도 신호등이 있다. 정책은 일종의 메시지다. 메시지의 전달자와 수용자 사이에 중요한 것은 신뢰다. 메시지에 대한 신뢰가 없으면 메시지를 그대로 수용하는 게 아니라 엉뚱한 방향으로 받아들인다. 정책이라는 메시지는 자주 오역된다. 정부가 아파트값이 고점이라는 적색경보 신호를 보내도 집값은 꿈쩍하지 않는다면 그 이유는 신호등이 제대로 작동하지 않았기 때문일 것이다. 여전히 많은 사람이 집을 사들인다면 신호등의 빨간불에도 사람들이 무단으로 건너는 꼴이다. 빨간불(집값 하락 위험성)을 빨간불로 보는 게 아니라 파란불(더 오를 것이라는 집단적 기대)로 인식한 것이다. 집값 급등은 신호등의 신호를 오인한 결과다.

4~5년 뒤에 집을 사도 될 사람까지 집값이 더 오른다는 불안감과 초조감으로 시장에 서둘러 뛰어들지 않도록 해야 한다. 병목현상에 따른 과열이 나타나기 때문이다. 선취매에 나서는 사람이 많아지면 공급을 많이 한다고 해도 수급불균형이 발생해 가격이 되레 오른다. 수요 쏠림현상을 시기적으로 이연시키는 게 무엇보다 필요하다. 이는 수요자들이 믿음을 가지고 기다릴 때 가능하다. 세상에 마법의 정책은 없다. 석탑 쌓듯이 인내로 하나하나 만들어가야 한다. 정책

효과는 어느 정도 누적이 되어야 나타난다.

정부의 메시지가 제대로 전달되려면 정부와 시장 간의 신뢰를 회복해야 한다. 공자도 "믿음이 없으면 일어설 수 없다(無信不立, 무신불립)"고 했다. 지금이라도 신호등을 손보는 일부터 시작해야 한다.

KEY POINT

시장은 돈의 액수로 서열을 매기는 구조다. 돈의 힘으로 가격이 좌지우지된다. 주택 시장에서도 돈 있는 유효수요가 집값을 결정한다. 네티즌들이 값비싼 지역의 적정가격을 놓고 가타부타해봐야 시장에는 영향을 미치지 못한다. 유효수요가 그 가격을 어떻게 평가하고 행동하느냐에 따라 가격이 달라진다. 무주택자의 울분이나 당위성에만 초점을 맞추면 전망에 착오가 생긴다. 하지만 시장의 질서를 극단적으로 추종하는 시장 근본주의는 위험하다. 시장을 무조건 투기적 집단으로 보는 도덕주의 또한 경계 대상이다. 개인이든, 정부든 시장의 메커니즘을 제대로 이해하고 대처하는 것이 필요하다.

서 있는 위치가 바뀌면
풍경도 달라진다

같은 악재를 보고도 집주인과 매수자들의 반응은 그야말로 '동상이몽'이다. 가격은 동상이몽이 깨져야 변한다. 가격 급락은 악재가 어느 정도 누적되어 임계점을 지나서야 나타난다.

자식의 게임 중독과 세계적으로 성장한 K게임 산업. 전자는 걱정거리고 후자는 긍지이다. 게임을 바라보는 개인의 시선은 양가적(兩價的)이다. 게임이라는 동일 대상에 상반된 태도가 동시에 존재하는 것이다.

학부모라면 누구나 자식이 공부는 안 하고 게임만 하고 있으면 속이 뒤집어진다. 그 꼴을 두고 볼 수 없어 짜증 섞인 잔소리를 퍼붓는다. 게임 중독에 빠져 학업을 게을리하지 않을까 하는 걱정 때문이다. 부모는 자식이 게임을 끊었다고 선언이라도 하면 하늘을 날 듯이 기쁘다. 하지만 게임 산업이 성장하려면 누군가는 게임을 계속해 줘야 한다. 주로 젊은 층을 중심으로 수요가 뒷받침되어야 게임 산업의 안정적 성장이 가능하다. 한국은 그동안 국내에서 형성된 게임 시장을 기반으로 전 세계에 콘텐츠를 수출할 만큼 게임 강국이 되었다. K게임은 K팝, K무비 매출액을 앞설 정도로 성장했지만 게임은 해롭다는 부정적 인식은 여전한 게 현실이다. 요컨대 같은 게임이라도 산업적인 입장이냐, 개인적인 입장이냐에 따라 모순의 시각을 드러낸다.

주택 시장은 안정되고 내 집값은 올랐으면

우리는 주택 시장이 안정되길 바라지만 내가 산 집값은 오르기를 희망한다. 집을 여러 채 보유한 사람은 집값 상승을 위한 기우제를 지낼 수밖에 없다. 투자한 금액이 많을수록 기도는 더 강렬할 것이다. 미국에서는 집 구매 이유 가운데 '가격 상승 기대'가 전체의 75%나 차지한다는 설문조사가 있다. 우리나라에서도 예외가 아닐 것이다. 겉으로 주택 시장 안정을 외치는 사람도 내 집값이 오르는 것은 은근히 즐긴다. 남의 눈치나 체면, 사회 분위기로 대놓고 이야기하지 못할 뿐이다. 시장이 과열되면 집값을 잡아야 한다는 당위적 명제에 찬성하면서도 막상 내 집값이 떨어지면 어쩌나 하고 이기적인 고민을 한다.

저출산을 걱정하면서도 정작 본인은 갭투자로 여러 채의 집에 투자하는 것도 전형적인 양가적 사고다. 우리나라가 세계 최악의 저출산 늪에 빠진 원인 중 하나가 천정부지로 치솟는 집값이다. 주거비가 비싸다 보니 결혼과 출산을 포기하는 젊은 층을 주변에서도 흔히 볼 수 있다. 우리나라 집값이 너무 오르면 안 된다는 것을 알지만 그래도 내가 사놓은 집 가격은 좀 올랐으면 좋겠다. 공동체 문제에 대해 공감은 하지만 개인적 욕망을 버릴 수 없다는 얘기다. 많은 사람이 고민 끝에 결국 개인의 욕망을 좇아간다. 우리의 생각과 행동은 이처럼 이중적이고 모순적이다.

'배치'가 사람을 바꾼다

작가 최규석이 노사관계를 그린 웹툰 '송곳'은 지금도 많이 읽히는 명작이다. 이 웹툰은 케이블 TV 드라마로도 제작되었다. 어느 날 함께 노동을 하던 사람이 사용자가 되었다고 하루아침에 달라진다. 동료들은 이해하지 못할 일이라고 울분을 토한다. 변절자니 배신자라는 욕설이 난무하는 것은 불문가지다. 하지만 공인노무사 고구신은 이렇게 내뱉는다. "당신들은 안 그럴 거라고 장담하지 마. 서 있는 데(위치)가 바뀌면 풍경도 달라지는 거야."

이런 일이 노사관계에만 있을까. 야당이었던 정당이 여당이 되면 태도가 돌변한다. 싸울 때와 지킬 때는 같은 사안을 놓고도 달리 대한다. 야당 시절에 주장했던 정책들도 여당 입장에서 재해석되기 마련이다. 그 반대도 역시 성립된다.

사람들은 자신은 그렇지 않을 것이라고 자신하지만 처지가 달라지면 생각도 달라진다. 사람은 한쪽에 고정된 것이 아니라 프랑스 철학자 질 들뢰즈의 말처럼 어떻게 '배치(agencement, 아장스망)'되느냐에 따라 다른 입장이 된다. 들뢰즈는 "어떤 대상의 본성은 고정된 것이 아니라 어떠한 마주침을 통해 흔적이나 주름이 생긴다. 그 흔적이나 주름이 본성을 결정한다"고 했다.[37] 배치를 다시 하면 존재 자체가 다른 것으로 재구성된다. 인간은 환경의 굴레에서 벗어나기 힘들다.

사회가 제대로 돌아가기 위해서는 소각장과 매립지가 필요하다. 하지만 그런 시설이 우리 집 앞에 들어선다고 하면 누구든지 반대 플래카드를 붙이고 시위를 할 것이다. 필요한 것은 인정하지만 왜 하필 우리 집 앞이냐는 항변이다. 이런 반대 움직임에 대해 타지역 사람들은 '님비(내 뒷마당에는 안 된다)현상'으로 몰아붙인다. 지역 이기주의 행동이라며 싸늘한 시선으로 바라본다.

세금에 대한 시선도 부동산 소유 여부에 따라 천차만별이다. 비싼 집을 여러 채 갖고 있는 사람들은 보유세와 양도세 부담이 너무 무겁다고 항변한다. 하지만 무주택자들은 엄살을 떤다고 핀잔하기 일쑤다. "집값이 크게 올랐는데 상승분에 비하면 세 부담은 미미한 수준이 아니냐. 가진 자들이 욕심이 더 하다"고 말한다.

인간은 기본적으로 자기중심적으로 세상을 바라본다. 따라서 자신이 처한 상황에 따라 관점이 다를 수밖에 없다. 소각장, 매립지, 다주택자의 세금에 대해 당신이 어떻게 판단하든 자유다. 다만 손해를 입는 사람, 세 부담이 늘어나는 사람에게 먼저 다가가야 하지 않을까. 그 사람의 입장을 무조건 편들라는 뜻은 아니다. 어떤 일이든 판단 이전에 그 사람 입장에서 한번 생각해보라. 그래야 좀 더 균형 있고 객관적인 시각과 지혜가 생길 것이다. 공인노무사 고구신의 말을 한 번 더 되새기자. "서 있는 데(위치)가 바뀌면 풍경도 달라지는 거야."

눈물이 고여 투기 광풍이 된다

요즘 집을 사거나 분양받는 수요자는 거의 '불쌍한 사람'이다. 서울에서 대단지 아파트를 분양받으려면 적어도 10년 이상 집을 사지 않았거나 부양가족이 많은 사람만 가능하다. 4인 가족의 최대 청약 가점이 69점인데, 좋은 곳에 당첨되려면 이 점수도 안심하지 못한다. 요즘은 84점 만점도 등장할 정도니까 말이다.

집을 사는 사람들은 어떤가. 서울에서 유주택자가 집을 추가로 사는 경우는 거의 없다. 그런 수요가 있다고 해봐야 갈아타기 정도가 있을 뿐이다. 주택 시장은 이미 실수요 시장으로 재편된 지 오래다. 우리가 생각하는 다주택자의 투기적 수요는 일부 지역을 제외하고는 많지 않다. 대부분 한푼 두푼 모아서 작은 삶의 공간을 마련하고자 하는 순수한 동기의 서민과 중산층이다. 개인으로 보면 안쓰럽고 불쌍해 보인다. '영끌(영혼을 끌어모아 대출)' '빚투(빚내서 투자)'와 '패닉 바잉(공포 매수)'은 탐욕이 아니라 절박함에서도 나올 수 있다. 하지만 이 선량한 실수요가 개인에 그치지 않고 집단화되면 순수성을 잃어버린다. 거대한 투기적 광풍이 되는 것이다.

대출 문제도 개인과 공동체 가운데 어느 쪽에 초점을 맞추느냐에 따라 다른 반응을 보인다. 폭증하는 가계부채는 외국에서 우려할 정도로 우리 경제 시스템을 망가뜨릴 수 있는 위험 요소다. 현재 우리나라의 가처분 소득 대비 가계부채 비율은 경제협력개발기구(OECD) 국가 중 최상위 수준이다. 가계부채 문제를 해결하기 위해서는 대출 규모를 적절하게 조절하고 잘 관리해야 한다. "이러다가

다 죽어"라는 말이 나올 만하다.

우리나라 국민은 대부분 경제의 최대 복병인 가계부채를 잘 관리해서 연착륙시켜야 한다고 생각한다. 연착륙은 한마디로 대출에 대해 속도 조절을 하는 것이다. 하지만 자신이 대출을 받는 처지가 되면 '금융억압'에만 초점을 맞춘다. 그래서 대출을 옥죄는 금융당국에 대해 저항군식 스펙트럼을 갖는다. 대출 문제 역시 양가적이다. 개인 입장에서는 "앞으로 직장 다닐 날도 많고 충분히 갚을 수 있는데 국가에서 왜 개인 빚 내기를 통제하느냐"고 불만을 토로한다. 막상 그런 규제를 당하는 입장이 되면 누구라도 그렇게 항변할 것이다.

이런 이중성은 어떻게 봐야 할까. 논리학적으로 '결합의 오류'라는 시각으로 접근해야 하지 않을까 싶다. 개인은 합리적으로 행동하지만, 전체는 비합리적인 결론에 이를 수 있다. 즉 하나하나를 떼어놓고 보면 타당한 논리지만 전체적으로는 이롭지 못한 결과를 낼 수 있다는 얘기다. 개인 복리를 합치면 반드시 공동체의 복리 총합으로 연결되지 않을 수 있는 셈이다. 이처럼 내 집 마련 열풍과 대출 문제는 개인의 입장에서 바라볼 것이냐, 국가 경제 시각에서 바라볼 것이냐에 따라 다르다. 공동체와 개인 이익의 균형이 좋다고 하지만 쉬운 것은 아니다. 이해관계가 엇갈리는 사안일수록 중심을 잡으려는 노력이라도 해야 한다. 당신은 경제학을 배운 사람인가. 그렇다면 경제를 한쪽만 바라보지 말자.

임계점을 지나야 급락이 온다

"한국은행이 기준금리를 올렸는데 이제 집값이 빠지지 않을까요?"

퇴근길에 지하철 개찰구 앞에서 지인으로부터 난처한 질문을 받았다. 그날은 2021년 11월 25일 한국은행이 기준금리를 연 0.75%에서 1%로 올린 날이다. 이 지인은 무주택자로 집을 사기 위해 시기를 탐색 중이었다. 답변을 길게 하기 어려워서 "글쎄요, 한 차례 금리를 올린다고 집값이 곧바로 떨어질까요? 주택 시장이 채권시장처럼 움직이지 않으니까요"라고 얼버무렸다.

채권 시장은 기준금리 변화에 즉각적으로 움직일 것이다. 지인은 금리가 집값 결정에 중요한 요소인 만큼 곧 하락할 것이라는 기대 섞인 전망을 원했는지 모른다. 하지만 부동산은 금리 이외에도 변수들이 함께 작용하기에 금리 하나만으로 집값을 단정 짓기는 어려운 일이다. 과거 금리가 오를 때 집값이 오르기도 했으니까 말이다. 집주인들은 금리보다 원자잿값이 너무 올라 아파트 공사가 중단되고 건축비 역시 급등한 점을 더 중시할지 모른다. 금리보다 공급 부족과 건축비 인상에 더 초점을 둔다면 집주인들이 금리 인상에 둔감한 반응을 보일 수도 있다는 얘기다. 시장에서도 매도자와 매수자에 따라 서로 생각이 다른 것이다.

시장은 생각보다 복잡하다. 정신분석학의 '중층결정'처럼 여러 가지 변수들이 서로 영향을 미치면서 가격과 거래량이라는 결과를 만들어낸다. 흥미로운 점은 시장은 호재와 악재에 불균형적으로 반응한다는 것이다. 분위기가 아주 냉각될 때를 제외하고 시장은 대체로 호재를 크게 받아들이고 악재는 작게 받아들인다. 당연히 집주인일수록 편향적 정보수용이 심하다. 이를 '기대의 경직성'으로 해석할 수 있다. 정보를 있는 그대로 수용하는 것이 아니라 부정적인 면은 과소평가하고 긍정적인 면은 과대평가하려는 경향이 나타난다.

그래서 규제 완화나 개발재료가 발표되면 시장은 즉각적으로 반응한다. 집주인들도 호가를 일제히 올리거나 매물을 회수한다. 큰 호재가 터지면 잠재적 매수자도 마음이 급해진다. 거래가 폭발하는 경우는 드물지만 그래도 신고가를 경신했다는 소식이 자주 들린다. 집주인인 공급자의 생각에 동조하는 수요자가 있다는 얘기다. '호재 = 집값 상승'으로 이어진다는 점에서 호재에 대한 반응은 방정식으로 따지면 1차 방정식이다.

악재가 터지면 매도자보다는 매수자가 먼저 반응한다. 매수세가 위축되면서 거래 두절로 이어진다. 거래가 줄었다는 것은 사려는 사람이 감소했다는 의미다. 그렇다고 가격이 당장 하락하는 건 아니다. 흔히 말하는 하방경직성을 띤다. 악재가 생겨도 집주인들은 산발적으로 반응한다. 사정이 급한 일부 집주인이 간혹 급매물을 내놓을 뿐이다. 대다수 집주인은 어지간해선 손해 보고 집을 팔려고 하지 않는다. 부동산 시장의 심리적 특성인 '손실 회피'와 '처분 효과'가 작동하는 것이다. 부동산 시장에서 패닉 셀링(공포 매도)이 패닉 바잉(공포 매수)에 비해 빈도수가 극히 낮은 이유다. 손실 회피는 이익에 따른 행복보다 손실에 따른 고통을 더 크게 느끼는 심리적 현상이고, 처분 효과는 가격이 오른 부동산은 재빨리 팔지만 손해 본 부동산은 너무 늦게 파는 현상이다.

같은 악재를 보고도 집주인과 매수자들의 반응은 이처럼 '동상이몽'이다. 가격은 동상이몽이 깨져야 변한다. 가격 급락은 악재가 어느 정도 누적되어 임계점을 지나서야 나타난다. 악재가 가격에 반영되기까지 시간이 제법 걸린다. 금리도 한 번이 아니라 시장에 부담을 줄 정도로 계속 올려야 그제야 부동산 가격이 하락한다는 것이다. 임계점을 넘지 않으면 거래량은 정체되어도 가격은 횡보할 수 있다. '악재=집값 하락'으로 곧바로 이어지지 않는다는 점을 감안하면 악재에 대한 반응은 1차 방정식이라기보다 복합 방정식이다. 이처럼 호재와 악재에 대한 반응이 다른 것은 시장 참여자들이 기본적으로 자기중심적이기 때문이다.

내 취향대로 지은 집이 제값 못 받는 이유

최근 농구 황제 마이클 조던의 호화저택이 장기간 새 주인을 찾지 못한다는 뉴스가 화제가 되었다. 현지 신문에 따르면 미국 시카고 교외 도시 하일랜드 파크에 있는 조던의 저택이 10년째 매수자가 나타나지 않는다는 것이다. 2012년 2월 처음 나올 때의 가격은 348억 원이었다. 현재는 178억 원까지 떨어졌다. 대지 3만㎡에 수영장, 영화감상실, 골프 연습장, 실내 농구장, 홈바에 게스트하우스까지 갖췄다. 대문에는 조던의 고유 등번호 23번이 대형 장식물로 붙어 있다.[38] 이처럼 호화저택이 안 팔리는 건 조던의 개인적인 취향을 지나치게 반영해서 지었기 때문이다. 인간은 독립적인 존재이고 그동안 살아온 족적도 다르기에 개인의 선호도도 다르다. 건축물에 개인의 취향을 지나치게 가미하면 그만큼 가격도 할인되기 마련이다.

서울 강남권의 한 피자 회사 사옥은 대로변 역세권에 있었는데도 불구하고 매각에 어려움을 겪었다. 처음에 사옥으로 지을 당시 피자의 원형 이미지를 살려 동그랗게 지었다. 피자 회사로서 상징성을 충분히 살린 셈이다. 하지만 회사 사정이 어려워 매각을 시도하자 잘 팔리지 않았다. 건물의 지나친 특색 때문이었다. 원형 이미지로 지어 놓으니 내부 공간도 다소 좁고 불편했다. 이런 원형 건물을 국내 피자 회사들이 매입하면 좋았겠지만 별로 관심이 없었다. 또 일반 회사 입장에서는 피자 회사의 특성이 강한 건물을 기피할 수밖에 없었다. 상당한 시간이 지나서야 이 건물은 할인된 가격에 새 주인을 찾을 수 있었다.

아파트 시장에서도 집주인 취향대로 집수리를 한 곳은 잘 팔리지 않는다. 용산의 한 고급아파트는 주인이 바닥은 물론 벽면까지 대리석을 붙였다. 하지만 매수자는 마음에 들어 하지 않았다. 대리석 치장이 오히려 집의 가치를 낮춘 셈이다. 결국 매매가에서 대리석 철거비 2억 원을 빼주는 조건으로 거래가 이뤄졌다.

최근에 강남구 부촌 아파트에서도 비슷한 일이 일어났다. 욕실을 옆집의 2배 크기로 넓힌 아파트가 전세 매물로 나왔다. 주인이 목욕을 즐기기 위해 방 일부를 허물어 욕실 공간을 넓힌 것이다. 주인은 이 공사에 3억 원이 들었다고 자랑했다. 하지만 집을 구하는 세입자들은 냉소적인 반응을 보였다. 목욕을 즐기기 위해 그 비싼 돈을 주고 전세를 구한 것이 아니기 때문이다. 결국 이 아파트는 시장에 나온 지 6개월이나 지나 전셋값을 일부 깎는 조건으로 거래가 이뤄졌다. 이들 사례는 자신만의 취향으로 꾸며진 집은 다른 누군가에는 어색하고 불편해 외면받을 수 있다는 것을 보여준다.

부동산 시장에서 전원주택은 짓는 순간 값이 떨어진다는 얘기가 있다. 전원주택은 주인의 취향을 반영해 특색 있게 짓는 경우가 많기 때문이다. 개성 있는 주택은 주인이 거주할 때는 만족감이 극대화될지 모르나 팔 때는 오히려 마이너스가 된다. 건물의 개성도 적당히 살려야 한다. 공간에 대한 자신의 선호가 타자의 선호로 연결되지 않는 셈이다. 그래서 빌딩이나 집을 지을 때 나중에 되팔 것을 염두에 둔다면, 모양새나 색깔이 지나치게 튀는 것은 바람직하지 않다. 평생, 아니 대대손손 건물을 사용할 게 아니라면 말이다.

부동산 정책의 서로 다른 프레임

정책의 일관성 유지인가, 탄력적 대응인가. 부동산 정책은 프레임에 따라 동전의 양면처럼 상반된 시각이 존재한다. 가령 주택 시장이 급랭하고 실물경기도 위축되고 있다고 치자. 과연 규제를 풀 것인가, 아니면 그대로 둘 것인가.

규제 완화 반대론자들은 완화 조치에 대해 정책이 시장 상황에 따라 오락가락한다고 맹비난한다. 주택정책을 거시경제를 살리기 위한 도구로 사용해서는 안 되고 일관성을 가져야 한다는 것이다. 아무래도 규제 완화의 혜택은 집이 없는 사람보다 집이 많은 사람에게 돌아가기 마련이다. 시장에 온기를 불어넣기 위해 양도세나 취득세의 문을 낮추는 방법이 많이 활용되기 때문이다. 민간 자본을 끌어들여 군불을 때는 것이므로 현금 부자에겐 부를 늘리기에 좋은 찬스가 될 것이다. 규제 완화 반대론자들은 이런 조치들이 가진 자를 위한 투기 유발 정책일 뿐만 아니라 가계부채 증가 등의 후유증만 낳을 것이라고 목청을 높인다.

하지만 규제 완화를 주장하는 사람들은 부동산 정책이 너무 경직되는 것은 바람직하지 않다는 입장이다. 주택경기가 침체해 거시경제가 휘청거리는 데 활황기의 규제를 그대로 가져갈 필요가 있느냐는 것이다. 한여름 옷을 한겨울에 그대로 입고 있는 꼴이라고 비유하기도 한다. 경제 흐름에 맞게 부동산 정책을 탄력적으로 적용해야 한다는 논리다. 그런데 부동산 시장이 과열되면 양측의 입장이 180도 달라진다. 침체기 당시 정책의 일관성을 주장하던 사람들은 투기적 수요에 정부의 강력한 대응을 주문한다. 이 경우 기존의 규제 고삐를 더 죄는 것이니 정책 기조를 변경하는 것이다. 침체기에 규제 완화를 주장했던 사람과 똑같은 논리인 '시장 상황에 맞는 탄력적 대응'을 요구하는 셈이다.

규제를 반대하는 사람들은 이 상황에서 돌변해 정책의 일관성을 주장한다. 시장 참여자들이 미래를 예측하고 합리적으로 대응할 수 있도록 해야 한다는 것이다. 또한 잦은 정책규제에 내성이 생겨 일시적으로 주춤할 뿐 약발이 오래갈 수 없다고 주장한다. 규제는 가급적 최소화하고 시장 자율에 맡기는 게 좋다는 논리를 편다.

자신의 입장에 따라 정책의 일관성 유지와 탄력적 대응이 달리 이용되는 셈이다. 당신은 어느 쪽 입장에 마음이 가는가. 개인적인 생각으로는 시장 메커니즘은 최대한 존중하되 정부의 적절한 개입은 불가피할 것 같다. 물 온도를 맞추지 못하고 뜨거운 물과 찬물 틀기를 반복하는 '샤워실의 바보'처럼 타이밍을 놓쳐 역효과를 내는 경우도 있지만, 그렇다고 정부가 손을 놓을 순 없는 노릇이다. 시장의 변동성 완화를 위해서라도 정책은 꼭 필요하다.

모든 정책에는 대가가 따른다. 이해가 상충되는 유주택자와 무주택자 모두가 만족하는, 만인에게 행복을 안겨주는 정책은 없다. 규제 완화든 강화든 국민 경제 편익이 어느 쪽이 큰가에 따라 결정해야 할 것이다. 정책의 속도는 국민의 기대 수준에 맞춰야 한다. 핸들을 급하게 꺾어 경제 주체가 혼란에 빠지는 일이 없도록 하고, 변화에 대응할 수 있도록 속도를 맞추는 것이 좋을 것이다.

상호주관성과 구동존이

누구나 자신의 안경으로 세상을 보려고 한다. 기본적으로 주관적이다. 자신의 가치나 의지를 드러낼 수밖에 없다. 부동산은 더욱이 이해관계에 따라 첨예하게 견해가 엇갈린다. 같은 사안을 두고도 프레임에 따라 다르게 해석하기 마련이다. 부동산은 계급성과 정치성이 심하게 드러난다. 부동산 시장을 객관적으로 바라보라고 하지만 현실은 녹록하지 않다. 위장된 객관성일 뿐이다. 그래도 접점을 찾는 방법이 없을까. '상호주관성'이라는 개념이 있다. 각자가 가진 주관성을 모으면 교집합이 되는 공통분모가 있을 것이다. 교집합은 아마도 누구나 갖고 있는 '공통 상식'일 것이다. 상호주관성 영역은 양측이 동의하는 부분이다. 정책을 놓고 갈등을 빚을 때 상호주관성 관점에서 공통점부터 일단 해결해나가는 지혜가 필요할 것이다.

최상용 전 고려대 정외과 교수는 외교에서 상호 의견이 충돌할 때 구동존이(求同存異)를 통해 해결해야 한다고 역설했다. 구동존이는 '공통점을 구하고 차이점은 놔둔다'는 것이다.[39] 지엽적인 문제는 뒤로하고 공통점을 찾아 먼저 진행하라는 것이다. 전면적 규제 완화는 서로 의견이 맞서니 핀셋 혹은 단계적 규제 완화라는 중간 접점을 찾아 먼저 시행하는 것 등이 부동산에서의 구동존이다. 이는 서로 간의 갈등을 최소화하고 시장의 부작용도 줄일 수 있는 지혜로운 해법이 될 수 있다.

KEY POINT

우리는 주택 시장이 안정되길 바라지만 내가 산 집값은 오르기를 희망한다. 시장이 과열되면 집값을 잡아야 한다는 점에 찬성하면서도 내 집값이 떨어지지 않을까 걱정한다. 이른바 '양가적 사고'다. 무주택자는 집값이 떨어지길 기원하고, 다주택자는 집값이 오르길 기원한다. 같은 사안을 두고도 자신의 처지에 따라 관점이 달라진다. 즉 '배치'에 따라 다른 입장이 된다. 상대방을 무조건 비판만 할 게 아니다. 같은 상황이 되면 내가 비판하던 그 사람처럼 행동할 가능성이 크니까 말이다. 이해관계가 엇갈리는 사안일수록 중심 잡기가 중요하다. 제발 한쪽만 바라보지 말자.

MZ세대는 명예보다 돈을 중시한다. 디지털 친화적인 세대이면서 차별화된 경험과 재미를 추구하고 개인의 영역을 철저하게 보호받으려는 개인주의적 경향도 강하다. 정원이 딸린 대저택보다는 가사노동을 최소화할 수 있는 아파트를 선호한다. 도심 콘크리트 속에서 자라 더 이상 자연을 그리워하지 않는다. 당장의 행복이 더 중요한 MZ세대는 나중에 돈이 된다고 하더라도 '몸테크'를 싫어한다. 아파트를 머니 게임하듯이 투자하고 투자할 곳을 유목민처럼 끊임없이 찾아다닌다. 2030세대에게 아파트 갭투자는 인기 있는 투자 패턴이 되었다. 그러나 갭투자는 자신뿐만 아니라 세입자까지 위험해질 수 있는 아슬아슬한 투자라는 점을 잊지 말아야 한다.

PART 4

세상의 주역
MZ세대의
공간 욕망을
욕망하라

굿바이 부머,
굿모닝 MZ

X세대, 베이비부머는 부모를 부양의 대상자로 본다. 현실적으로는 부모가 무거운 '짐'이 된다. 하지만 MZ세대는 부모를 자신의 후원자나 지지자로 생각한다. 한마디로 부모는 나의 든든한 '빽'이다.

역사적으로 전쟁이나 기근, 전염병이 발생하면 사회의 지각변동이 일어난다. 이번 코로나19 사태 역시 전 세계적으로 대유행하고 장기화한 만큼 일상 소비나 생활 습관을 바꿔놓을 것으로 예상된다. 코로나19 사태로 촉발된 비대면 소비는 보편적인 소비 방식으로 자리잡을 것이다. 개인위생 관리가 철저해져 회식 때 술잔을 돌리거나 된장찌개를 놓고 모르는 사람과 숟가락으로 같이 떠먹는 식사 문화는 사라질 것이다. 한국식 정 나누기가 아니라 비위생적인 후진국형 문화라는 인식이 강해질 것이기 때문이다.

코로나19 사태, 그리고 세대교체

코로나19 사태 이후 인구 구조적인 측면에서도 큰 변화가 일어날 것이다. 한마디로 세대교체다. 코로나19 사태는 사회의 핵심 세력이 베이비부머에서 MZ세대로 바뀌는 기폭제가 될 것이다. MZ세대는 주로 30대인 밀레니얼 세대(1980년대 초반부터 1990년대 중반 출생), 20대인 Z세대(1990년대 중반에서 2010년대 초반 출생)로 구성되어 있다. 코로나19 사태를 계기로 일어나는 세대교체를 '굿바이 부머, 굿모닝 MZ'로 표현하고 싶다. 베이비부머를 떠나보내고 MZ세대를 맞이한다는 의미에서다.

여기서 MZ세대에 대해 짚고 넘어가보자. 요즘 유튜브 세대로 불리는 Z세대는 자신을 밀레니얼 세대와 묶어 MZ세대로 부르는 것을 좋아하지 않는다. 한마디로 세대 차이가 너무 많이 난다는 이유에서다. 요즘은 4~5년만 나이 차이가 나도 생각이나 행동 스타일이 다를 정도다. 그러므로 이 책에서 말하는 MZ세대는 기성세대와 다른 신세대 정도로 받아들여줬으면 하는 바람이다.

세대는 각기 나름대로 공통된 '인식 틀'이 있다. 프랑스 철학자 미셸 푸코는 이를 '에피스테메(episteme)'라고 불렀다. 어느 특정 시대에 통용되는 지식이나 규칙이라는 얘기다. 비슷한 나이대 사람들은 비슷하게 생각하고 행동하려는 경향이 강하다. 시간이나 공간을 공유한 결과다. 같은 세대는 추구하는 이념적 가치도 닮았다. 가령 '이대남(20대 남자)'은 보수적이고, '사대남(40대 남자)'은 진보적이다. MZ세대는 윗세대와는 공간 인식과 소비 패턴, 행동 방식에서 차이를 드러낸다. 윗세대는 MZ세대의 모습이 낯설 수 있다. 하지만 이상하게 바라볼 게 아니라 열린 마음으로 이해하는 게 바람직할 것이다. 그래야 이질적인 세대가 서로 공감하고 소통할 수 있을 것이다. 무엇보다 세상의 주역이 이미 MZ세대로 바뀌었다. 향후 적어도 10~20년은 MZ세대가 대한민국을 이끌어갈 것이므로 이들에 대한 면밀한 고찰이 필요하다.

왜 제 가방을 받아주려고 하시는 거죠

모처럼 만난 대학 친구 김해성(가명·57) 씨는 회사 후배들과 시내 버스를 타고 가면서 겪었던 일화를 털어놨다. 부서 내 동료의 부친상에 조문 가는 길이었다. 김씨가 나이가 많으니 후배들이 좌석을 양보해 자리에 앉았다. 다소 미안한 마음도 있고 해서 20대 후배에게 들고 있던 가방을 달라고 했다. 가방이 좀 무거워 보여서 자신의 무릎에 올려놓으려는 생각에서였다. 하지만 후배는 들고 있겠다며 난색을 표했다. 거듭 권하자 후배는 "아니, 왜 자꾸 제 가방을 달라고 하시는 건데요"라고 정색했다. 순간 어색한 침묵이 흘렀다. 김씨는 적잖이 당황했다. 문상 후 집으로 오면서 아들에게 카톡으로 물어보니 아들이 딱 한마디했다. "요즘은 일방적인 친절이 오지랖이 되는 세상이에요."

김씨는 아직도 이해가 되지 않는다. 그의 학창 시절에는 좌석에 앉은 사람이 무거운 가방을 들고 있는 사람을 보면 받아주는 게 도리였다. 설사 모르는 사람이라도 가방을 받아서 무릎 위에 올려놓았다. 많게는 5~6개씩 쌓기도 했다. 버스가 급회전이라도 하면 가방들이 바닥으로 와르르 쏟아졌다. '가방 받아주기'는 그 시절의 당연한 삶의 공식이자 예절이었다.

하지만 MZ세대는 이런 배려를 부담스러워한다. 가방이 무거우면 내가 알아서 바닥에 놓든지, 필요하면 부탁을 할 텐데 말이다. 김씨처럼 과거 방식대로 친절을 베풀었다가는 낯을 붉힐 수도 있다. 김씨의 에피소드는 타인이 한 틈의 사생활 영역이라도 들어오는 것을 거부하는 개인주의 사회의 단면이다.

MZ세대의 트렌드에 대해 우연히 20대들과 얘기를 나눌 기회가 있었다. 한 20대가 대뜸 이런 말을 꺼냈다. "요즘은 길을 걷다 남의 신발 끈이 풀어진 것을 봐도 말 안 하는 게 예의라는 거 아시죠?" 나는 순간 놀란 표정을 지었다. 그는 "왜냐고요? 한마디로 과잉 친절이기 때문이죠"라고 말했다. 옆에 있던 20대는 웃으며 "자기 패션일 수도 있잖아요"라고 말했다. "남을 빤히 쳐다보는 것도 오해받지 않도록 해야 해요. 상대방이 불쾌감을 느꼈다면 '시선 폭력'이 될 수도 있어요." 그는 시선을 조심해야 한다고 했다. 그러더니 "남 일에 쓸데없이 나서지 않고, 신경 끄고 사는 걸 준칙으로 생각합니다"라고 말했다.

혼자서도 잘 먹고 잘 놀아요

LG전자 최연소 여성 마케팅 상무를 지낸 최명화 블러썸미 대표는 MZ세대가 고양이와 닮았다고 했다. MZ세대는 혼자 있는 시간을 즐기며 쉽게 마음을 주지 않는데, 남에게 피해를 주지 않으려는 의식도 강하다는 것이다.[40] 즉 자기애(나르시시즘)가 강한 MZ세대는 남의 사생활을 존중하지만, 자신의 영역도 간섭받지 않고 보호받으려는 고립주의적 경향이 두드러진다. 모임을 하더라도 많은 인원이 참석하는 방식은 꺼린다. 소규모 모임을 통해 친목을 다지고 교감을 나누는 것을 좋아한다.

요즘 MZ세대는 혼자서도 잘 먹고 잘 논다. 얼마 전 서울대 부근 낙성대 샤로수길 음식점을 찾은 적이 있다. 이곳에 들어서자 삼겹살이나 갈매기살 구이를 곁들인 반상을 먹을 수 있는 1인 좌석이 눈에 띄었다. 창문 밖을 바라보며 혼자 밥을 먹는 MZ세대가 제법 많았다. 기성세대에게 '혼자 밥 먹기'는 아무래도 어색하다. 그래서 밥때가 되면 같이할 '밥 동무'를 찾는다. 하지만 어릴 때부터 혼자 자란 이들이 많은 MZ세대에게 '나 홀로 밥 먹기'는 낯설지 않다. 실제로 서울 여의도 증권사에 근무하는 황수근(가명·28) 대리도 점심을 혼자 먹는다. 처음에는 부서 선배들이 눈치를 줬지만, 이제는 그러려니 한다. 황 대리는 "점심시간까지 윗사람의 간섭을 받기 싫다. 이 시간만이라도 자유롭게 나 혼자 즐기고 싶다"고 말했다.

요즘 MZ세대 사이에서 혼밥·혼술 레벨 테스트가 나돈다. 가장 쉬운 단계인 레벨 1은 편의점에서 혼밥하기다. 이어 레벨 2~8은 학생식당(2), 패스트푸드점(3), 분식점(4), 일반음식점(5), 유명 맛집(6), 뷔페(7), 고깃집과 횟집(8) 순으로 어렵다. 가장 난이도가 높은 레벨 9는 번잡한 술집에서 혼술하는 것이다. 혼자 먹는 것을 즐기는 사람도 레벨 6~9에선 쉽지 않다. 필자는 레벨 6까지는 도전해봤다. 일부 20대 후반~30대 초반 여성에게 물어보니 그 어떤 레벨보다 결혼식장에서의 혼밥이 어렵다고 했다. 레벨 10이라는 얘기다. 그 이유로 "혼자 밥을 먹다가 옛 애인이나 동창들을 우연히 만날 수 있기 때문"이라고 답했다. 하지만 같은 연령대 남성들은 별로 어렵지 않다고 답변하는 것으로 볼 때 개인별로 차이가 있는 것 같다. 공통적인 것은 결혼식장 혼밥의 난이도가 꽤 높다는 점이었다. 혼밥·혼술 레벨 등급이 높을수록 당신은 MZ세대의 취향이다. 이러한 레벨 나열이 유행하는 것은 MZ세대 사이에서 혼밥·혼술이 그만큼 자연스러운 문화임을 보여주는 것은 아닐까. MZ세대는 '혼코노(혼자 코인 노래방 가기)'도 잘한다. 공동체와 함께하기보다는 자기중심으로 행동하고 사고하는 미 제너레이션(me generation)의 전형을 보여준다.

코로나19 사태 이후 감염 우려로 접촉 자체를 꺼려서인지 개인주의 경향이 더 심해지고 있다. 요즘 MZ세대는 일정한 선을 그어놓고 그 이상 넘어오는 것에 강한 거부감을 갖는 것 같다. 이를테면 "너는 너 팔 흔들고, 나는 내 팔 흔들고 살자. 꼭 필요할 때 도움을 청할게"라는 식이다. 따라서 자신도 당연히 그 선을 넘어가려고 하지 않는다. 자신의 주관이 뚜렷하고 당당하되, 남에게 결례되는 행동은 삼간다.

통화 예절은 글로벌 교양 감각

그러고 보니 통화 예법도 많이 달라졌다. 요즘 MZ세대는 바로 전화를 걸기보다 "전화드려도 될까요?"라고 메시지를 보낸 뒤 응낙하면 전화를 거는 경향이 있다. 한 20대는 그 이유를 이렇게 말했다. "갑자기 전화를 걸면 못 받을 수도 있고, 특히 일이 바쁜 분에게는 결례가 될 수 있기 때문이죠." 그는 메시지도 아주 급하지 않으면 점심시간이나 퇴근 시간이 임박할 때에는 보내지 않는 게 요즘 예의라고 귀띔했다. 남에 대한 배려나 예의를 갖추는 MZ세대는 윗세대보다는 확실히 매너가 있다. 자주 해외여행을 다녀오고 외국인과 소통하다 보니 자연스럽게 글로벌 교양 감각이 몸에 밴 결과가 아닌가 싶다.

MZ세대의 고립주의 혹은 개인주의적 경향은 부동산 시장에서도 드러나고 있다. 아파트나 오피스텔처럼 개인의 영역을 철저하게 보호해주는 '콘크리트 캐슬'이 MZ세대에게 인기를 누리는 것도 한 단면이다. 이에 대해서는 계속해서 후술하고자 한다.

부모는 나의 '빽'

분당신도시에 사는 X세대 송현구(가명·55) 씨는 솔직히 시골에 계신 팔순 어머니 생각만 하면 머리가 아프다. 어머니가 몸이 편치 않으신데 연세가 더 들면 집을 벗어나 요양병원으로 모실 생각이다. 문제는 여기에서부터 시작된다. 10개나 되는 제사, 벌초, 시제(묘사)는 어떻게 할 것이며 집과 논밭, 선산과 묘지도 어떻게 관리할 것인가. 그동안 집안의 일 처리를 어머니가 거의 맡아서 했고 송씨는 지원하는 수준이었다. 물론 어머니는 아들의 의견을 묻긴 했다. 이제 어머니가 요양병원으로 들어가면 송씨가 직접 챙겨야 한다. 송씨는 "자식으로서 응당 해야 할 일이지만 맡겨진 일이 너무 무거운 것도 사실"이라고 말했다.

송씨는 자신이 나이가 든다 해도 20대 아들에게 짐이 되고 싶지는 않다. 아들에게 부모 부양을 기대하지도 않고 있지만, 아들도 그럴 생각이 없는 것 같다. "아들 세대가 부모 세대보다 못살 게 뻔한데…. 오히려 부모가 아들을 지원해야 하지 않을까요." 송씨는 "아들이 은근히 기대하는 것 같은데 분가할 때 내 집 마련 비용을 어느 정도 대줘야 하지 않겠느냐"고 말했다.

부모를 대하는 태도에서 세대별 정체성이 확연히 드러난다. 성신여대 이향은 교수에 따르면 X세대, 베이비부머는 부모를 부양의 대상자로 본다. 그래서 부모는 정서적으로 힘이 되지만 현실적으로는 무거운 '짐'이 된다. 하지만 MZ세대는 부모를 자신의 후원자나 지지자로 생각한다. 한마디로 부모는 자신의 든든한 '빽'이다. 하기야 요즘은 학원에 다니거나 어학연수를 가는 것도 부모의 지원 없이는 불가능한 것 아닌가. 제 한 몸 꾸려가기에도 벅찬 게 현실이니 부모를 부양자로 생각하는 '인식' 자체가 없는 것 같다.

최근 SNS에서 MZ세대가 참석한 토론회를 볼 기회가 있었다. 내 집 마련을 한 사람 가운데 부모의 지원을 받은 사람은 손을 들어보라고 했더니 모두 들었다. 부모의 지원을 받지 않고서는 내 집 마련이 꿈꾸기 힘든 현실임을 반영한다. 소득에 비해 집값이 너무 비싸고 모아 놓은 돈도 없어서다. 어느 20대는 "아무리 월급을 모아봐도 부모의 지원을 받지 않고서는 서울은커녕 수도권 외곽에 작은 집을 사기도 어렵다"고 말했다.

세대별로 자식 부양 기준과 범위가 확실히 다른 것 같다. X세대,

베이비부머들은 집안이 넉넉하지 않았고 형제들도 많아 경제적 지원을 거의 받지 못했다. 당시 부모의 역할은 아들딸을 결혼시키는 정도에 그쳤다. 하지만 자신이 부모가 되었을 때 자식 부양은 그 정도에 그치지 않는다. 요즘은 중산층 이상 가정에서는 자녀의 결혼뿐만 아니라 내 집 마련 지원까지 부양으로 생각하는 것 같다. 이는 중산층의 '부의 대물림'으로 이어진다.

"아파트가 왜 아파트냐고? 아빠가 사주니 아파트지"라는 말이 그냥 우스갯소리로 들리지 않는다. 부모의 지원을 받지 못하는 계층에선 상대적 박탈감이 클 수밖에 없다. 결국 부모 덕을 입지 못하는 젊은 층은 '부포족(부동산 포기족)'이 되고 '지옥고(지하방·옥탑방·고시원)'로 밀려날 수밖에 없다. 이처럼 MZ세대의 삶은 그 이전 세대에 비해 균질적이지 않다. 사람마다 울퉁불퉁하고 때로는 극단적으로 차이가 난다.

자식의 내 집 마련 비용을 대느라 부모들은 그만큼 가난해질 수밖에 없다. 그 비용은 원래 부모들의 노후자금이다. 부모 입장에서는 노후자금을 마련하고 남은 돈을 자식에게 지원하는 게 순서다. 하지만 집값 고공비행으로 당장 내 집 마련이 급하니 순서를 뒤바꾼 것이다. MZ세대의 적지 않은 패닉 바잉에는 '부모의 노후자금'이라는 뒷배경이 있을 것이다. 결국 집값 급등은 부메랑이 되어 부모 세대를 노후 빈곤에 빠뜨린다.

요즘은 자식을 한 명, 많아야 두 명 낳는 시대다. 핵가족 시대, 탈가족 시대에 자식과 정서적 유대는 약해졌는지 모르지만, 경제적 유대는 더 강해졌다. 과거의 부모와 자식은 경제적 독립체였지만 지금은 경제적 공동체에 더 가깝다. 사랑은 내리사랑인 법이다. 이런 경제적 공동체는 자식에 대한 지원이 장기화되는 구조다. '노인이 중년 자식을 부양한다'는 말이 나올 만도 하다.

머지않아 자식 환갑잔치를 부모가 차려주는 모습을 보게 될 것 같다. 무슨 말이냐고? 요즘은 과거처럼 환갑잔치를 거창하게 하지 않는다. 환갑이라는 말도 꺼내지 않는다. 그냥 '오늘은 뜻깊은 날이니 가족끼리 오붓하게 식사라도 하자'고 제의할 것이다. 이런 자리는 주로 호텔에서 뷔페나 코스 요리를 먹는다. 식사를 끝내고 나올 때 계산을 누가 할까. 아마도 자식보다는 잘사는 부모가 자신의 카드를 슬쩍 내밀 가능성이 높다. 그러니 부모가 자식 환갑잔치 비용을 댄 것이나 다름없지 않은가.

KEY POINT

코로나19 사태는 사회의 핵심 세력이 베이비부머에서 MZ세대로 바뀌는 분수령이 될 것이다. 각 세대는 각기 나름대로 공통된 인식체계가 있다. 시간이나 공간을 공유하면 생각이 엇비슷해진다. MZ세대는 남의 사생활을 존중하지만 자신의 영역도 간섭받지 않고 보호받으려는 고립주의적 경향이 두드러진다. 남 일에 쓸데없이 나서지 않는 걸 준칙으로 생각한다. 혼밥과 혼술을 즐긴다. 부모를 대하는 태도도 윗세대와 다르다. 부모를 자신의 후원자나 지지자, 즉 '빽'으로 생각한다. 상당수 MZ세대의 패닉 바잉도 부모의 자금 지원이 있었기에 가능했을 것이다.

우린 공간 소비와
상품 소비 패턴이 달라요

요즘 MZ세대는 비대면 소비를 편하게 생각한다. 디지털과 함께 자란 이들 세대는 사고와 행동 방식에서 확실히 디지털 친화적이다. 사람 얼굴보다 디지털이 더 편안한 MZ세대. 경험은 무서운 것이다.

아파트 단지 앞에 작은 마트와 편의점이 서로 마주 보고 있다. 마트에서 파는 물건은 편의점과 겹치는 게 많다. 주인도 친절하고, 세일 플래카드도 자주 내걸린다. 하지만 흥미로운 점은 마트에는 50대 이상 장노년층이 북적대지만 10~20대는 잘 찾지 않는다는 것이다.

이유가 뭘까. 한동안 곰곰이 생각해봤다. 편익 측면에서 편의점이 유리할 수 있다. 통신카드를 사용하면 할인이나 적립이 가능하니 경제적으로 이득일 수 있을 것이다. 하지만 마트도 정가보다 싸게 팔고 있고, 수시로 내놓는 떨이 물건은 아주 싸다.

필자는 공간 소비적인 측면에서 두 가게의 차이를 고찰하고 싶다. 편의점 내부는 LED 조명으로 인테리어를 해서 깨끗하고 환하다. 도시 속 현대화된 공간이다. 테이블과 간이의자가 비치되어 있어 간단히 끼니를 때우고 수다를 떨기에도 좋은 휴게 공간이다. 하지만 마트는 어두침침하고 약간은 지저분한 느낌이 든다. 물건을 사고 나선 곧장 문을 나서야 한다.

세대 간 다른 '공간의 친숙도'

문득 '공간의 친숙도'라는 개념이 떠올랐다. 장노년층과는 달리 젊은 층에게 마트라는 공간은 낯설기 때문 아닐까. 젊은 층이 재래시장보다 대형 할인점을 많이 찾는 것과 비슷한 맥락이다. 이러다 보니 재래시장은 장노년층이 단골이 되었다. 시골 장터를 경험하며 자란 장노년층에게 재래시장은 사람 사는 냄새가 가득한 공간이자 푸근함의 대상이다.

옛말에 '자주 만나면 정이 든다'고 했다. 모르는 사람도 자주 접촉하면 자연스럽게 호감이 생기게 된다. 공간도 자주 접촉할수록 정서적으로 더 높은 가치를 부여하기 마련이다. 친숙한 대상일수록 그곳에 가면 고향처럼 마음이 포근하고 정겹다. 젊은이들에게 편의점은 '적응 공간'이지만 마트는 '비적응 공간'이다. 인간은 어떤 공간을 자주 접해서 적응하면 그곳에 머물고 싶어 한다. 익숙하고 편안하기 때문이다. 그 공간에 오랫동안 적응하면 다른 공간은 낯설게 느껴진다.

또한 젊은이들이 중소기업의 공장에 가지 않고 월급이 적더라도 편의점 알바를 하는 이유는 여러 가지가 있을 것이다. 가령 열악한 작업환경, 먼 통근 거리 등도 감안해야 할 것이다. 그렇지만 마트에 가지 않는 것처럼 공장이라는 공간이 불편하고 익숙하지 않은 것도 큰 요인이라는 생각이 든다. 자신이 자랄 때의 환경과 너무 다른 공간이라는 것이다. 이처럼 자신이 살아오면서 쌓은 경험치는 공간 소비에서 매우 중요한 요소로 작용한다. 경험이란 무서운 것이다.

인재 구하러 사무실도 도심에 마련

요즘 젊은 층은 자신이 다닐 회사 입지도 꼼꼼히 따진다. 회사 입장에선 능력 있는 IT 개발자를 모시기 위해서는 임금과 복지뿐만 아니라 근무지역도 체크해야 한다. 강남권, 여의도, 용산, 성수, 마포 일대를 벗어나서는 인재 채용이 쉽지 않다. '특A급 개발자는 강남역 200m 반경 안에만 서식한다'[41]거나, '수도권에서는 판교가 인재 채용의 마지노선'이라는 말이 나올 정도다. IT업체 관계자는 "채용공고를 올리면 근무지가 어디인지부터 묻는다"고 말했다. 요즘은 지방기업들이 아예 인재를 모시기 위해 서울 도심지에 사무실을 별도로 마련하기도 한다.

홍보마케팅 회사를 운영하는 중소기업 박형진(가명·52) 대표는 최근 사옥 매입을 포기했다. 강남 테헤란로 대형빌딩 10층 사무실의 임대료가 너무 아까워 중소형 빌딩을 사기로 했지만 젊은 직원들이 근무여건이 나쁘다고 난색을 표명해서다. 박 대표는 "MZ세대는 어느 정도 '뽀대'가 나는 건물에서 근무하기를 원하는 것 같다. 미래의 자산증식보다 당장 회사 운영이 중요해 어쩔 수 없었다"고 말했다.

요즘 강남이나 도심에선 연면적 3만 3,000㎡ 이상의 프라임급 오피스는 빈 사무실(공실)이 중소형 빌딩보다 확실히 덜하다. 랜드마크 빌딩은 임대료가 비싸도 찾는 기업들이 많다는 방증이다. 랜드마크 빌딩은 실내 인테리어가 잘 되어 있고 화장실 등 편의시설 여건도 좋아 MZ세대가 선호하기 마련이다. 한 빌딩중개업체 사장은 "요즘 MZ세대는 자신이 근무하는 사옥과 자신의 정체성을 동일시하려는 경향도 나타난다"고 말했다. 급여조건 못지않게 일하는 장소, 즉 건물의 외관이나 업무공간에 대해 이것저것 따지는 세대라는 얘기다.

MZ세대에게는 출퇴근이 편리해야 함은 물론이고 업무가 끝난 후 근처에서 '먹고 마시고 놀 수 있는 곳'이 있느냐가 회사 선택의 또 다른 포인트다. 단순한 일터를 넘어 차별화된 경험과 재미를 추구할 수 있는 곳이 선호된다. 모종린 연세대학교 국제학대학원 교수의 표현을 빌리자면 '직락(職樂, 직장 근처에서 즐기기)이 가능한 곳'이다. 요즘 '한국의 브루클린', '힙스터의 성지'로 불리는 성수동은 MZ세대의 인기 근무지로 떠오르고 있다. 성수동으로 사옥을 옮긴 한 사장은 "MZ세대가 선호하는 지역으로 옮기면 무엇보다 직원을 뽑기가 수월하고 이직률 역시 낮다"고 말했다.

서울 강북 이면도로에서 의류업을 하는 김형수(가명·65) 사장. 그는 요즘 젊은 직원을 구하지 못해 애를 태운다. 이 지역으로 월세를 구하러 오는 2030세대는 있지만, 근무지로서는 선호도가 떨어져 일하겠다는 사람이 드물기 때문이다. 낡은 4층 건물에 엘리베이터가 없는 것도 젊은 층이 꺼리는 것 같다고 김 사장은 말했다. "운동 삼아 계단을 오르면 되는데…." 신입사원을 채용하지 못하다 보니 회사에는 주로 40대 이상의 중장년층만 근무한다. 김 사장은 최근 사옥을 매물로 내놓기로 결단했다. 회사의 안정적인 성장을 위해 도심 지역으로 사옥을 옮길 생각에서다. 취업난이라고들 하지만, 중소기업은 회사가 직원을 선택하는 게 아니라 직원이 회사를 선택하는 게 현실이라고 했다. 김 사장은 "사옥 구입 비용이 많이 들더라도 2030 세대가 좋아하는 도심이나 핫 플레이스로 옮길 수밖에 없다. 생존경쟁을 위한 입지 선택이다"라고 말했다.

MT로 MT 갈까요

소제목을 보는 순간 기성세대 중에는 "어, 무슨 말일까?" 하고 궁금해하는 사람이 많을 것이다. MT, 즉 멤버십 트레이닝(membership training)은 한 번 이상 다녀온 기억이 있을 테니 익숙할 수 있다. 하지만 앞쪽의 또 다른 MT가 모텔(motel)의 약자라는 것을 알면 피식 웃을 것 같다. "MT로 MT 갈까요?"라는 말은 모텔로 MT를 가자는 뜻이다.

서울이나 수도권에서 대학 생활을 한 X세대나 베이비붐 세대는 대성리나 양평, 청평으로 떠났던 MT를 기억할 것이다. 하지만 요즘 대학생들은 윗세대처럼 교외로 MT를 잘 가지 않는다. 물론 전혀 안 간다는 얘기는 아니고 빈도수가 급격히 줄었다는 것이다. 도심 공간에 익숙한 요즘 대학생들은 MT도 도심 시설을 자주 이용한다. 대학가의 시설 좋은 모텔의 파티룸을 빌리려면 적어도 한 달 전에 예약해야 할 정도다.

최근에 고객이 보유한 모텔의 파티룸을 한번 볼 기회가 있었다. 객실 안에 건식 사우나, 미니 당구장, 안마기 등 각종 편의시설이 갖춰져 있었다. 굳이 밖에 나가지 않고 오붓하게 먹고 마시면서 축하 파티를 할 수 있겠다는 생각이 들었다. 가상현실(VR) 게임을 하거나 영화를 보고, 맛있는 배달 음식도 시켜 먹을 수 있다. 모텔 사장은 "요즘 젊은 층은 모텔에 대한 거부감이 없다. 모텔을 단순한 숙박 시설이라고 생각하기보다 도심 휴식 공간이자 놀이 공간으로 생각한다"고 말했다.

대학생들은 모텔에서 놀기만 할 뿐만 아니라 조별 과제 발표를 앞두고 마무리 작업을 하기도 한다. 가히 '모텔 친화형 인간'이라고 부를 만하다. 이처럼 모텔에 대한 거부감이 줄어든 것은 '야놀자' 같은 여가 플랫폼을 통해 쉽게 접근할 수 있는 점도 한 요인일 것이다. 서울의 한 대학생은 "예전에는 도시형생활주택이나 원룸에서 월세를 구할 때 주변에 모텔이 있으면 꺼렸으나 요즘은 크게 개의치 않는다"고 말했다.

모텔의 기능이 젊은 층을 중심으로 이처럼 바뀌고 있는데도 기성세대에겐 모텔이 아직 퇴폐적 공간으로 남아 있다. 여전히 많은 기성세대는 모텔이라고 하면 '러브호텔'과 '불륜'과 '대실'을 떠올린다. 그래서 모텔 앞을 지나면 괜히 남이 볼까 재빨리 벗어나려고 한다. 모텔 앞에서 우연히 지인을 만나기라도 하면 굳이 하지 않아도 될 '해명'을 길게 늘어놓는다. '부끄러운 일'을 하지 않았으니 오해하지 말라는 것이다. 이처럼 자신이나 주변의 축적된 경험이 모텔이라는 대상물의 성질을 규정한다.

요즘 젊은 층에게 있어 모텔은 기피의 대상이라기보다는 일반 건축물처럼 자연스러운 소비 공간의 대상이다. 그러니 대학생 자녀가 모텔비를 결제했다는 카드 메시지가 날아오더라도 놀라지 마라. 불륜 행위를 한 것이 아니라 그냥 친구들끼리 '생파(생일 파티)'를 했을 수도 있으니까. 모텔에서 노는 것을 두고 '호캉스(호텔+바캉스)'를 빗대 '모캉스(모텔+바캉스)'라고 부른다. 모텔은 콘크리트에 친숙한 세대의 도심 속 레저 공간이다. 산과 들 같은 자연에 친숙한 베이비부머의 '그린 레저'와 대비되는 개념이다.

대학을 졸업하고 사회에 나온 밀레니얼 세대도 도심 지향적 소비를 한다. MZ세대는 아침에 일어나 등교하고 방과 후 학원에 갔다가 다시 집으로 돌아오는 과정에서 제대로 땅을 밟지 않고 자란 세대다. 도시화가 급속도로 진행된 시절에 학창 시절을 보냈으니 도심 아스팔트와 콘크리트에 친숙할 수밖에 없다. 중견기업에 다니는 한 30대는 "차박이나 캠핑을 하러 가긴 하지만 대도시에 아기자기한 놀거리가 더 많다. 일부 마니아층을 빼곤 횟수로 볼 때 대체로 교외보다 도심 공간에서 더 많이 휴일을 즐긴다"고 말했다.

'그린 레저'보다 '콘크리트 레저'

대학에 다닐 때부터 모텔에 친숙하니 호텔도 부담 없이 드나든다. '호캉스'의 성지로 불리는 서울 도심의 A호텔. 이곳에서는 주말마다 기성세대가 이해하기 힘든 진풍경이 펼쳐진다. 서로의 만남이나 생일을 기념하는 연인들의 색다른 이벤트 때문이다. 이곳을 지나다 보면 객실 창문에 풍선 장식과 함께 'Happy birthday' '축! 우리 만남 100일' '♡우리 사랑 1년째, 영원히 ♡' 등을 붙인 알림판이 눈에 띈다. 우리가 기념일을 즐기고 있으니 축하해달라는 메시지를 보내는 것이다. 창문에 굳이 블라인드이나 커튼을 치지도 않는다. 그래서 호텔 밖에서도 목욕가운을 입고 가벼운 포옹이나 키스를 하는 연인들을 쉽게 볼 수 있다.

MZ세대는 기본적으로 당당하고 자유분방한 세대다. 그래서 호텔에서도 남의 시선에 개의치 않는다. 누가 보는 것이 쑥스럽기는커녕 오히려 뽐내고 싶은 심리의 발로다. 젊은 층에게 호텔은 몰래 다녀오는 비밀의 공간이 아니라 당당히 공개하며 이용하는 과시적 공간이다. 즉 자기 현시 욕구의 또 다른 공간이다. 인스타그램이나 블로그에는 "○○와 교제를 시작한 지 100일 된 기념으로 다녀갔다"는 식의 글을 볼 수 있다.

A호텔 수영장은 사진 찍기를 즐기는 여성들이 많이 찾는다. 요즘 젊은 여성 사이에선 호텔 수영장에서 자신을 찍어 인스타그램 등 SNS에 올리는 게 유행이다. 호텔이 잘 되려면 사진 찍기에 좋은 '이쁜 수영장'은 필수라는 얘기까지 있을 정도다. 이 호텔 수영장은 계절을 가리지 않고 이용객들로 북적인다. 더구나 레스토랑, 서점, 헬스장, 편의점 등 각종 편의시설을 갖춰 호텔 내에서 대부분의 니즈가 해결된다. 코로나19 사태 이후 인기를 끌고 있는 풀빌라(수영장이 딸린 객실)를 이용하기도 한다. 이곳에서의 호캉스는 여름 휴가철의

해변 바캉스를 대체하는 수준을 넘어 사계절 도심 휴가 공간이 된 것 같다. A호텔은 도심 '콘크리트 레저'의 상징이다. 젊은 층의 공간 소비 패턴이 기성세대와 얼마나 차이가 나는지 단적으로 보여주는 핫 플레이스다.

요즘 호텔에선 예비 신부를 위해 친구들이 모여 파티를 열어주는 '브라이덜 샤워(bridal shower)'를 흔히 볼 수 있다. '브라이덜 샤워'는 브라이덜(신부)과 샤워(소나기)의 합성어다. 신부 친구들의 우정이 비처럼 쏟아진다는 의미에서 유래한 것으로 '품절녀'를 기념하는 축하 파티다. 친구들은 포토존에서 드레스를 입은 예비 신부와 사진을 찍어 SNS에 올린다. 호텔은 아예 케이크, 샴페인, 풍선, 꽃팔찌 등 파티용 소품을 세트로 팔기도 한다. 이런 문화는 10년 전만 해도 흔치 않았던 풍속이다.

사람 얼굴보다 디지털이 더 편안해요

어느 날 당신이 운동화나 화장품을 사기 위해 시내 대형 상점에 들어섰다고 하자. 만약 점원이 "무엇을 도와 드릴까요?"라는 인사 말을 한다면? 이 말에 어떤 반응을 보이느냐에 따라 당신이 어느 세대인지가 드러난다.

트렌드 분석 전문가인 성신여대 이향은 교수에 따르면 손님으로 응당한 대접을 받는 것 같다는 생각이 들면 당신은 나이 든 세대다. 젊은 층은 오히려 직원의 과잉 친절에 거북해한다. 연령별로 반응이 다른데, 30대는 '싫다', 20대는 '불편하다', 10대는 '무섭다(안 사면 때릴 것 같기 때문)'고 생각한다는 것이다. 다소 과장된 반응일 수도 있을 것이다. 하지만 MZ세대가 매장 직원들의 눈길이나 설명에 부담을 느끼는 것은 맞다.

의류나 화장품 매장 입구에 들어서면 여러 개의 장바구니 위에 '혼자 볼래요'라고 적힌 팻말이 있는 것을 쉽게 볼 수 있다. 직원의 도움이 필요한 고객과 그렇지 않은 고객을 따로 분류하고, 혼자 알아서 쇼핑하기를 원하는 사람에게 '접촉'을 최소화하겠다는 전략이다. 대면을 꺼리는 고객에게는 직원의 과잉 친절이 오히려 매상을 떨어뜨릴 수 있다고 보는 셈이다. 이처럼 과거에는 직원이 고객에게 먼저 다가가 물건을 안내하는 방식이었다면, 이제는 고객의 자유 의지에 맡긴다. 어떤 물건을 살지 잘 몰라 구매에 어려움을 겪거나 물품 정보를 원하는 고객만 직원을 찾을 수 있도록 선택권을 부여하는 식이다.

확실히 요즘 MZ세대는 비대면 소비를 편하게 생각한다. 전통 세대나 베이비붐 세대는 여전히 대면 소비 영역에 머물러 있지만 MZ세대는 비대면 소비가 더 익숙하다. 출근하면서 지하철이나 버스 안에서 모바일 쇼핑을 하는 젊은 층을 흔히 볼 수 있다. 오프라인 매장에서도 굳이 점원과 접촉 없이 자유롭게 물건을 구경하고 사는 것을 좋아한다. 음식점 주인이나 주방장이 나와 아는 척하면 오히려 부담스럽다. 사람 얼굴을 마주 보고 얘기하기보다는 디지털이 더 익숙한 세대다. 회사에서도 부장 눈을 바라보고 대화하기보다는 카메라 렌즈를 보고 얘기하는 게 덜 긴장된다. 카메라 앞에 서면 가슴이 울렁

울렁한다는 '카메라 울렁증'은 누구나 있겠지만, 요즘 세대는 확실히 올드 세대에 비해 덜하다. 디지털과 함께 자란 이들 세대는 사고와 행동 방식에서 확실히 디지털 친화적이다. 무인 가게나 로봇 카페가 인기를 끄는 이유도 이러한 젊은 세대의 소비 취향을 반영한 것이다.

KEY POINT

상품 소비와 공간 소비는 세대별로 차이가 난다. 전통 세대나 베이비부머는 가게에서 직원의 안내를 받으며 물건을 사는 대면 소비를 선호하지만, MZ세대는 비대면 소비를 즐겨 한다. 오히려 직원들의 일방적 친절을 불편해한다. 공간 소비에서는 좀 더 확실하게 차별성이 드러난다. 자주 접했던 공간에 대한 친숙도가 서로 다르기 때문이다. 전통 세대나 베이비부머는 자연이 친숙하고 또 동경의 대상이지만, MZ세대는 도심 콘크리트 문화에 익숙하다. 놀이도 모텔이나 호텔 같은 도심 속 콘크리트에서 즐긴다. MZ세대는 자연 친화적이기보다는 콘크리트 친화적 인간이다.

투자는 게임,
돈 되는 건 다 투자하죠

MZ세대를 가히 '투자 유목민'이라고 부를 만하다. 투자해서 돈을 버는 것은 게임에서 점수를 따는 것과 같은 행위다. 그래서 '돈을 어느 정도 빨리 벌 수 있느냐'가 중요한 가치판단의 기준이다.

2030세대는 어떤 투자 대상이든 다 게임처럼 생각하고 접근하는 것이 특징이다. 어릴 때부터 게임을 하면서 자란 '게임 세대'이기 때문이다. 한마디로 투자는 수익률 게임이다. 아파트를 살지, 주식 혹은 암호 화폐에 투자할지 고민하는 것은 마치 배틀그라운드, 리지니, 로블록스 중 어느 게임을 할까 고민하는 것과 같다. 그래서 특정 자산에 머물지 않고, 이리저리 옮겨 다니며 매력적인 곳에 투자한다.

MZ세대를 가히 '투자 유목민'이라고 부를 만하다. 투자해서 돈을 버는 것은 게임에서 점수를 따는 것과 같은 행위다. 그래서 '돈을 얼마나 더 빨리 벌 수 있느냐'가 중요한 가치판단 기준이다. 자본을 늘리기 위한 수단으로 빚을 더 이상 무서워하지 않는다. 명예나 이념을 중시하던 윗세대와는 큰 차이가 난다. 투자는 일종의 생존 방식이다. 재테크는 노력한 만큼 결실을 얻는 것으로 생각한다. MZ세대에게 재테크는 불로소득이 아니다. 힘들여 결실을 얻는 또 다른 노동소득일 뿐이다.

'아파트 득템'을 아십니까

요즘 2030세대는 기본적으로 자본주의 키즈다. 기존 세대와는 차원이 다른 신(新)투자 인류다. 기존 세대보다 이윤 획득을 위해 상품의 생산과 소비가 이루어지는 자본주의 메커니즘을 훨씬 잘 체득한 세대다. 집도 주거 공간이라는 '홈'의 의미보다는 사고파는 대상의 '하우스'라는 인식이 기성세대보다 좀 더 강하다. 극단적으로 말해 이들에게 집은 사람들의 삶의 애환이 있는 공간이라기보다는 자본 획득을 위한 대상에 불과한 것이다. 이들은 기성세대보다 자신의 욕망을 좀 더 솔직하게 표현하고 시장 논리도 쉽게 받아들인다. 보는 사람에 따라 그 욕망이 노골적이고 거칠다고 받아들일 수 있을 것 같다.

아파트는 표준화·규격화되어 있어 게임 세대인 이들에게는 손쉽게 다가갈 수 있는 공간이다. 단독주택이나 토지는 입지나 현황에 따라 제각각이어서 초보자들은 적정 가격을 산출하기 어렵다. 이렇다 할 지식 없이 투자에 나섰다가 개발이나 이용도 못하는 쓸모없는 땅을 덜컥 살 수도 있다. 하지만 아파트는 토지처럼 용도지역이나 토지이용계획 등 복잡한 용어를 학습할 필요도 없다. 그 지역에 가면 아파트값이 대충 얼마라는 것을 알기에 사기당할 가능성도 거의 없다. 아니, 현장을 가볼 필요도 없다. 정보기술을 이용하면 앉은 자리에서 몇 분 이내에 아파트의 투자가치를 체크할 수 있다. 확실히 아파트 투자는 주식이나 채권 투자와 많이 닮아 있다.

최근 들어 아파트 가격을 비교하기 쉬운 부동산 모바일 앱이 등장하면서 2030세대가 더욱 쉽게 접근할 수 있게 되었다. 요즘 부동산 앱은 스마트폰의 모바일트레이딩시스템(MTS)과 카테고리 배열 등 여러 가지가 닮았다. 2030세대에게 아파트 투자는 모바일에서 콘크리트 블록을 사고파는 것과 같은 하나의 머니게임처럼 느껴질 수 있다. 온라인 게임에서 아이템을 득템(得item)하듯이 아파트 구매는 하나의 아이템을 얻는 것이다. 일종의 '아파트 득템'이다.

아파트를 사는 것은 아이템 쇼핑과 비슷하다. 그래서 아파트를 살 때는 게임을 할 때처럼 감정을 철저히 배제하는 게 좋다. 그냥 벽돌이나 콘크리트 구조물을 사듯이 무덤덤할 뿐만 아니라 냉정함을 유지해야 한다. 가격이 오르면 그때에야 비로소 게임에서 승리할 때처럼 만족감을 느낀다. 그 순간 자신의 선택이 옳았다는 자부심도 클 것이다.

물론 2030세대가 아파트를 살 때 대충 결정하는 것은 아니다. 게임을 할 때처럼 결정은 신속하게 하지만 사전에 충분한 정보를 습득한다. 윗세대보다 몇 배 더 공부한다. 부동산 앱에서 집값에 영향을 미치는 입주량, 인구 동향, 외지인 비율까지 다 훑어보고 투자를 결정한다. 다리품을 많이 팔아야 투자에 성공한다는 말은 옛말이다. 블로그나 카페, 유튜브를 통해 먼저 투자가치를 파악한 뒤 선택적으로 현장을 답사하기 때문이다.

서울 용산의 K 중개업자는 자신을 찾는 MZ세대의 부동산 지식수준이 생각보다 높다는 점에 깜짝 놀란다고 한다. 개별 단지의 용적률이나 대지지분, 재건축 진행 속도뿐만 아니라 비교지역 아파트 동향까지 꿰뚫고 있어서다. 며칠 전에 찾아온 한 30대에게는 아파트 커뮤니티 시설을 보여주려고 했더니 이미 영상에서 봐서 그럴 필요가 없다는 반응이었다. 사전 조사를 통해 다 알고 왔으니 가격흥정만 된다면 당장 계약을 하겠다고 했다. K씨는 "요즘 30대들은 취득한 정보량이 많아서 그런지 판단도 빠른 것 같다"고 말했다.

투자 유목민, 투자할 곳은 널려 있습니다

2030세대의 아파트 영끌 빚투를 보고 이들이 아파트 투자에만 올인하는 세대인 것처럼 착각하기 쉽지만 그렇지 않다. 아파트는 전체 투자 포트폴리오 중 하나일 뿐이다. '투자 유목민 세대'답게 여러 투자 상품을 살피고 비교우위를 따져 투자 여부를 결정한다. 자본주의 생리를 온몸으로 체득한 2030세대에게 아파트는 시기적으로 딱 적당한 투자 대상이었다. 아파트가 투자 메리트가 없었다면 열광적으로 매입에 나서지 않았을 것이다. 패닉 바잉도 '모든 사물의 현상은 시기가 되어야 일어난다'는 시절인연(時節因緣)의 결과물이다.

베이비부머들은 부동산 이외의 투자에 익숙하지 않다. 하지만 2030세대는 이것저것 투자에 대해서는 윗세대보다 유능하다. 한마디로 재테크 지능이 뛰어나다. 요즘은 20대를 자이낸스(zinance)세대라고 부른다. 이는 'Z세대'와 '금융(finance)'을 결합해 만든 말인데, 금융상품을 비롯한 재테크에 밝고 적극적으로 투자하는 세대라는 의미다. 이들은 돈 되는 것은 뭐든 투자한다. 국내외 주식이나 선물, 펀드, 주가연계증권(ELS), 코인 투자는 기본이다. 테슬라, 애플, 엔디비아 등 미국 주식 직접투자(직투)는 2030세대라면 누구나 한 번씩은 경험이 있을 것이다. 주변에 테슬라 주식을 맹목적으로 추종하는 '테슬람(테슬라＋이슬람의 합성어)'도 적지 않다.

MZ세대 중 많은 이들이 '파이어족(조기 은퇴)'을 꿈꾼다. 하루라도 빨리 돈을 모아 은퇴를 할 만큼 경제적 자유를 누리고 싶어 한다. 노동소득보다 자본소득이 많아지는 순간이 MZ세대에겐 노동의 굴레에서 벗어나는 독립기념일이다. 그러려면 단박에 자본을 축적해야 하니 투자는 공격적이 된다. 때로는 너무 모험적 투자여서 기성세대의 눈엔 한탕주의로 비치기도 한다. 주가지수의 수익률을 단순히 추종하는 상품보다 지수 상승과 하락에 각각 2배를 베팅하는 '레버리지'와 '곱버스(인버스 레버리지)' 등 변동성이 큰 상품에 투자해야 성이 찬다. 나스닥 100 지수의 상승과 하락에 3배를 베팅하는 TQQQ, SQQQ는 서학개미의 단골 투자 상품이다. 투자 방식도 펀드 같은 간접투자보다 직접투자를 선호한다. 코인 같은 변동성이 큰 투자도 두려워하지 않는다. 대학생과 군인 등 주로 20대들이 코인 투자에 열광적으로 뛰어든다.

요즘 목돈 없는 MZ세대 사이에선 쌈짓돈 투자도 각광받고 있다. 음원 저작권에 투자하는 '뮤직카우', 명품 시계에 조각 투자를 하는 '피스', 상업용 빌딩 지분을 쪼개 투자하는 '소유'와 '카사', 한우에 투자하는 '뱅카우'는 이미 MZ세대에겐 익숙한 투자회사다. 최근에는 고가의 미술품 일부를 소액으로 사고파는 아트테크('아트+재테크')까지 범위를 넓히고 있다. 온라인을 통해 대출-투자를 연결하는 핀테크에 투자하는 P2P 금융에도 고수익을 노리는 MZ세대의 돈이 유입되고 있다.

요즘은 '대체 불가능한 토큰(NFT, Non-Fungible Token)'에 투자하는 젊은 층도 많다. NFT는 희소성을 갖는 디지털 자산을 대표하는 토큰을 의미한다. NFT는 싼 것은 수만 원 정도이지만 비싼 것은 5억원이 넘는다. 특히 메타버스에서 서울 토지나 건물 등 '디지털 부동산'을 가상화폐로 살 수 있는 세상도 열렸다. 현실의 지구를 그대로 복사한 메타버스 플랫폼이라고 할 수 있는 어스2(earth2)에서 돈을 번 2030세대를 주위에서 흔히 찾아볼 수 있다.

MZ세대 사이에서 한정판 명품 운동화 등을 산 뒤에 웃돈을 얹어 되파는 리세일(resale, 재판매)도 인기다. 운만 좋으면 입찰가의 2~10배 수익을 남길 수 있어서다. 이를 '리세일테크(resale+재테크)'로 부르기도 한다. MZ세대는 중고 거래 플랫폼에서 명품 운동화를 비상장주식처럼 사고판다. 한 30대 지인은 최근 나이키 운동화를 20만 원에 운 좋게 낙찰받아 80만 원에 팔았다. 그는 "용돈벌이 삼아 중고 명품을 사고파는 일은 요즘 MZ세대의 문화인 것 같다"고 말했다.

한 20대는 내게 이렇게 귀띔했다. "돈이 없어서 투자를 못하는 거지, 투자할 곳은 널려 있습니다." MZ세대에게 세상은 넓고 투자할 곳은 많다. 이런 움직임은 부동산 같은 오프라인 자산을 사기에는 벽이 높기 때문에 비노동 소득을 얻기 위한 대체 투자처를 찾으려는 시도일 수도 있다. 소액으로도 쉽게 투자가 가능하니 대리 충족 대상으로 관심을 갖는 것이다. 앞으로도 MZ세대의 취향에 맞는 새 투자 상품이 속속 등장할 것 같다.

명예보다 돈이 더 중요하죠

얼마 전 지인들과 함께 30대 중반에 중견기업을 일군 최고경영자(CEO)를 만날 수 있었다. 그는 요즘 세대에 맞는 여러 생활용품을 개발해서 창업 8년 만에 큰돈을 벌었다. 제품의 품질이 '경지'에 올랐는지 이익금으로 기술개발보다는 강남 빌딩에 집중 투자하길 원했다. 이미 3~4개의 빌딩을 매입한 상태였다. 그는 추가로 들어올 수백억 원의 자금으로 새 빌딩을 물색하고 있다고 했다. 매입 후엔 일정한 차익이 생기면 되팔 예정이다. 투자 기간은 2~3년, 어느 정도 오르면 팔고 다시 투자를 반복하는 일종의 단타 매매 방식이다. 개인 명의로 하면 단기 양도세 부담이 무거우니 법인 명의로 투자한다. 법인은 양도세(세율 6~45%)보다는 낮은 법인세(세율 10~25%)를 내기 때문에 팔고 재투자하기에 유리하다. 물건만 좋으면 하루 이틀 만에 의사결정을 할 수 있다고 했다.

그의 공격적인 빌딩 매입에 솔직히 좀 놀랐다. 옆에 있던 지인이 "이제 사업을 어느 정도 일궜으니 상장을 준비하고 사회적 활동도 하면 좋겠다"고 나름의 조언을 했다. 반응은 시큰둥했다. "명예는 제게 의미 없어요. 돈이 더 중요합니다." 이런 2030세대의 니즈를 반영하기 때문일까. 최근 지상파인 KBS 2TV에 〈자본주의 학교〉라는 프로그램이 등장했다. 자본주의 세계를 살아가기 위해 제대로 돈 공부를 하자는 게 제작 취지다. 출연자들의 주축은 MZ세대다. 젊은 층에 자본주의 생존법을 알려주는 프로그램인 셈이다. 당연히 주식이나 아파트 투자, 자금관리 등 돈에 대한 솔직한 욕구를 드러낸다.

확실히 요즘 MZ세대는 경제적 이득 중심으로 사고한다. 사회적으로 높은 지위를 얻는 출세보다는 실리를 좇는다. 이념을 추구했던 윗세대보다는 확실히 실용적이다. 사회가 투명해지고 호소할 곳도 많아 인권을 침해받을 가능성이 낮으니 권력에 대한 선호도가 떨어진다. 남에게 영향력을 행사할 수 있는 '힘센 사람'이 되기보다는 돈을 많이 벌 수 있는 전문 직업을 갖기 원한다.

MZ세대는 회사에 대한 충성도 역시 낮다. 아무리 "여러분이 회사의 주인이다. 주인의식을 가져라"고 강조해도 귀담아듣지 않는다. 회사는 돈을 벌기 위한 장소일 뿐이라는 인식이 강하다. 조직의 힘에 기대기보다는 개인의 능력을 길러야 생존할 수 있다고 생각한다. 어렵게 팀장, 부장을 달아도 언제 구조조정 대상자가 될지 모르는 불확실한 회사에 에너지를 쏟느니 차라리 제 살길을 찾겠다는 심리다. 그래서 자신의 전문성을 키워 돈을 더 벌 수 있는 곳이거나 더 나은 급여조건을 제시하는 회사로 미련 없이 이직을 결정한다.

급여 문제로 이직하는 MZ세대를 두고 기성세대는 '월급 쇼핑족'이라고 힐난하지만 개의치 않는다. 조직 내에서 공채를 은근히 우대하는 '공채 프리미엄'까지 과감하게 버린다. 최근 들어 대기업에서 젊은 층 정규직원들이 회사를 많이 떠나는 것은 이러한 MZ세대의 가치관을 반영한다. 젊은 층을 중심으로 한 '대퇴사 시대(The Great Resignation)'라고 해도 과언이 아니다. 이 모든 결정에는 '돈'이 자리 잡고 있다. 기성세대는 돈을 중시하는 MZ세대를 '자낳괴(자본주의가 낳은 괴물)'라며 삐딱한 시선으로 바라본다. 하지만 서로 추구하는 가치가 다른데 이를 자기 세계관으로 훈계하는 것은 자칫 또 다른 편견일 수 있다.

MZ세대의 '대퇴사' 영향 때문일까. MZ세대를 잡기 위해 기업들의 사내 복지 수준이 깜짝 놀랄 수준으로 진화하고 있다. 과거의 사내 복지는 자녀 교육비 지원 정도였지만 지금은 사내 헤어 미용 서비스, 골프회원권 대여, 옷 수선, 집 청소와 심리상담 서비스까지 해준다. 회사가 자신을 세심하게 관리해주고 있다는 것을 확인받고 싶어 하는 MZ세대의 성향을 반영한 것이다.[42]

대출은 나의 능력, 빚테크는 기본

요즘 2030세대는 빚(부채)을 바라보는 시각이 독특하다. 한마디로 빚을 두려워하지 않는다. 대출을 최대한 동원하는 것을 그 사람의 능력이라고 생각한다. 심지어 '영끌 빚투'를 모르면 경제학을 제대로 공부하지 않은 사람으로 취급받는다. 적정대출 같은 얘기는 X세대 이상의 마인드다. 이런 말은 2030세대에게는 고리타분하다.

물론 집 구매는 기본적으로 레버리지 투자 성격을 갖는다. 집은 이모저모 많이 따져 구매하는 대표적인 '고관여 상품'으로, 가격이 비싸다. 이러니 집을 살 때 대출을 끌어다 쓸 수밖에 없다. 2030세대는 "우리도 과도한 빚 내기를 하고 싶어서 하는 게 아니다. 집값은 비싸지, 모아 놓은 돈은 없지, 이런 상황에서 어쩔 수 없다"고 항변한다. 그리고 앞으로 일할 나이가 많기에 대출을 많이 받아도 충분히 갚을 수 있다고 자신한다.

하지만 빚을 통한 풀 베팅은 주식 시장에서 레버리지나 곱버스 투자하듯 단박에 자본 욕망을 이루고 싶은 성급함의 발로가 아닐까 싶다. 기성세대처럼 석탑을 쌓듯이 차곡차곡 돈을 모아가는 방식은 고리타분하게 느껴질 뿐만 아니라, 월급을 아껴서 부자가 되기는 구조적으로 불가능하다고 생각한다. 그들 입장에서 보면 충분히 납득은 된다. 기성세대보다 가진 것도 적고 노동소득을 쌓아 내 집 마련하기도 어려우니 더 과감한 베팅을 하는 것이다.

대출 지렛대 효과를 극대화할 경우 욕망은 그만큼 빨리 달성된다. 느린 방식의 돈 벌기인 슬로우 머니(slow money)보다 빨리 부를 이루는 패스트 머니(fast money)를 추구하는 것이다. 이들의 위험한 투자는 그들이 성인이 되고 나서 혹은 사회에 진출해서 한 번도 자산 가격의 급격한 우하향을 겪어보지 않아서인지도 모른다. 폭락을 겪어본 경험치가 있으면 아무래도 조심스럽게 행동하기 때문이다. 산전수전 겪은 고수일수록 보수적이다. 예기치 않은 돌발변수가 나타나 시장을 크게 흔들기 때문이다.

시장에선 요즘 30대를 '용대리(용감한 대리)'라고 부른다. 하지만 자산시장에서 용감함은 때로는 무모함으로 이어지기 쉽다. 윗세대는 빚을 무서워하지 않는 2030을 걱정 어린 시선으로 바라본다. 이들의 공격성이 낯설고 조마조마할 뿐이다. 이번에 금리 급등 여파로 집값이 크게 하락하면 MZ세대의 빚에 대한 생각이 바뀔지 모르겠다.

대를 이어 '하우스푸어' 될라

지금의 밀레니얼 세대의 부모는 대체로 베이비부머다. 베이비부머는 2012년에 극에 달했던 하우스푸어 사태로 아픔을 겪었다. 중대형 아파트를 중심으로 가격이 급락하면서 부동산 불패 신화에 금이 갔다. 한평생 아파트 평수 키우기에 올인했던 부모 세대로서는 큰 충격이었다.

이런 부모 세대의 모습을 지켜본 30대에게 부동산은 애정보다는 경계의 대상이었다. 하지만 집값이 계속 오르자 생각이 달라졌다. 어느 사이, 부모 세대의 특성인 부동산 불패 신화를 그대로 닮아가기 시작했다. 뒤늦게 부동산에 눈을 뜬 자식 세대는 부모 세대보다 자본의 욕망을 더 거칠게 드러내고 있다. 대출과 전세 보증금 지렛대를 활용한 가격의 우상향 기우제는 언제든지 실패로 끝날 수 있다. 자칫 하우스푸어를 겪었던 아버지 세대의 아픔이 자식 세대로 이어지지 않을까 걱정된다.

집값이 하늘 끝까지 오를 수는 없다. 이번에 상승랠리가 마무리되면서 과열에 따른 후유증으로 피해자가 나올 수밖에 없다. 그동안 MZ세대를 중심으로 전세를 안고 사들이는 갭투자가 크게 유행했다. 갭투자 비중이 높다 보니 매매 시장과 전세 시장의 동조화 현상이 나타난다. 집값이 급락하면 전세가 비율이 높은 외곽이나 지방에선 깡통주택이 속출할 수 있다. 깡통주택은 집을 팔아도 대출과 전세보증금을 갚고 나면 남는 게 없는 주택이다. 그 깡통주택에 사는 세입자는 전세보증금을 제대로 건지지 못하는 깡통전세의 피해자가 될 수 있다. 이번 사이클의 가장 큰 위험성은 바로 깡통주택과 깡통전세가 동시다발적으로 발생할 수 있다는 점이다. 지금이라도 최악의 상황으로 이어지지 않도록 개인뿐만 아니라 정부도 대비책을 세워야 할 것이다.

KEY POINT

어릴 때부터 게임을 하면서 자란 2030세대는 투자를 게임처럼 생각한다. 특정 자산에 머물지 않고 이리저리 옮겨 다니며 매력적인 곳에 투자한다. 일종의 '투자 유목민'이다. 아파트도 전체 투자 대상 중 하나일 뿐이다. 이들은 명예보다 돈을 중시한다. 재테크 지능이 뛰어난 세대다. MZ세대에게 재테크는 결코 불로소득이 아니다. 힘들여 결실을 얻는 또 다른 노동소득일 뿐이다. 월급을 모아서는 윗세대의 벽을 넘을 수 없으니 투자소득 올리기에 열을 올린다. 단박에 성공을 꿈꾸기에 빚을 두려워하지 않고 투자 방식도 공격적이다. 윗세대는 이들의 투자 방식이 낯설고 불안하게 느껴진다.

MZ세대가 선호하는
주거 공간은 따로 있다

MZ세대의 아파트 선호는 가안비와 궤를 같이한다. 요즘 젊은 층은 결혼에서 아파트살이는 필수라고 생각한다. MZ세대의 아파트 선호는 안전 강박증이 한몫하고 있다.

이나래 작가의 단편소설 『항동 피크닉(2022)』은 아파트에 집착하는 아내에 대한 이야기다. 아내 배혜진은 신혼생활을 아파트에서 시작하길 원했다. 32년을 사는 동안 아파트에서만 살아서 어쩌면 당연한 바람인지도 모른다. 하지만 자금이 모자랐다. 겨우 아내를 설득해 출퇴근이 편리한 서울 구로구 항동 신축빌라 전셋집에서 신혼살이를 시작했다.

신혼여행에서 돌아와 처음 빌라에서 자던 날 새벽녘, 아내는 냉장고에 기대앉아 울더니 소리쳤다. "아파트에 살고 싶다고, 아파트!" 남편은 아내를 이해할 수 없었다. 수도와 보일러 시설이 온전하고 벽지에 얼룩 한 점 없는 새 빌라에서 이토록 불행을 느끼다니…. 아내는 빌라에서 사는 한 혼인신고를 하지 않고 아기도 갖지 않겠다고 했다.[43]

아내 배혜진은 아파트를 편식하는 요즘 MZ세대의 주거관을 단적으로 보여준다. 아파트 생활의 편리함에 익숙한 MZ세대는 결혼을 해서도 아파트 생활을 이어가고 싶어한다. 교외의 널찍한 단독주택보다 도심의 아파트살이를 가장 현실적이고 이상적인 주거생활로 생각한다.

이처럼 MZ세대는 도심 콘크리트 속에서 성장해 전원의 쾌적함보다 도심의 편리성을 추구한다. 맞벌이로 바쁜 밀레니얼 세대는 관리가 어렵고 동선도 불편하다는 이유로 정원이 딸린 대저택을 그다지 선호하지 않는다. 오히려 압축 공간으로 가사노동을 최소화한 효율적 공간인 대단지 아파트를 꿈꾼다. 한마디로 주거 공간의 소비 패턴이 윗세대와는 다르다.

서로 다른 집에 대한 욕망

하길종 감독의 1970년대 히트작 〈바보들의 행진(1975)〉을 보면 당시 젊은이들의 주거관이 그대로 드러난다. 어느 날 주인공인 병태의 친구 영철은 술집에서 맥주를 마시다가 "돈을 벌면 뭘 하겠느냐"는 질문을 받는다. 영철은 "빨간 지붕 양옥집을 사겠다"고 답한다. "정원에는 장미도 심고, 자가용도 사겠다"고 미래의 포부를 밝힌다. 1975년 당시 20대 젊은이들의 내 집 마련의 꿈은 단독주택을 갖는 것이었다. 전국의 아파트가 10만 채가 채 되지 않았을 때였다.

1975년 통계청의 인구주택총조사에 따르면 전국 아파트는 9만 6,472채였다. 여의도나 압구정, 잠실 아파트 개발도 끝나지 않은 시절이었다. 아파트는 일반적인 주거환경이 아니었고, 그곳에 살아본 사람도 많지 않았다. 당연히 아파트가 젊은 층의 로망이 되기에는 거리가 멀었다. 오히려 답답한 닭장이나 성냥갑 콘크리트 구조물이라는 부정적인 인식이 강했다. 젊은 층이 아파트보다 단독주택 갖기를 꿈꾸는 것은 지극히 자연스럽다. 2층 양옥집은 당시 중산층의 상징이었다.

영화 끝 무렵 병태가 군에 입대하는 장면이 나온다. 이를 미루어 짐작해볼 때 주인공은 나이가 많아봐야 20대 초반일 것이다. 세대별로 따지면 베이비붐 세대(1955~1963년생) 맏이이거나 그 윗세대인 전통 세대다. 그 사이 세월이 50년 가까이 흘렀으니 당시 대학생들은 이제 칠순을 바라보게 되었다. 요즘 20대들에게 같은 질문을 한다면 어떤 대답이 나올까. 아마도 "주식이나 코인에 재투자하거나 작은 아파트라도 장만하겠다"고 대답하지 않을까 싶다.

또 다른 영화 얘기를 해보자. 봉준호 감독의 〈기생충(2019)〉은 영화사에 남을 만한 기념비적 작품이다. 영화에선 수직 공간을 통해 상징적으로 주거계급을 보여준다. 여기서 주거 공간은 박 사장 가족이 사는 대저택의 지상, 기택 가족의 반지하, 문광 남편이 몰래 기생하는 지하로 3등분 된다. '지상-반지하-지하'는 주거의 위계질서를 상징한다. '상류층-서민층-극빈층'이 각각 사는 공간이다. 지하에 사는 사람은 반지하로 올라가고 싶어 하고, 반지하에 사는 사람은 지상으로 탈출을 꿈꾼다.

같은 자연현상도 어디에 사느냐에 따라 다르게 반응한다. 가령 박

사장 가족이 인식하는 폭우는 미세먼지를 걸러내는 진공청소기의 역할을 해내지만, 기택 가족에게는 보금자리를 물에 잠기게 하는 재난의 원인이 된다. 같은 폭우를 놓고도 상반된 관점으로 주거의 양극화를 드러내고자 했던 것 같다.

X세대인 봉준호 감독은 1969년생으로 이미 50세를 넘겼다. 50대로서 1960년대에 태어나 1980년대에 대학을 다닌 '586세대'의 막내 격이다. 봉 감독은 정원이 딸린 대저택을 부자가 추구하는 이상적인 주거 공간, 즉 주거 생태계의 최정상으로 설정한 것 같다. 평창동이나 성북동을 떠올리게 하는 이 저택은 전주에 지은 별도의 세트장이다.

반면 기택 가족이 사는 반지하는 재개발을 준비 중인 서울 마포구 아현 1구역이다. 반지하에 사는 가족들은 하루라도 빨리 비루한 삶을 탈출하고 싶을 것이다. 하지만 실제 자본의 가치는 다르다. 아현 1구역 재개발 구역의 토지 지분가격은 3.3㎡당 1억 원을 훌쩍 넘는다. 평창동이나 성북동 주거지역 땅값의 2~3배에 달하는 금액이다. 서울 강북의 전원풍 단독주택 실거래가를 보면 10년 동안 거의 제자리걸음인 곳이 적지 않다. 그간의 인플레이션을 감안하면 오히려 집값이 하락한 것이다. 워낙 집 규모가 커서 관리에 어려움이 있는 데다 주거의 편의성이 떨어져 수요가 줄어들었기 때문이다.

여기서 한 가지 궁금한 게 있다. 반지하와 대비되는 공간이라고 할 수 있는 대저택은 누구나 살고 싶은 이상향적인 공간일까. 가령 MZ세대가 영화를 찍었다면 주거계급을 윗세대처럼 설정하지는 않았을 것이다. 즉 정원이 딸린 대저택이 아니라 한강이 내려다보이는 아파트 펜트하우스를 설정했을 것이라는 얘기다.

요즘 2030세대의 코인 투자 세계에선 '인생은 한강 물, 아니면 한 강 뷰'라는 말이 있다.[44] 투자해서 망하면 한강 물에 뛰어들고, 성공 하면 한강 뷰가 있는 아파트를 갖는다는 뜻이다. 2030세대의 한탕 주의식 투자 관념을 보여주는 측면도 없지 않지만, 필자는 한강 뷰 를 더 주목하고 싶다. 2030세대의 꿈이 한강 조망권 아파트라는 것 을 엿볼 수 있는 대목이다. 한강 변 아파트 가운데서도 꼭대기 층의 펜트하우스가 MZ세대 주거 욕망의 정점일 것이다. 영화 〈기생충〉을 보면서 주거 공간에 대한 인식체계도 세대 차이를 드러내는 것이 아 닌가 하는 생각이 들었다.

우리에겐 가안비가 중요해요

"오징어 게임을 할 때는 반드시 교사가 관리를 해줘야 합니다. 상 황이 너무 격렬해진다 싶으면 바로 개입해야 아이들이 다치는 상황 을 막을 수 있습니다. 요즘에 그냥 아이들끼리 오징어 게임을 하게 두면 학교 폭력으로 오해받기 쉽죠."

초등교육전문가 김선호 선생님은 〈오징어 게임(2021)〉이 큰 인기 를 누릴 즈음 라디오에 출연해 '오징어 게임과 요즘 아이들'이라는 주제로 이같이 말했다. 오징어 게임이 다른 놀이에 비해 다소 거친 것은 사실이지만 그대로 자칫 학교 폭력으로 비칠 수 있다는 점은 놀랍다.

김 선생님은 자신이 어릴 때 오징어 게임을 하고 나면 무릎이나 팔에 손톱 긁힌 자국, 넘어져서 상처 나고 하는 일들이 비일비재했다고 회상했다. 하지만 별 상관없었다. 그냥 놀다가 생긴 일이었으니까 말이다. 김 선생님은 "요즘에는 그런 상태로 하교했다가는 학부모님들이 많이 속상해한다"고 말했다. 아이들에 대한 과보호 양육을 단적으로 보여주는 사례다. 서울의 한 초등학교 교사는 "아이들이 말뚝박기 놀이를 할 때 과격해지지 않는지 잘 지켜봐야 한다"고 전했다. 놀다가 혹시라도 다치면 학부모들의 민원이 들어올 수 있기 때문이라는 것이다.

전통 세대는 아이들을 거의 방목 수준으로 내놓고 길렀다. 하지만 요즘 그렇게 했다가는 주변으로부터 무책임한 부모라고 핀잔받기 십상이다. 자녀의 학업이나 친구 관계를 일일이 챙겨주는 게 요즘 양육의 표준이다. 이 수준을 넘어 자녀의 일에 지나치게 간섭하며 자녀를 과잉보호하는 '헬리콥터 맘' '헬리콥터 파파'들도 얼마나 많은가. 놀이터에서 흙장난을 못하게 할 뿐만 아니라 오징어 게임 같은 거친 놀이는 당연히 금기사항이다. 지구촌 시대인 요즘은 미국이나 한국이나 유사한 양육 문화가 나타나는 것 같다. 가령 미국 초등학교에서는 학교에 땅콩을 가져갈 수 없다. 땅콩 알레르기를 유발한다는 이유 때문이다. 학교 급식을 하는 우리나라도 학교에 음식물 반입이 금지된 지 오래다.

지금 10대뿐 아니라 20대들도 부모의 과잉보호 하에서 자랐다. 부모의 과보호가 자연스럽게 젊은이들의 안전에 대한 집착으로 이어지게 된 것이다. 독일 뮌헨대학교 울리히 벡 교수는 명저『위험사회』를 통해 현대인의 안전 선호 현상을 진단했다. 위험사회란 다른 것은 다 제쳐두고 자신에게 위험한지가 모든 결정의 우선순위에 놓이는 사회를 말한다. 그래서 안전한 것을 얻기 위해서 다른 것은 버리거나 희생할 수 있다고 생각한다.

요즘 가격 대비 성능이라는 의미의 가성비(價性比)라는 말을 본뜬 가안비(價安比)라는 말이 유행이다. 가격이 좀 비싸더라도 안전하면 돈을 좀 더 지불하겠다는 것이다. MZ세대의 아파트 선호는 바로 가안비와 궤를 같이한다. 아파트는 매매 가격뿐만 아니라 전월세 가격도 다른 주택보다 비싸다. 편리할 뿐만 아니라 안전한 공간이어서 프리미엄을 지불해야 입주할 수 있다. 안전을 보호받기 위한 추가 비용인 셈이다.

요즘 젊은 층은 소설『항동 피크닉』의 아내처럼 결혼 때 아파트살이는 필수라고 생각한다. 아파트에 신혼집을 차리지 않을 바에야 결혼하지 않겠다는 사람도 있다. 자신의 부모 세대는 다세대나 다가구 주택에서 신혼을 시작했지만 이들은 유독 아파트를 고집한다. 아파트 단지는 기본적으로 울타리가 설치되어 외부공간과 분리된다. 아파트 단지는 외부의 침입을 받지 않는 거대한 콘크리트 성(城)이다. 아파트 건물에 들어오기만 하면 신변에 어떠한 위해를 받을 일이 없다. 그만큼 방범이나 보안이 다세대 다가구주택보다 우월한 시스템을 갖추고 있어 일종의 안전지대로 생각하는 것이다. 요즘 MZ세대의 아파트 선호는 바로 안전 강박증이 한몫하고 있는 것 같다.

최근의 오피스텔이 젊은 층 사이에서 인기를 끄는 것도 가안비가 주요 원인으로 작용한다. 오피스텔은 아파트처럼 외부가 차단되어 사생활이 철저히 보호된다. 오피스텔은 규모는 작지만 아파트와 비슷한 기능과 성능을 발휘한다. 오피스텔에서도 아파트처럼 헬스장, 골프 연습장 등 각종 편의시설 설치는 기본이다.

MZ세대는 오피스텔 매매 가격이 아파트에 비해 저렴해 도심의 '미니 아파트'나 '꼬마 아파트'로 생각한다. 그동안 오피스텔은 은퇴자들이 월세를 받을 목적으로 노후자금을 투자해 사는 수익형 상품이라는 인식이 강했다.

하지만 최근 들어서는 젊은 층 사이에서 아파트를 대체하는 살림집이라는 인식이 생겨나고 있다. 이른바 '오피스텔의 재발견'이다. 알투코리아부동산투자자문에 따르면 오피스텔은 그동안 틈새상품 혹은 곁가지 상품에서 대중적 상품으로 편입되었다. 원룸형 오피스텔 일색에서 이제는 3~4인 가족용 오피스텔도 많이 공급되고 있다. 투자가치로서는 아파트보다는 못하고 관리비가 비싼 게 흠이지만 주거 가치가 높아 도심 역세권을 중심으로 수요가 꾸준할 것으로 보인다. 따라서 이런 수요를 감안할 때 앞으로 대도시 자투리땅에 오피스텔이 많이 들어설 것 같다.

한국에는 왜 '탈도심, 탈아파트 현상'이 없을까

세계적인 미래학자 제이슨 솅커는 『코로나 이후의 세계』라는 저서에서 주택 수요자들이 도심 아파트보다는 교외 단독주택을 선호

할 것으로 예상했다. 감염 위험이 덜하다는 이유에서다. 지역적으로도 도시와 도심부보다 교외 지역이나 시골을 택하는 사람이 많을 것이라고도 했다.[45] 노벨 경제학상 수상자인 로버트 실러 예일대학교 교수도 도시 집값 하락 가능성을 경고했다. 재택근무가 지속되면서 감염을 피해 도시의 삶을 포기하는 노동자들이 늘어날 수 있다는 점을 들었다. 미국에서 이들의 전망은 현실이 되었다. 코로나19 사태가 한창이던 2020년 2분기 뉴욕 맨해튼 아파트 중위가격은 전년 동기보다 17.7% 급락했다.[46]

이들의 전망을 그대로 옮겨 한국에서도 적용하려는 학자들이 있었다. 사람들이 전염을 우려해 중소도시나 동호인 주택, 타운하우스 등으로 이동하려는 움직임이 나타날 것이라는 전망이었다. 하지만 그 예측은 틀렸다. 오히려 아파트 수요가 몰리면서 값이 급등했다. 코로나19 사태로 대도시에서 비도시지역으로 인구가 이동하는 '역도시화 현상'도 나타나지 않았다. 요컨대 한국에서 '탈도심, 탈아파트 현상'은 없었다.

왜 이런 일이 일어났을까. 여러 이유가 있었을 것이다. 가령 한국에서는 대규모 아파트 단지에서 집단 감염이 일어나지 않았다. 간혹 엘리베이터 공간을 통해 감염되는 곳이 나타나긴 했지만 '탈아파트'를 생각할 정도로는 심각하지 않았다. 한국 아파트 단지는 외국과는 달리 슬럼화된 공간이 거의 없는 데다 위생관리를 잘한 덕분이기도 했을 것이다.

그러나 이보다 본질적인 이유는 주택 시장의 주력 세대인 MZ세대의 도심 아파트 선호 현상이 여전했기 때문이다. 코로나 감염 우려 보다는 편의, 출퇴근, 자녀교육 등 당면한 일상생활이 더 중요했다. 일자리나 편의시설, 의료시설, 학교도 대도시에 몰려 있다. 요즘 '배세권'이라는 신조어가 인기다. 맞벌이 부부 증가로 배달을 워낙 많이 시키다 보니 배달이 가능한 지역을 선호하면서 생긴 말이다. 수도권 외곽이나 지방 외딴 곳에서는 배달은 되지만 배달 가능한 음식 수가 확실히 적어 불편하다.

시장의 주역인 MZ세대가 아파트를 떠나고 싶지 않은데, 아니 떠날 수 없는데 책상에 앉아 상상해 내놓은 겉핥기식 전망이 얼마나 비현실적인가. 반복하건대, 아파트는 MZ세대뿐만 아니라 그다음 세대인 알파 세대(2010년대 초반~2020년대 중반 출생)에게도 핵심 주거 유형으로 자리매김할 것이다. 아파트 쏠림현상은 지진 같은 큰 재앙이 반복되지 않는 한 계속 이어질 것 같다.

30대가 토지 투기를 하지 않는 이유

노무현 정부(2003~2008년) 당시엔 아파트 투기 외에도 토지 투기가 극성을 부렸다. 언론에 용인, 화성, 파주 등 수도권은 물론 충남 당진, 서산, 태안에 외지인들의 토지 매입이 줄을 이었다. 토지 투기는 임야나 농지 등 비도심 땅이 주류를 이뤘다. 당시에는 토지를 전문적으로 거래하는 중개업소나 토지전문가도 많았다. 사실 과거에는 돈이 있으면 땅에다가 돈을 묻었다. 마땅한 투자 상품이 없는 데다 '땅은 거짓말하지 않는다'는 맹목적인 믿음 때문이었다. 2003년 말 당시 건설교통부가 실시한 국민 의식 조사에서 '땅' 하면 가장 먼저 떠오르는 대상으로 '투기(20.8%)'와 '투자(18.4%)'를 꼽는 응답이 나란히 1·2위를 차지할 정도였다.[47] 당시 땅은 이용 목적보다는 하나의 투자의 대상이었다. 개발 예정 토지를 같이 사서 수익을 내는 '토지 펀드'라는 상품도 나왔다.

하지만 지금은 교외 토지에 대한 투자 수요 자체가 줄었다. 전국 토지를 대상으로 하는 부동산 중개업자를 찾기 힘들다. 오죽하면 언론에 오르내리는 토지 전문가가 별로 없을까. 이는 부동산 시장을 이끄는 신세대의 경험치가 다르기 때문이다. 종전 세대는 시골에서 자란 사람들이 많아 교외 공간이 익숙하다. 노무현 정부 시절만 해도 부동산 시장의 주력 세대는 베이비부머나 X세대였다. 하지만 지금은 주로 20~30세의 MZ세대가 주류를 이룬다.

베스트셀러는 그 시대상을 투영한다. 2004년 『한국형 땅 부자들』이 대박을 터뜨렸다. 하지만 요즘의 부동산 분야 베스트셀러는 거의 아파트 투자를 다룬 것이다. MZ세대는 더 이상 교외 속 전원을 그리워하지 않는다. 전원을 꿈꾸더라도 교외가 아니라 '도심 속의 에코 라이프'를 원한다.

MZ세대는 올드 세대와 달리 논밭을 봐도 친숙하지 않으니 소유 욕망이 솟구치지 않는다. 교외 땅을 쪼개 파는 기획부동산에 MZ세대가 걸려들었다는 얘기를 들어보지 못했다. 기획부동산은 땅으로 대박을 꿈꾸는 올드 세대를 타깃으로 마케팅을 펼친다. MZ세대는 교외 토지에 무관심하니 투자하라고 '유혹'해도 먹혀들지 않는다.

2021년 사회적 문제가 된 LH 투기 의혹 사건에 연루된 직원들도 30대보다는 50대가 주를 이루고 있는 것으로 알려졌다.

기성세대는 '주·토·상(住·土·商)'순으로 투자했다. 주택을 사고 여유자금이 있으면 토지를 사고 상가를 사는 식이다. 하지만 요즘 MZ세대는 주(住)만 소비하려고 한다. 그것도 지역적으로 도심, 주거상품별로는 아파트 구입을 최우선으로 둔다. MZ세대는 부동산과 아파트를 동일시하는 세대다. 현재 아파트, 나중에 아파트로 바뀔 것, 혹은 아파트를 대체할 것을 제외하곤 특별히 부동산을 생각해본 적이 없다. 여윳돈이 생겨도 상가를 사기보다는 배당주나 배당 EIF, 리츠를 매입하려고 한다. 한 MZ세대는 "미국 EIF는 월배당, 분기배당이 많아 포트폴리오를 잘 짜면 상가 월세처럼 배당을 받을 수 있다"고 말했다. 이처럼 세대별 공간의 욕망 코드가 다르고 투자 방식에도 차이를 드러낸다.

난 욜로 스타일, 몸테크는 싫어요

MZ세대는 미래보다 현재에, 축적보다 소비에 초점을 맞추고 산다. 미래의 행복을 위해 현재를 희생하는 것은 그들의 사전에 있을 수 없는 일이다. 다시 말해 행복은 지금 향유하는 것이지 미래를 위해 양보하는 것이 아니다. 현재에 충실한 삶이 최상의 가치가 된다. MZ세대는 고생 끝에 낙이 온다는 고진감래(苦盡甘來)보다 고생 끝에 고생 온다는 고진고래(苦盡苦來)를 믿는다. 지금 참고 견뎌봐야 미래에 크게 나아질 것 같지 않으니 현재를 즐기자는 심리로 이어진다.

부동산에서도 미래의 재테크를 위해 낡은 재건축에 살면서 현재 고달프게 사는 것을 싫어한다. 재건축에 투자하더라도 일단 갭투자를 했다가 완공된 뒤에 새 아파트에 실거주하겠다는 생각이다. 당장 허름한 집에 살기는 싫고 돈은 벌고 싶은 심리다. 최근 젊은 층에서 재개발 예정지에 전세 낀 소액 빌라들이 대거 팔려나간 것도 비슷한 이유다. 부모 세대가 낡은 재건축이나 재개발 구역에 살면서 시세차익과 새 아파트를 얻는 '일석이조' 투자를 했던 것과는 다른 패턴이다.

최근 한 자산가를 만났더니 MZ세대인 아들의 아파트 선택을 이해할 수 없었다고 털어놨다. 주식과 벤처기업 투자로 큰돈을 번 아들은 압구정동 H아파트와 한강 조망권을 갖춘 성수동 T아파트를 놓고 고민하더니 성수동 아파트를 매입했다. X세대 이상의 기성세대는 '강남 부촌의 상징'인 압구정동 구축 아파트를 택할 가능성이 높다. 아파트값의 미래가치를 반영하는 대지지분이 많고, 향후 개발 가능성을 기대하기 때문이다. 하지만 요즘 MZ세대는 낡은 아파트에서 불편함을 견디며 살기보다는 새 아파트의 안락한 삶을 더 선호한다.

MZ세대는 나중에 돈이 된다고 하더라도 낡은 집에 힘들게 사는 '몸테크'를 하고 싶지는 않다. 새 아파트는 주거의 현재가치에 대한 올인을 상징한다. 새 아파트는 말 그대로 '모든 게 새것'이어서 당장 삶의 질이 높다. 아마도 MZ세대는 서울대학교 김난도 교수의 표현처럼 편리함과 프리미엄을 합친 개념의 '편리미엄'의 가치를 누구보다 잘 체득하고 있는 세대일 것이다. 요즘 새 아파트에선 각종 편의 시설을 갖춰 MZ세대의 편리미엄 니즈를 충족시킨다. 그런데 여기에 서 드는 생각이 있다. 혹시 부모 세대가 "우리는 구질구질하게 살더 라도 너희는 너무 궁색하게 살지 말라"고 가르쳤기 때문이 아닐까. 그런 가르침이 주거에 대한 가치관에도 그대로 나타난 것 같다.

KEY POINT

MZ세대는 부동산과 아파트를 동일시하는 세대다. 현재 아파트이거나 나중에 아파트로 바뀔 것을 제외하곤 특별히 부동산을 생각해본 적이 없다. 윗세대는 정원이 딸린 대저택 을 주거계급 위계질서의 정점으로 생각한다. 하지만 맞벌이로 바쁜 밀레니얼 세대는 관리 가 어렵고 불편하다는 이유로 꺼린다. MZ세대는 부모의 과보호 속에 자라 안전에 대한 집 착이 강하다. 가격이 비싸더라도 안전하면 돈을 더 지불하는 '가안비'를 추구한다. MZ세대 의 아파트 선호는 안전 강박증이 한몫하고 있다. 나중에 돈이 된다고 하더라도 '몸테크'를 하고 싶지는 않다. 당장의 행복이 더 중요하다.

요즘 시대 투자 방식 '갭투자' 스토리

갭투자가 시장에 때로는 긍정적인 영향을 미치는 것일까. 갭투자 수요로 집값이 급등하면 무주택자들의 내 집 마련 기회가 멀어지는 등의 폐해가 크므로 갭투자를 장려할 일은 아니다.

아파트 갭투자는 이 시대에 인기 있는 일반적인 투자 패턴이 되었다. 특히 MZ세대에게 적은 자본으로 집을 매입할 수 있는 갭투자는 익숙한 투자 방법이다. MZ세대가 애용하는 모바일 부동산 앱에는 갭투자 안내를 위한 '분석 틀'이 따로 있을 정도다. 누구나 한 번쯤은 갭투자를 꿈꾼다. 갭투자는 너무 자연스러운 투자 방식의 일환이니 문제의식이 있을 수도 없다.

갭투자는 전세가와 매매가의 차이(갭)가 적은 주택을 매입해 시세차익을 거두는 투자 방식이다. 일종의 전세금 지렛대 투자라고 할 수 있다. 갭투자는 한국에만 있는 독특한 투자 방식이다. 갭투자는 전세 가격이나 매매 가격이 하락하지 않을 것이라는 맹신 아래 시도하는 투기적인 매입행위로 볼 수 있다. 과거에 갭투자는 유주택자들이 즐겨 하는 투자 수법이었다. 즉 집이 한 채 있는 중장년 부유층이 여유자금을 가지고 전세 낀 아파트를 한 채 사는 방식이다. 최근 들어 무주택자나 법인까지 확대되면서 갭투자가 여러 방식으로 나타나고 있다.

'욕망의 바벨탑' 기업형 갭투기

"부동산에 감정을 섞지 마. 그냥 상자일 뿐이야. 큰 상자, 작은 상자."

글로벌 금융위기 당시의 홈리스를 다룬 미국 영화〈라스트 홈(2014)〉에서 악덕 부동산 브로커 릭 카버는 양심의 가책을 느끼는 주인공 데니스 내쉬를 훈계한다. 공사장 일용잡부로 가정을 어렵게 꾸려나가던 데니스는 대출금 연체로 하루아침에 집을 잃었다. 하지만 우연히 만난 릭과 퇴거 일을 같이하게 되면서 '뺏기던 자'에서 '빼앗는 자'로 180도 달라진 인생을 시작한다. 그는 일생일대의 큰돈을 만질 수 있게 되었지만 다른 사람의 집을 뺏어 돈을 벌어야 하는 현실에 괴로워한다. 릭은 흔들리는 데니스에게 "(집은) 몇 개를 갖고 있느냐가 중요한 것"이라며 인정사정없이 집을 모으라고 다그친다.

릭에게 집은 말 그대로 추상화된 박스이자 돈벌이 수단에 불과하다. 경제적 약자에 대한 배려나 도덕은 사치스러운 감정 낭비일 뿐이다. 이 영화를 보면서 갭투자를 통해 300여 채를 사들였다는 한 갭투자족이 떠올랐다. 주거 공간인 집을 자산 축적의 대상으로 본다는 점에서 릭이나 갭투자족이 서로 닮았다.

요즘 법인이나 고수들이 공시가격 1억 원 이하의 아파트를 수십 채 매수하는 갭투자가 사회문제화하고 있다. 단순한 갭투자가 아니라 기업형 갭투기라고 불러야 할 것 같다. 전세가 비율이 70~90%로 높은 아파트가 주 타깃이 된다. 고작 집값의 10~30%를 투자해 전체 자본의 이득을 챙겨간다. 이는 주택 시장을 교란시킨다는 비판을 받고 있을 뿐만 아니라 사회적 지탄의 대상이 되곤 한다. 주택 가격이 급락하면 갭투자자인 집주인이 망할 뿐만 아니라 세입자까지 동반 피해를 입기 때문이다. 실제로 전세가 비율이 높은 곳에선 집값이 하락하면 전세보증보험에 가입하지 않는 세입자의 경우 자신을 보호하는 방어벽이 사라진다. 무리한 자본이득을 꾀하다가 결국 경제적 약자인 세입자의 희생으로 이어지기 쉽다.

그런데도 시중 서점가에는 갭투자 성공기를 담은 책들이 나와 투자대열 합류를 부추긴다. 기업형 갭투자는 세입자가 어떻게 되든 나만 돈을 벌면 된다는 이기주의적 돈벌이다. 주거 자본주의 시대의 위험한 욕망의 바벨탑 쌓기가 될 수 있다.

개인이 갭투자를 하는 2가지 이유

요즘 서울·수도권에서 성행하는 갭투자는 젊은 무주택자들이 대거 참여하고 있는 것이 특징이다. 서울에서 주택거래의 절반 이상이 갭투자(전세금 승계 거래, 2020년 5월 국토교통부 통계 기준 52.4%)일 정도로 하나의 투자 방법으로 자리잡았다. 서울 아파트값이 워낙 오르니 '어디든 집을 사놓아야겠다'는 조바심과 불안감, '나만 뒤질 수 없다'는 경쟁심리가 복합적으로 작용한 것이다. 한마디로 주거 불안에 대처하는 자기방어기제가 작동되어 집 사기에 나선 것이다.

　개인이 하는 갭투자에는 2가지 유형이 있다. 첫째, 단순 시세차익용 갭투자다. 주위를 둘러보면 수도권에 전세를 끼고 집을 사는 서울 무주택자들이 적지 않다. 이런 유형은 나중에 실입주하려는 것보다 자본이득을 목적으로 투자하는 것이다. 물론 그렇지 않은 경우도 있겠지만 적당히 가격이 오르면 매각하려는 단순투자일 가능성이 높다. 이들에게 갭투자는 적은 돈으로 고수익을 올리는 일종의 레버리지 투자 방식이다. 집값 상승세가 가파를 것이라고 기대될 때 갭투자가 크게 늘어난다. 즉 갭투자는 집값의 기대 상승률과 비례한다. 요즘처럼 하락기에는 이런 유형의 갭투자는 뜸할 수밖에 없는데, 바닥을 찍고 상승기로 접어들 때 다시 늘어날 것이다.

　둘째, 또 다른 갭투자는 나중에 거주할 것을 염두에 두고 전세를 끼고 집을 사는 방식이다. 집값이 너무 비싸 당장 접근하기 어려운 초고가 주택 밀집 지역에서 주로 나타난다. 실제로 강남 4구의 전세금 승계 거래 비중이 매우 높다(2020년 5월 72.7%). 집은 사고 싶은데 대출 제한으로 대출이 어려우니 어쩔 수 없이 전세를 안고 매입하는 것이다. 전세금을 안고 투자하는 것은 세입자에게 무이자 대출로 돈을 빌려 사는 것과 같다. 세입자에게 돈을 빌리는 것이 은행 대출보다 쉽고 절차도 까다롭지 않다. 갭투자는 최종 목표가 아닐 수 있다. 언젠가 돈이 모이면 입주할 생각이다. 갭투자가 내 집 마련으로 가는 사다리 전략으로 이용되고 있는 셈이다. 그래서 겉으로 보기에는 갭투자이지만 실제로는 성격이 다르니 단순 투기수요와는 구별해야 한다고 생각한다. 앞 장에서 언급한 '선량한 갭투자'라는 것이다.

대출 규제가 풀리더라도 이런 방식의 갭투자가 확 줄어들지는 않을 것이다. 요즘은 집값이 너무 비싸 대출을 많이 빌리면 샐러리맨들은 월급으로 원리금 상환을 감당하기 힘들다. 전세를 끼면 일단 적은 자본으로 내 명의의 집을 보유하는 '뿌듯함'을 맛볼 수 있기 때문이다.

탈서울 갭투자와 심리적 거리

교통혁명으로 시간적 거리가 짧아져도 심리적 거리는 단축되지 않는다. 천안아산역에서 서울역까지는 KTX로 40분 남짓 걸리므로 경기도 외곽보다 더 빨리 서울에 올 수 있지만 심리적 거리감은 여전하다. 원주 역시 KTX-이음을 이용하면 청량리역까지 40분대에 도착할 수 있어도 여전히 강원도로 생각한다. 우리의 뇌는 어떤 지역을 떠올리면 시간적 거리보다 공간적 거리를 먼저 생각한다. 절대적 거리가 먼 만큼 심리적으로 멀게 느껴진다. 일반적으로 공간적 거리가 곧 심리적 거리라는 얘기다. 그런데 최근 아파트 갭투자 세계에서는 이런 통념이 잘 통하지 않는 것 같다.

요즘 수도권 아파트값은 교통혁명을 불러올 GTX 노선에 따라 춤을 춘다. GTX 효과가 과장되어있다는 일각의 분석도 있지만 시장 참여자들의 생각은 다른 것 같다. GTX 개발 재료는 시장의 기대를 부풀리는 헬륨가스와 같다.

내가 서울 사람이라고 가정해보자. GTX가 개통되어 시간적 거리가 단축된다고 해도 실제로 거주해야 한다면 탈서울을 쉽게 결정하지 못할 것이다. 교통비, 자녀 학교 문제 등 여러 가지를 감안할 수밖에 없기 때문이다. 물론 나중에 재택근무를 하게 되거나 자율형 자동차가 많이 보급되어 교외에서 살지도 모른다는 상상을 할 수 있다. 그렇지만 그런 생각은 잠시 생각일 뿐 당장 일상생활을 해야 하는 사람의 의사결정에 큰 영향을 미치지 못한다. 상상하는 일이 실제 일어날지 현재로선 알 수 없기 때문이다. 워라밸을 즐기는 직장인에게는 여전히 직주근접이 선호된다.

그러나 갭투자자는 생각이 다를 수 있다. 지금 당장, 그리고 미래에도 거주할 계획이 없는 사람에게 공간적 거리는 그다지 중요하지 않다. 거리에 부담을 느낄 필요도 없다. 그것도 농지나 임야가 아니라 언제든지 매매할 수 있는 아파트를 사는 게 아닌가. 지역에 관계없이 보유금액으로 살 수 있는 아파트를 찾아내 투자하고 수익만 챙기면 되는 것이다.

한 갭투자자는 이렇게 말했다. "아무 데나 사도 됩니다. 값만 오르기만 하면 되죠." 갭투자자에겐 아파트값이 빨리 올라 최종목적지인 서울로 갈아탈 수 있는 목돈을 만드는 게 중요하다. 말하자면 원격지 갭투자는 일종의 서울로 가기 위한 경유지 투자일 뿐이다. 그렇다면 지역도 별로 의미가 없어진다. 얼핏 들어서는 고개가 갸우뚱할 수 있지만, 집값이 잘 오르지 않는 수도권 외곽보다 지방 핫 플레이스의 심리적 거리가 더 가까울 수 있다. '집값이 어느 정도 빨리 오를 것인가'가 갭투자의 선택 기준이 된다면 충분히 가능한 얘기다. 과거보다 탈서울 주택 구입이 늘고 있는 것은 이런 유형의 갭투자 증가와 맞물려 있다.

이런 생각도 해본다. 혹시 지리적으로 먼 곳인데도 가깝게 느끼는 것은 모바일로 세상을 바라보기 때문이 아닐까. 중개업소에 걸려 있는 지도나 컴퓨터 화면 지도로 볼 때에 비해 모바일 맵은 압축된 세계를 보여준다. 인천 송도도, 경기도 평택도 모바일 맵으로 보면 가깝게 느껴진다. 손가락으로 스크린을 한번 터치(스크롤)하면 금세 이동이 가능하다. 엄지족들은 모바일로 먼저 체험하고 난 뒤 물리적인 공간을 확인하기 때문이다. 3차원 가상공간인 메타버스에서는 아예 거리나 공간개념이 희박하다. 메타버스에선 미국도 옆집처럼 느껴진다. 모바일이 세상을 하나로 묶어주니 국내뿐만 아니라 해외도 심리적 거리감이 줄어들었다는 얘기다. 모바일사회가 성큼 다가오면서 먼 곳까지 갭투자를 할 수 있는 환경이 만들어졌고, 결국 집단적인 원정 갭투자 붐으로 이어진 것 같다.

보증금은 반드시 갚아야 하는 부채

갭투자를 하는 사람들의 개인적인 사정이 어떻든 그 자체에는 위험이 내포되어 있다. 전세를 놓는다는 것은 세입자를 대상으로 2년짜리 무이자 채권(혹은 약속어음)을 발행하는 일이다. 통상 2년이 지나면 세입자는 공간을 비워주고 집주인은 채무를 상환해야 한다. 약속어음을 부도내선 안 된다. 집주인은 만기가 되면 자신의 노력으로 적극적으로 채무상환을 해야 한다는 뜻이다. 하지만 갭투자를 하는 이들은 시장의 또 다른 세입자를 구해서 채무상환(전세보증금 지급)

을 하려고 하는데, 이는 '빚 돌려막기'나 다름없다. 경제학적으로 보면 채무자인 집주인의 무책임한 행동일 수 있다.

자본주의 사회에서 돈을 버는 것은 자유지만, 경제적 약자인 세입자에게 피해를 주어서는 안 될 것이다. 여러 가지 이유로 어쩔 수 없이 잠시 갭투자를 한다는 생각을 할 수도 있다. 하지만 나중에 입주할 형편이 되지 않아 원하지 않는 장기 갭투자자가 될 수도 있다. 세상사는 애초 의도대로 잘 움직이지 않는다. 요즘 갭투자의 후유증으로 생기는 깡통전세 사태를 보면서 집주인들이 전세를 바라보는 시각부터 바꿔야 한다는 생각이 든다. '전세보증금은 때가 되면 반드시 갚아야 하는 부채'라는 것이다.

얼마 전 한 공익재단이 서울 시내 200억 원짜리 빌딩을 물색했다. 임대수익을 통해 재단을 운영하기 위해서다. 재단 관계자가 관계 당국에 알아보니 가급적 자기자본으로 건물을 사야 하며 대출은 최소화해야 한다는 답변을 들었다. 이 건물에는 10% 정도의 세입자 보증금이 들어 있었다. 재단 관계자는 일반 거래와 같이 매입가에서 세입자 보증금을 뺀 180억 원(취득세, 중개수수료 제외)이면 이 건물을 살 수 있을 줄 알았다. 하지만 관계 당국에서는 세입자 보증금도 빚(사적 대출)이고 세입자가 언제 나갈지 모르므로 은행 보통예금에 예치해야 한다고 했다. 결국 재단은 규모를 줄여 건물을 매입할 수밖에 없었다.

가끔 장관 후보자의 청문회를 볼 때가 있다. 장관 후보자가 갭투자로 아파트를 산 것을 두고 매서운 잣대를 들이댄다. 한 채를 샀든

두 채를 샀든, 당장 거주하지 않는 집을 사는 것은 잠재적 투기행위로 보는 것 같다. 언론에서 후보자를 검증할 때의 프레임도 크게 다르지 않다. 후보자 자신은 억울하겠지만 말이다.

물론 공익재단 빌딩이나 장관 후보자의 사례를 일반 개인에 엄격하게 적용하는 것은 무리다. 다만 핵심은 인식에 대한 것이다. 보증금(전세금)은 내 재산이 아니라 빚이라는 것, 세입자가 집주인에게 맡긴 예치금이라는 점이다. 김세직 서울대 경제학부 교수에 따르면 2020년 우리나라 전세·준전세 보증금 부채는 851조 원에 이른다. 집주인이 세입자에게 갚아야 할 빚 규모가 메가톤급이다. 갭투자를 하더라도 세입자에게 적어도 미안한 마음을 가져야 하고, 불상사가 일어나지 않도록 대비해야 한다. 하지만 투자할 때 갭투자가 초래할 수 있는 상황까지 고려하지는 않는 것 같다.

요즘 모바일 부동산 앱에는 아예 '갭 가격'이 별도로 있는데, 투자자들에게 인기라고 한다. 매매 가격에서 전세 가격을 뺀 금액(갭 가격)으로 투자할 수 있는 아파트를 찾아주는 것이다. 기능적으로 갭투자를 매우 쉽고 편리하게 할 수 있도록 안내하고 있지만, 한편으로는 갭투자에 대한 아무런 문제의식을 갖지 못하게 한다. 물론 모든 갭투자가 나쁘다는 뜻은 아니다. 다만 갭투자의 위험성을 얘기하고 싶은 것이다. 빚을 내서 주식 투자했다가 망하면 피해는 자신에게만 그친다. 하지만 갭투자는 경제위기가 닥치면 자신뿐만 아니라 세입자까지 언제든지 다칠 수 있는 아슬아슬한 투자라는 점을 잊지 말아야 한다.

갭투자가 시장에 미치는 영향

갭투자가 대세가 되면 아파트 시장은 계절을 잘 타지 않는 체질로 바뀐다. 포장이사가 가능해진 뒤부터 계절특수가 줄어들긴 했지만 그래도 아직도 남아있다. 가령 자녀를 둔 학부모는 학급편성이 되기 전인 1~2월에 이사를 한다. 매매 시장이나 전세 시장은 겨울방학 특수가 몰리면서 가격도 오른다. 하지만 갭투자는 당장 실거주하지 않고 전세를 안고 매입하는 것이므로 계절을 타지 않는다. 아무 때고 집값이 오르는 국면에서는 전세 시장 갭투자가 크게 늘어나는 것이다. 전세가 비율이 높거나 시세 상승 가치가 높은 아파트가 표적이 되기 마련인데, 다른 아파트보다 상대적으로 거래 회전율이 높다.

흥미로운 점은 갭투자가 많아지면 시장이 시중 금리의 영향을 상대적으로 덜 받는다는 것이다. 앞에서 언급한 것처럼 갭투자 자체가 세입자로부터 무이자로 대출을 받는 것이므로 이자 부담이 없다. 물론 매매 가격에서 보증금을 뺀 나머지 금액을 금융기관에서 빌린다면 그 금액만큼 부분적으로 금리 영향을 받을 것이다. 그 금액이 많지 않으므로 금리부담은 상대적으로 크지 않을 것이다. 즉 금융기관을 통해 매입 금액 대부분을 빌려 '영끌 빚투' 하는 것보다 금리 변동에 덜 민감하다는 얘기다. 다만 시중 금리보다 정부 규제에 대해선 민감도가 좀 더 높을 수 있다. 새로 도입하는 규제, 혹은 규제 완화에 따라 출렁이는 아파트 가격에 예민하게 반응한다. 갭투자는 임대수입이 없어 오로지 가격 상승으로만 보상을 받기 때문이다.

갭투자가 시장에 때로는 긍정적인 영향을 미치는 것일까. 경제는 음과 양이 있는 법이다. 일부 전문가들은 전세를 끼고 아파트를 매수한 만큼 시장에 전세를 공급하고 월세화를 막는 완충 기능을 한다고 말한다. 이른바 민간 임대주택 공급 역할론이다. 하지만 이미 완공된 아파트를 대상으로 갭투자를 한다는 점에서 신규 공급을 늘리는 건설임대보다는 순기능이 떨어진다. 더욱이 갭투자 수요로 집값이 급등하면 무주택자들의 내 집 마련 기회가 멀어지는 등의 폐해가 크므로 갭투자를 장려할 일은 아니다.

KEY POINT

갭투자는 이 시대의 인기 있는 일반적인 투자 패턴이다. 개인의 입장에서 단순한 시세차익용 갭투자든, 단계적 내 집 마련을 위한 갭투자든 주의해야 할 게 있다. 전세금은 내 재산이 아니라 세입자에게 돌려줘야 할 빚이라는 것이다. 나의 갭투자 실패가 세입자의 피해로 이어지지 않도록 해야 한다. 갭투자가 늘어나면 아파트 시장은 계절을 잘 타지 않는다. 비수기에도 집값이 오른다는 기대감이 커지면 매입 수요가 폭발한다. 세입자로부터 무이자 대출을 받아 집을 사는 만큼 금리 동향에 덜 영향을 받는다. 대신 정부의 규제 수위에 따라 집값이 출렁인다.

미래 부동산 흐름에 인구, 기후, 테크놀로지 등이 영향을 미칠 것이다. 인구가 줄어들면 공간적으로 '슈퍼 슬림화' 모양새가 나타난다. 지구 온난화가 가속화하면서 자연재해를 피할 수 있는 도심 생활은 더욱 가치를 발휘할 것이다. 인공지능과 로봇의 발달로 일자리가 줄어들면 장기적으로 자산소득에 대해 과세가 강화될 수도 있다. 절세 중심의 심플한 자산설계가 필요한 이유다. 공간의 경계가 사라진다. 아파트는 단순한 주거 공간을 넘어 복합공간으로 탈바꿈하고 있다. 소비 패턴이 급속히 비대면으로 바뀌고 있다. '포노 사피엔스 시대'에는 오프라인 공간만 볼 게 아니라 모바일 공간도 포함해서 상가를 봐야 한다.

PART 5

다가오는 설렘과
두려움의 뉴노멀,
생존법을 찾아라

미래 부동산 시장의 3대 키워드 : 인구, 기후, 테크놀로지

지구 온난화는 거주 공간의 대이동을 유발할 것이다. 외국에서는 '기후 젠트리피케이션'이라는 말도 나온다. 해안가에 살던 부자들이 고지대로 이동하면서 구도심 원주민들이 밀려나는 것을 의미한다. 침수 우려가 있는 해안가 부동산은 조심해야 한다.

　미래 부동산은 어떤 지형도가 펼쳐질까. 미래를 생각하면 설렘 반 기대 반이다. 정보기술의 발달로 생활이 좀 더 편리해질 수 있겠지만, 한편으로는 인구 감소나 지구 온난화, 일자리 위협 같은 부정적 이슈도 우리를 짓누른다.

　미래 부동산의 이슈 3가지로 인구, 기후, 테크놀로지(인공지능과 로봇 등)를 꼽고 싶다. 인구와 기후는 직접적인 요인으로, 테크놀로지는 간접적인 요인으로 작용할 것이다. 뉴노멀(새 표준) 시대에는 부동산에 접근하는 방법도 달라야 할 것이다.

인구, 듣기만 해도 가슴이 답답한 말

"우리나라가 일본보다 빨리 없어질 텐데."

　얼마 전 테슬라 최고경영자(CEO) 일론 머스크가 인구가 급격히 감소하고 있는 일본의 소멸론을 꺼냈을 때 내 입에서 이 말이 불쑥 튀어나왔다. 2021년 우리나라 출산율은 0.81명으로 세계 꼴찌 수준이다. 일본은 그나마 1.3명으로 우리나라에 비하면 '선방'하고 있다. 그가 일본보다 더 심한 한국의 인구절벽에 대해 뭐라고 말할까. 안 좋은 예감은 자주 적중한다.

며칠 뒤 머스크는 한국의 인구 감소에 대해 더 강한 어조로 경고했다. 그는 "한국 인구는 출산율이 변하지 않는다면 3세대 안에 현재의 6% 미만으로 떨어질 것"이라고 말했다. 한국 인구의 6%는 330만 명 수준이다.[48]

2021년 말 기준 부산광역시 인구가 335만 명인데, 우리나라가 부산 크기로 쪼그라들 수 있다는 얘기다. 좀 과장된 최악의 시나리오이긴 하다. 한국에 인구가 급격히 줄면 동남아나 중국 사람이 들어와 살지 않을까. 하지만 이 땅을 이민 인구로 다 메울 수는 없을 것이니 인구 재앙은 현실화할 것이다.

한국 인구는 2020년부터 감소세로 돌입한 가운데 지방에서는 그 이전부터 태풍권에 접어들었다. 통계청은 '시도별 장래인구 추계'를 통해 영남권은 2017년부터, 호남권은 2019년부터 인구가 줄어들었고, 수도권도 2036년에는 '마이너스 인구 성장'을 기록할 것으로 예상했다. 다만 집값에 큰 영향을 미치는 가구 수는 전국 기준으로 2040년 이후 감소세로 전환할 것으로 전망된다. 싱글 세대가 늘고 만혼, 이혼이 겹쳐 총인구가 감소해도 가구 수는 오히려 늘어나는 국면이 나타나는 것이다.

인구절벽에 대해서 지금으로서는 걱정이 앞설 뿐 실감을 하지 못한다. 아직 부동산 시장에도 인구 충격이 본격화되었다고 보기 어렵기 때문이다. 주택 시장에선 MZ세대가 신규 진입하는 데다 고령 세대 역시 여전히 시장에 머물면서 초과수요를 만들어내고 있기 때문인 것 같다. 하지만 이제는 서서히 인구 충격에 대비해야 하지 않을까 싶다.

인구학자인 서울대 조영태 교수는 "경제활동의 주축인 25~59세 인구가 2,500만 명 이하로 낮아지는 2030년 이후 인구절벽은 현실적인 문제가 될 것"이라고 말했다.[49] 부동산 시장도 2030년 이후에는 본격적으로 인구변화의 영향권에 접어들 전망이다. 아직 약간의 시간이 남았으니 차곡차곡 준비하는 것이 좋을 것 같다.

부동산이 마치 감옥 같아요

2032년 어느 날, 서울에 사는 67세 남성인 김기성(가명) 씨는 아침부터 시골 땅 문제로 골이 지끈거린다. 4남매의 맏이인 그는 부모가 물려준 땅을 많이 보유한 땅 부자다. 경기도 양평과 강원도 철원의 임야는 물론 충남 공주와 서천에도 농지를 보유하고 있다. 필지 수로 10여 곳에 달한다. 아버지가 젊은 시절 쇼핑하듯이 사놓은 부동산이다. 아버지는 15년 전에, 어머니는 6년 전 타계하셨다.

겉으로 보면 그는 아주 복을 많이 받은 사람 같지만 실속은 없다. 부동산은 4남매가 대부분 공동명의로 갖고 있다. 문제는 대부분 교외의 토지, 심지어 산 중턱 임야라 팔리지 않는다는 것이다. 더욱이 남매지간에도 매각을 놓고 의견이 서로 달라 머리가 아프다. 막냇동생은 돈이 필요해서인지 지금 팔자고 하고, 재테크에 밝은 셋째 여동생은 주위에 개발 호재가 많으니 기다리자고 한다. 둘째 동생은 미국에 이민 가서 살고 있어 간혹 연락만 할 뿐이다. 김씨는 만약 남매 중 한 명이라도 세상을 떠나면 더 꼬일 것 같아 걱정이다. 조카들에게 지분이 상속되니 땅을 팔려면 일일이 동의를 받아야 하기 때문이다.

김씨는 며칠 전 서천의 농지를 찾아 현장을 둘러봤다. 난생처음 가보는 곳이었다. 누가 몰래 농사를 짓는지 채소가 심겨 있었다. 무단 경작자를 찾아야 하는데 지역이 낯설고 아는 사람도 없어 쉽지 않았다.

동네 부동산 중개업소에 들러 요즘 농지 매매가 있는지 물어봤다. 중개업자는 젊은이들이 다 떠나고 노인들만 남은 시골 농지를 누가 사겠느냐고 했다. 갑자기 한숨이 나왔다. "저 땅을 어떻게 관리하지? 갖고 있어도 임대수익은커녕 세금만 나오는데…" 부모가 물려준 부동산이 재산은커녕 짐이라는 생각이 들었다. 부동산이 부를 이루는 부동산(富動産)이 되는 게 아니라 오히려 부담만 되는 부동산(負動産)이 된 꼴이다. 이래저래 팔지도 못하고, 부동산 감옥에 갇힌 것 같다.

10년 뒤 일어날 부동산 시장의 흐름을 상상해본 것이다. 인구 충격의 영향을 가장 먼저 받는 것은 지방의 비도시지역 토지일 것이다. 안타까운 이야기지만, 아기 울음소리가 나지 않는 지역은 희망이 없다. 시골의 한계 농지와 임야는 인간이 개발하기 이전 상태인 '자연의 품'으로 돌아갈 준비를 할 것이다.

지금도 시골에서 경지 정리가 되지 않은 산자락 논밭은 더 이상 일구지 않는다. 농사를 짓지 않아 오랫동안 묵밭이나 묵논으로 방치하다 가족묘로 사용하곤 한다. 앞으로 시골 논밭은 좌초자산(수익이 거의 없거나 자산 가치가 떨어지는 자산)으로 전락해서 보유해도 애물단지가 될 가능성이 크다.

극심해질 '공간의 마태 효과'

지금처럼 출산율이 낮으면 1인당 국민총소득(GNI)은 얼마 가지 않아 5만 달러를 넘어설 것이다. 1인당 GNI는 해당연도 국민총소득을 총인구로 나눈 것이기 때문이다. 분자인 경제 성장률이 정체되어도 분모인 절대 인구가 줄어들면 1인당 국민총소득은 오히려 늘어난다. 어찌 보면 1인당 국민총소득 증가의 이면에는 인구 감소에 따른 착시가 작용하는 것이다.

인구가 줄어들면 자본과 사람이 몰리는 곳과 그렇지 않은 지역 간의 집값 양극화가 더욱 뚜렷해질 가능성이 높다. 교육, 병원, 쇼핑 등 각종 편의시설이 잘 갖춰진 지역에 대한 선호도가 높아질 것이다.

저출산과 고령화로 인해 선호 지역에 인구가 몰리면 비선호 지역은 도시의 기능이 제대로 발휘되기 어렵다. 자녀를 학교에 보내거나 병원에 오가는 등의 생활이 너무 불편하기 때문이다. 지역에 따라 극과 극으로 분화되는 공간의 마태 효과(matthew effect, 빈익빈 부익부 현상)가 극심해질 것이다. 공간적으로 특정 지역만 뾰족하게 치솟는 '슈퍼 슬림화' 모양새가 나타날 수 있다.

요즘 지방 부자들 사이에서 서울에 집 사놓기가 유행이다. "서울 집 한 채는 선택이 아니라 필수"라는 말이 나돌 정도다. 한국부동산원에 따르면 2022년 1분기 서울 아파트를 매입한 사람의 30.3%가 외지인으로, 2006년 통계작성 이후 최대치다. 강남구와 잠실·여의도·성수·목동 등 토지거래허가구역에서는 실거주가 아닌 갭투자는 어렵다는 점을 감안하면 매우 높은 수준이다. 집을 사더라도 상대적으로 안전한 곳을 매입하려는 상경 투자자들이 몰렸기 때문이다. 어찌 보면 미래 인구 충격에 대비한 지방 부자들의 선제적 투자일 수도 있겠다는 생각이 든다.

이들은 여유가 되면 강남 아파트를 사지만, 여의치 않으면 강북 요지의 아파트를 매입한다. 집값은 잘 떨어지지 않는다는 불패 신화가 강남에 머무르지 않고 서울 전역으로 확대된 느낌이다. 지방 사람에게 강남 불패 신화는 접근이 어려운 로망일지 모르지만, 서울 불패 신화는 현실적으로 가능한 영역이다.

서울은 향후 어떤 모습으로 변할까. 한강 변에 높은 층수의 건물과 주거시설이 들어서면서 미국 맨해튼이나 홍콩처럼 바뀔 것 같다. 아파트도 한강 조망권을 갖춘 부촌을 중심으로 가치가 재평가될 가능성이 높다.

빈집은 아파트보다 단독주택에서 많이 나올 듯

우리나라도 머지않아 일본처럼 빈집 문제로 몸살을 앓을 것이다. 일본의 빈집 비율은 13.6%(2018년)로, 한국의 8.2%(2020년)보다 훨씬 높다. 한국에서는 빈집이 늘어나더라도 단독주택을 중심으로 늘어날 가능성이 크다. 주로 지방 대도시의 낙후된 원도심이나 시골 농가 주택들이 빈집으로 남을 것 같다. '아파트 공화국'에선 빈집 사태가 사회 문제화된다 해도 '불 꺼진 아파트'는 많지 않을 것이다. 그만큼 우리나라 사람들은 아파트를 좋아하기 때문이다. 지금도 일부러 비워두지 않은 한 아파트 단지에서 빈집은 잘 발생하지 않는다. 아파트는 주거 경쟁력을 갖추고 있으므로 고령화와 저출산에도 최후에 가서야 빈집이 될 것이다.

지방 대도시는 노후화로 인해 원도심의 주민들이 떠나면서 슬럼화 현상이 더욱 심각해질 수 있다. 슬럼화 현상은 주로 단독주택이나 연립주택 같은 비아파트가 노후화되면서 생긴 문제다. 상권이 쇠퇴하고 도시기능이 떨어지다 보니 "원도심에서는 사람보다 비둘기가 많이 산다"는 말까지 나온다.

원도심이라는 어휘는 서울과 수도권에서는 거의 사용하지 않고 지방에서 자주 듣는 말이다. 그만큼 지방에서 원도심 문제가 심각하다는 방증이다. 선거 때마다 단골로 원도심 살리기를 공약으로 내걸지만 성공했다는 소식을 들어본 적이 없다.

지방에서 원도심이 쇠퇴한 이유는 인구 감소도 있지만 무분별한 도시 확장 탓도 크다. 대도시 주변에 아파트 중심의 신도시를 마구

잡이로 개발하다 보니 인구가 그곳으로 유출되어 슬럼화가 더 심해지는 것이다.

소득이 높아지면서 쾌적하고 편의시설이 잘 갖춰진 새 아파트 선호도가 높아지고 있다. 대도시 인구는 아파트를 따라 이동한다. 지방에서 신도시 건설은 기존 도시를 더 파괴하는 건설이나 다름없다. 지금이라도 '화전민식' 신도시 개발을 멈추고 그 에너지를 원도심을 살리는 데 사용해야 하지 않을까.

지구 온난화 후폭풍, 계곡과 해안가 주의보

최근 강원도 원주에서 바나나가 재배된다는 뉴스를 접했을 때 깜짝 놀랐다. 그것도 한겨울을 제외하고는 하우스가 아닌 노지에서 키운다니···. 경남 산청에서 바나나의 대량 재배에 성공했다는 소식은 들었지만 이렇게 빨리 재배지가 북상할지는 몰랐다. 며칠 전에는 남한 최북단 강원도 화천에서 바나나 시험 재배에 들어갔다는 소식까지 들려왔다. 강원도에서 바나나 재배가 가능하게 된 결정적인 이유는 재배기술이 발달한 것도 있겠지만 빠르게 진행된 지구 온난화 때문일 것이다.

우리나라는 이제 사계절이 뚜렷한 온대 기후가 아니라 아열대 기후로 가는 게 멀지 않았나 보다. 하기야 대구 능금은 옛말이고, 이제 사과 주산지는 강원도 산악지대로 바뀌었다. 제주도 특산품인 한라봉은 경기도 이천, 감귤은 인천에서도 재배한다. 지난 100년간 국내 평균기온은 1.8도 상승했고, 최근 10년 사이에 0.5도가 더 오르면서

가능해진 일이다.[50]

우리나라는 '더운 나라'로 향해 가고 있다. 여름이 길어지고 겨울은 짧아진다. 지구 온난화로 인해 게릴라식으로 비가 쏟아지는 국지적 기습폭우가 빈번해질 가능성이 있다.

따라서 폭우 피해를 입을 수 있는 골짜기 부근에 전원주택을 짓는 것은 위험천만하다. 문제는 골짜기가 아닌 곳에서도 예기치 않은 사고가 일어난다는 점이다.

최근 산사태로 인명피해가 난 강원도 펜션 일대를 둘러볼 기회가 있었다. 겉으로 봐서는 산사태 피해를 입을 만한 곳이 아니었다. 호우로 지반이 약해진 뒷산의 토사가 한꺼번에 쏟아지면서 펜션을 덮친 것이다. 지구 온난화 시대는 자연재해를 피할 수 있는 도심 생활이 더욱 가치를 발휘할 것이다. 앞으로 대도시마다 폭우에 대비해 배수구와 하수구를 넓히는 작업을 할 것이다.

지구 온난화의 후폭풍은 여기에 그치지 않는다. 우리나라 해수면은 1991년부터 30년간 평균 9.1cm나 상승했다(국민해양조사원). 환경단체들은 '지구 온난화가 가속화되어 그린란드 빙하가 모두 녹으면 금세기 안에 전 세계 해수면이 평균 7m 상승할 것'이라고 주장한다. 기후 재앙으로 난민이 속출할 것은 '안 봐도 비디오'다. 우리나라 역시 인천공항 등 수도권 해안가뿐만 아니라 서해안, 남해안도 침수 피해 대상이 될 수 있다. 부산, 창원, 울산, 인천 등 해안가 아파트들도 타격을 받을 수 있다. 우리나라는 전 국토의 70%가 산이어서 그나마 다행이라는 생각이 든다. 해안 도시의 경우 해수면이 높아지면 바다에서 약간 떨어진 구릉 지대가 주거지로 각광받을 것이다.

지구 온난화는 거주 공간의 대이동을 유발할 것이다. 외국에서는 '기후 젠트리피케이션'이라는 말도 나온다. 해안가에 살던 부자들이 침수 위험을 피해 고지대로 이동하면서 구도심 원주민들이 밀려나는 것을 의미한다.

외국의 유명 해안가 아파트의 인기가 예전 같지 않고 침수 우려가 있는 지역에선 가격도 하락하고 있다. 앞으로 침수 우려가 있는 해안가 주변의 땅이나 주택을 사는 것은 조심해야 할 것이다. 물론 방파제를 조성할 수 있겠지만 비용이 많이 들어 시간이 꽤 걸릴 것이다. 바다 조망권을 보고 덜컥 부동산을 사는 것은 매우 위험할 수 있다. 이제는 폭우뿐만 아니라 바닷물 유입까지 고려해가면서 부동산을 사야 하는 시대가 되었다.

자산 포트폴리오를 심플하게 짜야 하는 이유

우리나라는 세계에서 로봇 사용이 가장 활발한 국가에 속한다. 국제로봇연맹에 따르면 한국은 2020년 기준 노동자 1만 명당 로봇 대수가 932대로 세계에서 가장 많다. 세계 평균(126대) 대비 7배 이상 많다.[51]

2위는 싱가포르다. 물론 로봇이 당장 인간의 일자리를 대거 빼앗아 대량 실업이 발생하지는 않을 것이다. 하지만 서서히 인간의 일자리를 위협할 것이다. 근로자 1,000명당 로봇이 1개 늘어날 때 제조업 노동수요는 2.9% 포인트 줄어든다.[52] 공장에서는 단순·반복 노동직일수록 로봇이 인간을 대체할 것이다. 일상생활에서도 배달, 수술, 간호, 서빙 등 상당 부분을 로봇이 맡을 것이다. 오죽하면 빌 게이츠가 "인간의 일자리 빼앗는 로봇에게 과세하는 일은 당연하다"고 했을까. 요즘 소형 음식점이나 카페에선 무인 키오스크가 대세가 되었다.

로봇뿐만 아니라 인공지능(AI)도 인간의 일자리를 넘보고 있다. 인공지능의 영향을 받지 않는 직종이 거의 없을 정도다. 그동안 사회의 부러움을 받았던 직종인 변호사, 회계사, 의사, 약사 등도 인공지능의 위협에서 자유로울 수 없다.

로봇과 인공지능으로 양질의 일자리가 줄면서 사회는 소득과 자산 양극화가 더 심해질 것이다. 정부는 사회적 양극화를 해소하기 위한 복지지출을 늘릴 수밖에 없다. 선거가 다가오면 후보자들은 표를 얻기 위해 온갖 복지 공약을 내걸 것이다. 투표는 땀 흘리는 로봇이 아니라 땀을 흘리지 않는 사람이 한다. 최근 선거에서 보수, 진보 가릴 것 없이 표심을 잡기 위한 '분배주의적 공약'을 내놓았다. 복지 공약을 실현하기 위한 그 많은 재원을 어디에서 마련할 것인가. 기업의 이익도 있지만 개인의 자산소득도 대상이 될 수밖에 없으리라 생각한다.

멀지 않아 금융 소득 종합과세 기준도 2,000만 원에서 1,000만 원으로 낮아지지 않을까. 당장 이뤄지지는 않겠지만, 장기적으로는 충분히 가능한 시나리오가 아닌가 생각된다. 따라서 여유가 된다면 비과세 혹은 세금 우대 상품을 최대한 가입해놓는 것이 좋을 것이다. 절세가 가능한 ISA(개인종합자산관리계좌)나 연금저축, IRP(개인형 퇴직연금) 등은 필수다. 주택도 여러 채를 보유하기보다는 1채 중심으로 설계하는 것이 바람직하다. 실거주 1주택에 대해서는 전 세계적으로 가격이 비싸든 싸든 취득·보유·양도세를 과하게 매기지 않는다. 우리나라에서도 어느 정부가 들어서든 투기성이 덜한 1주택자는 최대한 보호해줄 것이다. 우량 자산 중심으로 절세를 고려해서 심플하게 구성하는 것이 훨씬 유리할 것이라는 얘기다.

또 다른 변수, 차이나 머니

향후 30년을 내다본다면 중국 자본은 우리나라 부동산 시장에서 중요한 변수다. 중국 자본은 인구, 기후, 테크놀로지 등 3대 변수와는 성격이 달라 키워드에 포함시키지 않았지만, 그래도 언급하는 게 좋을 것 같다.

잘 알다시피 주택 시장은 기본적으로 로컬시장이다. 주로 국내 공급이나 정책, 금리에 따라 움직인다. 하지만 국지적 시장에 외국자본이 유입되면 서민의 주거 불안이 더 커질 수 있다. 즉 집값이 급등하면 그 부담은 고스란히 내국인이 떠안아야 한다는 것이다. 세계 어느 나라든 외국자본의 자국 주택 쇼핑을 그렇게 반기지 않는다. 주택 시장이 글로벌 자본의 공세에 요동칠 수 있다는 이유에서다.

입법조사처 자료에 따르면 2021년 한 해 동안 한국에서 중국인이 주택 등 건축물을 매입한 횟수는 총 6,640건이다. 전국 17개 시도 가운데 경기도가 2,659건으로 가장 많다. 시흥이나 안산 등지에 중국 교포들이 많이 살고 있어 거주용 주택을 매입한 것으로 추정된다. 서울은 736건으로 인천에 이어 3위를 차지했다.[53]

베이징에서 인천까지 비행기로 2시간이면 올 수 있을 만큼 중국과 우리나라는 지리적으로 가깝다. 향후 남북관계가 안정되거나 중국 내부사정으로 변수가 생기면 중국자금이 국내 주택 시장에 대거 유입될 수 있다. 중국 정부가 최근 '공동부유사회(다 같이 잘 사는 사회) 건설'을 주창하자 중국 부자들 사이에 싱가포르로 자산을 옮기려는 움직임이 나타나고 있다. 지정학적 위험만 사라진다면 한국 부동산도 피난처로 이용될 수 있다.

아직은 중국인의 한국 부동산 투자는 초기 단계다. 코로나19 사태 이전에는 대림동·연남동 관광지나 중국교포 거주지 중심의 연고지 투자가 많았다. 주거용 부동산에도 차이나 머니가 속속 유입되고 있다. 부자들은 강남이나 해운대 등의 요지에도 체류 겸 투자용으로 아파트를 매입하는 것 같다. 부동산에 투자하는 모든 외국자본을 막을 필요는 없다. 상업용 부동산은 큰 제약 없이 투자하도록 개방해야 한다. 우리나라도 미국이나 유럽의 상업용 부동산을 매입해 리츠나 펀드로 만들어 일반 고객에게 판다. 서울지역 부동산 빌딩 시장에선 싱가포르 투자청이 큰손이다.

문제는 서민들의 삶과 직접적 연관이 있는 주택 시장이다. 현 단계에서 중국 자본은 공급경보보다 경계경보 대상인 것 같다. 시장 불안 정도에 따라 단계별로 대응할 필요가 있다. 1단계는 규제지역의 토지거래허가제 적용이다. 토지거래허가구역에서는 말 그대로 허가를 받아야 하므로 주거용 부동산은 실거주 목적이 아닌 단순 투자는 취득 자체가 어렵다. 2단계는 캐나다처럼 취득세율을 중과하는 등 가수요를 엄격히 차단해 국내 주택 시장을 보호할 필요가 있다.

KEY POINT

인구가 줄어들면 자본과 사람이 몰리는 지역과 그렇지 않은 지역 간의 '극과 극' 현상이 나타날 것이다. 공간적으로 '슈퍼 슬림화' 모양새다. 주거 경쟁력이 높은 아파트는 최후의 빈집이 될 것이다. 지구 온난화 시대에는 자연재해를 피할 수 있는 도심 생활이 더욱 가치를 발휘할 것이다. 해수면이 높아지면 침수 우려가 있는 해안가 부동산은 조심해야 한다. 또한 로봇과 인공지능으로 양질의 일자리가 줄어들면서 소득 양극화가 더 심해질 것이다. 장기적으로 개인 자산에도 과세가 강화될 수 있는 만큼 절세 중심의 심플한 자산운용이 필요할 것이다.

공간의 경계와 고정관념이
무너지는 세상

요즘 대단지 아파트는 이동만 하지 않을 뿐 거대한 '콘크리트 캐슬'이다. 커뮤니티 공간을 통해 대부분 자체적으로 편의에 대한 니즈를 해결한다는 측면에서다. 아파트는 단순한 주거 공간을 넘어선 지 오래다.

크리스찬 리버스 감독의 영화 〈모털 엔진(2018)〉은 움직이는 도시들의 전쟁 이야기다. 3000년대 초반 세계전쟁으로 겨우 살아남은 인류는 오염된 땅에서 더 이상 정착 생활을 할 수 없게 되었다. 어쩔 수 없이 사람들은 '이동 도시'를 만든다. 이동 도시는 움직일 수 있도록 바퀴와 모터를 단 거대한 구조물이다. 이곳에서의 삶은 평화롭지 않다. 강하고 큰 도시는 이동하면서 작은 도시를 사냥하고 식량과 자원을 약탈하기 때문이다.

이 영화는 약탈로 몸집을 더욱 크게 불리려는 큰 도시와 이를 막으려는 작은 도시 간의 생존을 건 싸움을 그리고 있다. 도시 간의 드라마틱한 약육강식 전쟁이다. 모든 생활은 이동 도시 안에서 이뤄진다. 곡식 창고도 별도의 공간에 싣고 다닌다. 한마디로 자급자족 생활이다.

이 영화의 거대 도시를 보면서 중세 유럽의 성(城)이 떠올랐다. 요즘 대단지 아파트는 이동만 하지 않을 뿐 거대한 '콘크리트 캐슬'이다. 커뮤니티 공간을 통해 대부분 자체적으로 편의시설의 니즈를 해결한다는 측면에서다.

복합공간으로 재탄생하는 아파트

아파트는 단순한 주거 공간을 넘어선 지 오래다. 2021년 말 1인당 국민총소득(GNI)이 3만 5,000달러를 훌쩍 넘어서면서 주거의 기대수준이 높아졌다. 그만큼 사람들이 좀 더 차별화된 주거 서비스를 원하기 마련이다. 각종 편의시설을 갖춘 커뮤니티형 아파트가 관심받는 이유다. 아파트는 이제 여러 기능을 합친 복합 주거 공간으로 탈바꿈하고 있다. 기존 아파트로 치면 다용도실의 공간이 확장되고 고급화된 것이다. 커뮤니티 시설은 아파트가 양적 공급에서 질적 공급 시대로 진화하고 있음을 보여준다.

우리나라 아파트의 역사는 1세대(연탄 난방 저층 아파트), 2세대(엘리베이터와 중앙난방 아파트), 3세대(3베이 혹은 4베이 혁명, 지상에 차 없는 아파트)를 거쳐 이제 4세대로 접어들고 있다. 4세대 아파트의 차별화 포인트는 바로 아파트 내의 커뮤니티 시설이다. 미세먼지와 혹한, 혹서의 날씨와 코로나19 사태로 인해 아파트 안에서 거주하는 트렌드가 확산하면서 커뮤니티 시설이 매우 중요해졌다. 지하층에 찜질방, 수영장, 헬스장, 골프 연습장, 레스토랑, 게스트하우스, 북카페, 커피숍까지 갖추고 있으며 심지어 문화강좌도 자체적으로 연다. 자녀의 소규모 과외수업까지 커뮤니티 시설의 소규모 공간에서 이루어진다.

최근 수도권 외곽의 한 아파트 단지를 탐방할 일이 있었는데 커뮤니티 시설 수준을 보고 놀랐다. 입주민들이 스크린 골프장에서 내기 골프를 치고 있었다. 이런 풍경을 보고 아파트에 한 번 살면 어지간한 결심을 하지 않고서는 빠져나오기 힘들 것 같다는 생각이 들었다. 아파트는 편의만 생각한다면 현대인에게 최적화된 주거 공간이다.

요즘 고급 아파트 단지에선 입주민에게 호텔 수준의 '컨시어지(concierge) 서비스'도 제공한다. 컨시어지 서비스는 고급 호텔 투숙객에게 제공하는 종합적인 편의 서비스다. 아파트 입주민들은 세탁과 내부 청소 대행, 발레파킹, 카 셰어링, 세차 등 각종 서비스를 받을 수 있다. 물론 공짜는 아니다.

입주민을 대상으로 조식과 석식을 제공하는 단지들도 부쩍 늘었다. 이 서비스를 제공하는 아파트 단지에선 주부들의 부엌일도 크게 줄 것이다. 집에 칩거하면서 세끼를 챙겨 먹는 삼식(三食)이는 찾아보기 어려울 것이다. 만약 아내에게 밥을 차려 달라고 요구하면 지하 레스토랑에서 해결하라고 핀잔을 주지 않을까. 하루에 한 끼도 집에서 먹지 않는 영식(零食)이가 대세가 될 것이다. 아마도 세월이 좀 더 흐르면 커뮤니티 시설에서 스몰 웨딩 방식으로 결혼식도 열리지 않을까 싶다.

새 아파트의 인기 이유, 커뮤니티 시설의 힘

폐쇄형 커뮤니티 시설을 갖춘 대단지 아파트 단지는 마치 콘크리트 소공화국 같다. 전용면적 84㎡ 아파트를 산다는 것은 전용면적을 넘어 지하층 편의시설이라는 외연이 확장된 공간을 구매하는 것이다. 아파트의 공간을 이용하는 개념이 크게 바뀌고 있다. 다만 외부와 격리된 폐쇄형 커뮤니티라는 점에서 과거 전통적인 커뮤니티와는 큰 차이가 난다. 닫힌 문안에서만 서로가 소통한다.

커뮤니티 시설은 아파트 가치에 큰 영향을 미친다. 소규모 빌라와 아파트 단지 간의 가격 차이는 바로 커뮤니티 공간 값 차이라고 말할 정도다. 커뮤니티 시설은 입주민이 어느 정도 많아야 운영할 수 있다. 최근 신축 대단지 아파트가 인기를 끄는 데는 다양하고 활용도도 높은 커뮤니티 시설이 한몫하고 있다.

커뮤니티 시설에 대한 입주민의 선호도가 높아지자 임대아파트에도 수영장이 들어서게 되었다. 서울시는 최근 임대아파트에 수영장을 비롯해 피트니스센터, 펫 파크(반려동물 공원) 등 커뮤니티 시설을 넣기로 했다고 밝혔다.

오피스텔의 커뮤니티 시설도 아파트 뺨친다. 아니, 아파트 수준을 넘어선 곳도 많다. 주로 분양가 규제가 거의 없는 하이엔드(high-end, 최고급) 오피스텔에서다. 강남의 한 오피스텔의 스포츠 시설은 마치 호텔 피트니스 클럽을 연상시킨다. 운영 방식도 호텔 클럽 회원제와 비슷하다. 입주민과 입주민이 추천하는 외부 사람을 대상으로 일정한 심사를 거쳐 회원으로 받아들인다. 이곳에는 전체 37개

층 중 3개 층(지하층 일부 포함하면 4개 층)에 커뮤니티 시설이 있다. 하늘을 올려다보며 수영을 할 수 있는 스카이 풀, 샴페인 부스, 골프 연습장 등 각종 운동 및 휴양 시설이 들어서 있다. 옥상 정원에서는 정원에 의자를 놓고 커피를 마실 수 있다. 주거 공간의 커뮤니티 시설은 광속도로 진화하고 있다. 답답한 도심 공간의 한계를 극복하려는 '공간 혁명'의 일환이다.

홈코노미, 올인룸 시대

코로나19 사태로 집 안에서 보내는 시간이 예전에 비해 많아졌다. 집은 단순히 잠만 자는 게 아니라 여러 활동까지 하는 공간으로 탈바꿈하고 있다. 홈(home)과 이코노미(economy)를 합친 개념의 홈코노미가 각광을 받는 것도 이 때문이다. 한마디로 홈코노미는 집 안에서 하는 다양한 경제활동이다. 이 외에도 홈오피스(집 안에 따로 만든 사무실), 홈인테리어, 홈트레이닝, 홈카페, 홈캠핑, 홈루덴스(집에서의 게임 놀이) 등 집에서 하는 활동들이 늘고 있다. 요즘 어지간한 회사원이라면 집에서 재택근무를 하거나 홈트레이닝을 한 경험이 있을 것이다.

홈코노미는 어찌 보면 방 안에서 모든 것을 누리는 올인룸(all in room)의 경제학적 개념이다. 올인룸은 최근 피데스개발에서 내놓은 신 주거 트렌드다. 방안에서 일과 쇼핑을 비롯한 모든 일이 해결된다. 굳이 밖에 나가서 밥을 먹거나 쇼핑하지 않고 스마트폰으로 배달주문을 해서 해결한다. 방 안에서 오래 머물기에 인테리어에 아낌

없이 투자한다. 방은 콘크리트 쉼터이자 힐링 공간도 된다. 이는 곧 스테이케이션(staycation) 개념으로 연결된다. 스테이케이션은 '머물다(stay)'와 '휴가(vacation)'를 합성한 신조어다. 멀리 나가지 않고 집이나 집 근방에서 휴가를 보내는 것을 뜻한다.

올인룸은 한동안 회자되었던 '슬세권'보다는 좁은 영역이다. 슬세권은 슬리퍼나 잠옷 같은 편한 복장으로 편의시설을 이용할 수 있을 정도로 편리한 주거 권역을 의미한다. 슬세권은 아파트 단지 부근의 근생 시설까지 확장된 공간이지만 올인룸은 방에서 벗어나지 않는 '홈족'이나 '방콕족' 공간처럼 좁다. 올인룸은 편의성에 따라 집이 압축적 공간으로 재탄생된 결과일 수도 있다. 집도 세상의 변화에 맞춰 그만큼 변모하고 있는 셈이다. 한편으로 올인룸은 코로나19 사태로 고립화된 현대인의 상징적인 공간 같아서 약간 씁쓸한 느낌이 든다. 밖에도 나가지 않고 집안에서 하루 종일 머문다면 얼마나 답답할까 하는 생각도 해본다.

저는 휴양지에서 근무합니다

제주도나 강원도 등 휴양지에서 휴가를 즐기면서 회사 업무를 본다. 요즘 각광받고 있는 워케이션(workcation)이다. 워케이션은 일(work)과 휴가(vacation)의 합성어로, 자신이 원하는 곳에서 일과 휴가를 동시에 할 수 있는 새로운 근무 형태다. 인터넷을 이용할 수 있는 환경만 갖추면 어디에서 일하든 제한이 없다. 휴양지에서도 회사 업무 프로그램에 접속해서 업무를 처리하고, 수시로 직원들과 채

팅할 수 있다. 짧으면 일주일, 길게는 3개월까지 워케이션 방식으로 일할 수 있다. 일부 기업은 직원복지 차원에서 체류 비용도 지원하고 있다.

원격근무가 진화된 형태인 워케이션은 일하는 방식에도 큰 변화를 낳을 것이다. 파도가 출렁이는 바다를 바라보면서 일하고 있다고 상상해보라. 생각만 해도 스트레스가 사라지고 업무효율이 올라갈 것 같다. 워케이션은 출근해서 상사 눈치 보고 옆 사람과 보이지 않는 신경전을 벌이며 살아가야 하는 샐러리맨에게는 '천상의 근무'가 될 수 있다.

워케이션은 디지털 기기에 익숙하고 '워라밸(일과 삶의 균형)'을 중요시하는 MZ세대 사이에서 특히 호응도가 높다. 이런 수요에 맞춰 워케이션 특화 마을을 조성하는 곳도 생겨났다. 워케이션 지역과 기업을 연결하는 중개업체들도 등장하고 있다. 지자체들도 워케이션 유치에 발 벗고 나섰다. 워케이션 수요가 몰리면 기업 유치에 버금가는 경제적 효과를 갖기 때문이다. 주말이나 휴가철에 잠시 반짝하는 관광수요와 달리 주중에도 체류하므로 지역경제 활성화 효과가 크다. 워케이션은 웰빙 근무를 지원하려는 기업체와 지자체의 경제적 이해관계가 맞물려 새로운 근무 형태로 자리잡을 것 같다. 지방은 고령화와 저출산에 따른 인구 감소로 소멸의 위기가 커지고 있다. 워케이션 유치는 체류 인구를 끌어들여 지방경제를 살리는 대안이 될 수 있다.

워케이션 수요가 늘자 도심 호텔들도 상품을 내놓고 있다. 서울 삼성동의 한 호텔이 내놓은 이 상품은 하루 최대 12시간(오전 8시~오후 8시)을 이용할 수 있다. 호텔 객실에서 일을 보다가 시간이 나면 피트니스센터나 수영장을 이용할 수 있다. 강남의 회사원은 "재택근무로 지친 직장인들이 호텔에서 휴식을 취하면서 일할 수 있는 셈"이라며 "사정상 멀리 휴양지로 가지 못하는 사람에게 적합한 상품인 것 같다"고 말했다.

메타버스에서 출근 도장 찍어요

가상 세계인 메타버스(metaverse). 메타버스는 가상을 의미하는 메타(meta)와 현실 세계를 의미하는 유니버스(universe)의 합성어다. 메타버스라고 하면 우리는 MZ세대가 즐기는 모바일 게임이나 놀이 공간을 떠올린다. 하지만 요즘은 메타버스 근무 방식이 속속 도입되면서 직장인의 일터 풍경까지 바꿔놓고 있다. 최근 개발된 메타버스 사무실을 보면 평소 회사생활의 공간 배치와 동선을 그대로 옮겨놓았다. 현실과 비슷하게 환경을 조성해 업무의 몰입도를 높이려는 취지에서다. 차이라고 한다면 공간 자체가 다르고 나 자신이 아닌 아바타가 대신해 활동한다는 점이다.

회사에 출근하기 위해서는 일단 가상 사무실에 로그인해야 한다. 집, 휴가지, 해외뿐만 아니라 심지어 이동하면서도 접속이 가능하다. 이후 건물 엘리베이터를 타고 복도를 지나 근무하는 층으로 이동한 뒤 자신의 책상에 앉는다. 출근 도장은 로그인할 때가 아니라 자신의 근무 공간에 도착할 때 찍는다. 출근도 공간만 다를 뿐 오프라인 근무 때와 크게 다르지 않다. 출근 이후 옆 사람과 얼굴을 보면서 아침 인사를 나눈다. 여유시간이 있으면 소파에 모여 티타임을 갖고 수다를 떨 수 있다.

메타버스 사무실은 원격근무의 소통 단절 문제를 해소하는 장점이 있다. 직원들은 층을 옮겨 다른 업무 미팅에도 참여가 가능하다. 아바타라고 해서 회의 때 딴짓을 하면 안 된다. 몸체는 아바타 이미지이지만 얼굴은 화상 통화할 때처럼 남에게 그대로 실시간으로 보이기 때문이다. 메타버스 공간에서는 회의에 참석하기 위한 이동 시간을 줄일 수 있을 뿐만 아니라 회의 자료를 복사해서 나눠주는 번거로움도 없다. 매우 효율적인 회의 방식이 될 수 있다.

메타버스 공간의 또 다른 장점은 비싼 사무실 유지비용을 줄일 수 있다는 것이다. 그 비용은 직원들의 복지로 활용될 수 있을 것이다. 직원들도 어디서든 근무가 가능해서 교통비 부담도 없다. 부산 사람이 굳이 비싼 서울에 월세를 구하지 않더라도 원격으로 일을 할 수 있다. 메타버스 사무실에 근무하는 싱글 여성은 평소에는 경기도 집에서 일하고, 약속이 있을 때만 서울 시내로 나온다. 회사 근무는 거의 가상공간에 머물고 간혹 오프라인 세상으로 나와 인간과의 만남을 가진다고나 할까.

코로나19 사태가 잠잠해지더라도 메타버스 사무실은 향후 큰 흐름으로 자리잡을 것 같다. 특히 메타버스 게임에 익숙한 요즘 젊은 층에게는 자연스러운 근무 형태가 될 것이다. 하지만 오프라인에 익숙한 중장년층들은 근무할 맛이 안 날지도 모른다. 또한 나름대로 직원 간의 커뮤니케이션의 문제를 줄였다고는 하지만 직접 만나서 대면하며 근무하는 것보다는 못할 것이다. 그래서일까. 메타버스 사무실을 운영하는 한 업체의 임원은 "현실 공간에서 회식이나 소모임을 자주 가져서 직원 간 유대감이나 친밀감을 높이려고 노력한다"고 말했다.

지하에 들어선 은행 PB센터

VIP 고객을 모시는 은행 PB센터가 지하에 있다면? 과거 같으면 상상할 수 없는 일이다. 하지만 이제는 현실이 되었다. 한 시중은행은 서울 역세권에 PB센터를 열었다. 지하철역과 연결된 건물의 지하 1층이다. 'PB센터는 지상에 들어서야 한다'는 기존의 고정관념을 완전히 파괴한 것이다.

이는 한국에도 낯익은 선큰 가든(sunken garden)식 개발 덕분이다. 선큰 가든은 지상에서 지하로 통하는 개방된 공간에 꾸민 정원을 말한다. 지상 1층과 지하층이 연결되는 공간이 뚫려있는 개방형 지하로 생각하면 된다. 이곳에 가보니 지하층 특유의 답답하고 눅눅한 느낌이 없었다. 채광과 통풍이 많이 개선되었기 때문이다. 1층과 연결된 계단 아래에는 꽃과 나무를 키우고 있었다. 햇빛이 지하로 들어오니 가능한 일이었다. 그보다 크게 놀란 것은 통풍이었다.

이곳을 찾았을 때 밖은 4월 중순으로 다소 쌀쌀했다. 양복을 벗고 지하층을 다녔더니 바람이 불어 추위를 느꼈다. 통풍이 잘되고 있다는 방증이다. 영화 〈기생충〉에 나오는 반지하, 혹은 지하 개념과 완전히 달랐다. 건축물 대장상 지하였지만 실제 이용자 입장에서는 지하처럼 느껴지지 않았다. 우리가 살아가는 데는 역시 선입관이 무섭다. 지하층이 지하철과 연결되어 오히려 접근성이 더 좋을 것 같았다. 1층과 지하층 간의 차이를 별로 느끼지 못했다. 어떻게 설계하느냐에 따라 공간이 완전히 달라진다. 발상의 전환이 있어야 변화가 생긴다.

KEY POINT

공간의 경계와 고정관념이 무너지고 있다. 지하에 VIP를 모시는 은행 PB센터가 들어선다. 아파트 단지에 여러 커뮤니티 시설이 들어서면서 아파트는 복합공간으로 변신하고 있다. 커뮤니티 시설은 아파트 가치에 큰 영향을 미친다. 소규모 빌라와 아파트 단지 간 가격 차이가 난다면 커뮤니티 공간 값 차이라고 말할 정도다. 원하는 곳에서 일과 휴가를 동시에 할 수 있는 워케이션은 지방 소멸을 막는 새로운 근무제도다. 가상 세계인 메타버스 사무실에서 근무하는 회사원도 늘고 있는데, 메타버스 게임에 익숙한 젊은 층에게는 자연스러운 근무 방식이 될 것이다.

소비의 구조적 변화에 흔들리는 '상가 로망'

상가가 번성하기 위해서는 물건을 사 줄 수 있는 인구가 많아야 한다. 낮은 출산율과 급격한 고령화는 상가에 치명적이다. 상가를 사서 따박따박 월세를 받겠다는 로망은 구시대적 투자 방식이 될 것이다.

상가의 미래는 어둡다. 우리나라의 출생인구가 급격히 줄어드는데다 소비 패턴도 '비대면'으로 바뀌면서 고객을 빼앗길 가능성이 크기 때문이다. 대도시에서 인구 쇼크의 제1번 희생타는 상가가 될 가능성이 있다. 아파트는 경제위기가 아닌 이상 가격만 낮추면 팔 수 있고 남에게 임대도 놓을 수 있다. 여차하면 직접 거주할 수도 있다.

하지만 상가는 남에게 임대를 놓고 수익을 얻기 위해 투자하는 상품이다. 공실이 생기면 유연한 대응이 어렵다. 임대가 안 되면 주인이 관리비를 대신 내고 방치해야 하는 상황이 생길 수도 있다. 공실이 장기화되면 상가는 '수익형 부동산'이 아니라 '손실형 부동산'이 된다.

신도시를 만들 때마다 사라지는 노후 밑천

사람들은 '신도시' 하면 어떤 이미지가 떠오를까. 아마도 아파트 숲을 먼저 떠올릴 것이다. 그 아파트에 당첨되어 대박을 터뜨린 사람들의 모습도 겹칠 것이다. 단기적으로 희비가 있었겠지만 멀리 보면 신도시 아파트를 분양받아 손해 본 사람은 거의 없다. 미분양을 사든, 수백 대 1의 경쟁률을 뚫고 당첨이 되든, 아파트는 '돈'이 되었다. 하지만 그 화려한 이면에 가려진 상가 투자의 그림자를 생각하지 않을 수 없다. 온라인 쇼핑이 본격화된 10년 전부터 신도시 상가들은 빛을 잃어가고 있다. 아파트 단지 내 상가든, 아니면 근린상가든 구분하지 않고 말이다.

전국의 신도시나 혁신도시의 '분양상가(혹은 구분상가)' 아무 곳이나 가보라. 수요를 고려하지 않고 마구잡이로 상가를 지은 데다 분양가까지 높아 장사하려는 세입자들이 없다. 비싸게 분양을 받았으니 수익률을 맞추기 위해 임대료를 높인 탓이다. 1층은 그나마 세입자가 일부라도 차지만 나머지 층은 거의 비어 있기 일쑤다. 사람들이 찾지 않는 '유령상가'가 태반이다.

안동·예천에 있는 경북도청 신도시는 2022년 현재 들어선 지가 7년이 되었지만 상가 공실률은 50%에 육박한다. 두 곳 중 한 곳은 비어 있다는 얘기다. 영업이 잘 되지 않자 문을 닫는 병원도 잇따른다.[54] 문제는 정리하고 싶어 매물을 내놓아도 잘 소화되지 않는다는 것이다. 부동산 웹사이트나 모바일 앱을 검색해보면 분양가보다 싼 '마이너스 프리미엄' 상가 매물이 넘쳐난다. 원주 혁신도시

79.4㎡(24평) 규모의 한 상가는 분양가보다 32%나 싼 매물이 나와 있다. 부산 정관 신도시의 한 상가 주인은 2019년 당시 3.3㎡당 2,300만 원에 분양받았지만 20% 할인한 1,840만 원에 교환 매물로 내놓았다. 상가 주인은 "부산에 있는 아파트로 바꾸고 싶다"고 말했다. '알짜 땅'인 서울 마곡지구도 분양가 수준의 상가 매물이 적지 않게 눈에 띈다.

상가는 주로 은퇴를 앞두거나 은퇴한 고령자들이 안정적인 월세를 꿈꾸며 분양을 받는다. 하지만 건물이 준공될 즈음에 그 꿈은 풍비박산 난다. 월세 수익은커녕 대출금 갚기도 어렵다. 울며 겨자 먹기로 손절매를 하거나 그조차 어려워지면 법원 경매로 넘어간다. 세종시 업무·상업 시설의 경매 낙찰가율은 한때 40%대까지 떨어졌다가 요즘은 60% 안팎을 오르내린다. 경매에 부쳐지면 투자금의 60%나 건진다는 얘기다. 신도시가 하나 만들어질 때마다 은퇴자들의 노후 밑천이 사라진다고 해도 과언이 아니다.

신도시 상가를 사서 '손절매'한 경험이 있는 김진수(가명·63) 씨는 "상가 개발업자들은 그나마 이익을 챙겼겠지만 피해는 상가를 분양받은 베이비부머나 전통 세대가 고스란히 떠안은 것"이라고 말했다. 은퇴자들은 2000~2010년에 월세를 받을 생각으로 '테마형 쇼핑몰'과 '분양형 펜션'을 분양받았다가 크게 된서리를 당했고, 최근에는 '분양형 호텔'에 투자했다가 크게 낭패를 봤다. '분양상가'를 분양받아놓고 밤잠을 설치는 은퇴자들의 고통은 그 연장선이라 할 수 있다.

상가를 덜 지어야 모두 산다

오프라인 상가에서 물건 살 사람은 줄어드는데 지금도 상가는 곳 곳에 들어선다. 신도시뿐만 아니라 도심에도 상가는 넘쳐난다. 단순히 상가의 수급균형을 맞추는 수준이 아니라 미래 공간 재배치 차원에서 확 줄여야 도시가 제 기능을 할 수 있다. 인구가 줄고, 쇼핑 패턴이 인터넷·모바일로 급격히 바뀌는 점을 고려해야 한다.

국토연구원은 최근 보고서를 통해 2020년 이후 상가 거래량이 급격히 줄 것으로 예상했다. 그 이유는 전자상거래의 급성장에 따른 소비 패턴의 변화로 오프라인 공간 소비가 줄어들기 때문이다.

보고서에 따르면 2040년까지 강원·충북·제주지역은 14%, 경남·전남·충남지역은 35%, 경북·전북은 50%, 경기지역은 65% 각각 줄어든다.[55] 경기지역은 인구가 늘고 있는데 상가 거래량이 이처럼 준다는 것은 예상 밖이다. 이는 공급 감소보다는 수요 감소의 영향이 클 것이다. 투자 수익률이 낮은 데다 공실 위험성으로 매입을 꺼리기 때문이다. 앞으로 전국에 '불 꺼진 상가'가 많아질 수 있다는 것을 시사한다.

그나마 다행스러운 점은 정부가 3기 신도시부터는 상가 비중을 적정 규모로 줄이기로 했다는 것이다. 상업용지에 주택이나 오피스를 지을 수 있는 복합용지 개념을 도입해 시행사가 수급 상황에 따라 조정할 수 있도록 하겠다는 설명이다. 좀 늦은 감이 있지만, 이렇게라도 하면 세종이나 위례신도시, 지방 혁신도시처럼 상가 과잉공급을 어느 정도 막을 수는 있을 것이다.

하지만 이미 다 지어진 1·2기 신도시나 민간 택지 상가들은 어떻게 할 것인가. 공실이 발생하는 상가를 숙박·업무·주거시설로 쉽게 리모델링할 수 있도록 제도적 장치를 마련해야 한다. 상가를 공실로 장기 방치하면 국가적으로도 손해다. 이제 상가는 오프라인 공간만 볼 게 아니라 디지털 공간도 함께 포함해서 생각해야 한다. 그래야 도시도 살고, 고령자들의 '슬픈 스토리'가 반복되지 않는다.

분양상가와 통제감

"팔리지도 않고 업종 변경도 안 되고, 어찌해볼 수가 없네요."

최근 신도시 아파트 단지 인근에 분양상가를 받은 김형직(가명·61) 씨. 6개월째 공실이 이어지자 업종 변경을 고려했다가 상가번영회의 상가관리규약이 힘들다는 것을 알고 한숨을 내쉬었다. 김씨는 "재산세나 대출이자라도 건져야 하는데, 임대가 되지 않으니 골칫덩어리가 되었다"고 말했다.

요즘 은퇴자들에게 고통을 안겨주는 수익형 부동산은 '분양상가'가 상당수 차지한다. 은퇴자들이 분양받은 도시형 생활주택, 주거용 오피스텔은 사람이 거주하는 곳이어서 그나마 공실은 많지 않다. 월세만 낮추면 세입자는 찾을 수 있다는 얘기다. 하지만 분양상가 주인들은 소비 침체로 인해 장사하는 세입자들이 많지 않아 애를 태운다.

그나마 임차수요가 있는 업무용 빌딩으로 용도 변경하거나 리모델링을 하고 싶어도 주인이 너무 많아 의견일치를 보기 힘들다. 건물주인은 하고 싶어도 장사를 하는 세입자의 반대에 부딪힐 수 있다. 분양상가는 개발업체가 땅을 사서 상가건물로 개발한 뒤 호수별로 개인에게 분양한 상가다. 아파트 단지 인근의 근린상가, 도심의 테마형 쇼핑몰이 대표적이다. 적게는 수십 명, 많게는 수백 명의 상가 주인이 있는 셈이다.

테마형 쇼핑몰을 분양받은 한 지인은 "상가 주인으로서 할 수 있는 게 임대료 낮추는 것밖에 없다는 데서 무력감을 느낀다"고 말했다. 심리학에서 '통제감'은 자신을 둘러싼 환경을 스스로 헤쳐나갈 수 있는 통제권을 갖는 것을 말한다. 분양상가는 이러한 통제감을 가질 수 없다. 더욱이 대지지분이 작아 미래가치를 보고 투자하는 사람에게 팔기도 어렵다. 오로지 임대수익만으로 가치를 평가하는 구조이다 보니 금리 인상이나 임대료 등 변수에 흔들리기 쉽다.

투자자들이 이른바 '통건물'인 상가빌딩을 선호하는 것은 많은 대지지분 이외에 통제감도 적지 않은 영향을 미치는 것 같다. 내가 통째로 소유하고 있으니 마음대로 리모델링이나 개발, 업종 변경을 할 수 있어서다. 상황이 여의치 않으면 개발업자에게 매각도 할 수 있으니 운신의 폭이 넓다.

모바일이 상권 흐름을 바꾼다

우리는 학창 시절 3대 생산요소를 토지, 노동, 자본이라고 배웠다. '투자의 대가' 강방천 에셋플러스자산운용 회장은 '모바일 디지털 네트워크'를 4번째 생산요소로 포함시켜야 한다고 주장한다. 모바일 디지털 네트워크가 새로운 부가가치 창출의 원천이 되고 있어서다. 모바일 디지털 네트워크는 기존의 생산요소와는 달리 이동과 개방적인 속성을 가진 만큼 확장성이 더 크다고 강 회장은 설명했다. 우리는 하루 종일 스마트폰에 갇혀 산다. 쇼핑, 놀이, 수업, 심지어 인간관계도 모바일 세상에서 한다. 이는 오프라인 공간을 그만큼 찾지 않는다는 것이고, 상가 공간 역시 축소될 수밖에 없다.

과거엔 장사를 잘하려면 좋은 목을 찾는 게 중요했다. 입지 경쟁력이 성공의 핵심 요소였다. 그래서 부동산은 첫 번째도 입지, 두 번째도 입지, 세 번째도 입지라고 했다. 대로변 코너 자리 상가는 3대가 걱정 없이 먹고 살 수 있는 황금알을 낳는 거위였다. 이런 스토리는 스마트폰 등장 이전의 상권 패러다임이다.

요즘 배달 주문이 많은 가게는 배달 앱 상단에 노출되는지 아닌지가 가게의 성패를 좌우한다. 대로변이나 코너 같은 오프라인 입지보다 모바일 입지가 더 중요하다는 얘기다. 1인분 삼겹살도 배달로 사먹는 시대니 오죽하랴.

가게 주인들은 모바일과 인터넷에서의 입소문이나 별점(별 개수로 매겨지는 점수)도 신경을 써야 한다. 그래서 악의적으로 별점을 낮추는 '별점 테러'를 당하지 않을까 조바심을 내는 게 현실이다. 아예 아르바이트생을 써서 별점을 올리는 작업도 벌인다. 2030세대는 음식이 나오면 인스타그램이나 블로그에 올릴 사진을 찍고 나서 먹는다. 자신의 소비 경험을 SNS를 통해 실시간으로 공유하는 것을 즐기는 스타일이다. 그래서 음식점이 성공하기 위해서는 맛도 있어야 하지만 시각적으로 돋보여야 한다. 요즘 음식점 사장들은 어떻게 하면 사진에 잘 찍힐지 음식 배치, 실내 디자인, 조명 장식 등을 궁리할 수밖에 없다. 인스타그램이나 블로그에 올린 사진을 보고 고객이 찾아오는 경우가 많기 때문이다. '입소문 마케팅' 못지않게 '비주얼 마케팅'이 중요해진 셈이다.

이면도로에 위치하더라도 가게 분위기가 독특하고 맛이 있으면 고객이 모바일 앱 지도나 내비게이션을 보고 찾아온다. 요즘은 비싼 월세를 주고 대로변을 찾을 필요를 덜 느끼는 셈이다. 충무로의 한 음식점 주인은 "과거에는 지역을 먼저 찾고 음식점을 골랐다면, 요즘 2030세대 사이에선 오로지 음식점에 초점을 맞추고 찾아가는 문화"라고 했다. 이러다 보니 특색 있는 가게들이 골목 곳곳에 들어서 독특한 문화를 만든다. 모바일이 세상을 지배하는 시대에 상권도 소용돌이치고 있다. 장소와 공간에 대한 전통적 개념이 확 달라지고 있다.

'위풍당당' 도심 상권은 왜 이렇게 되었을까

요즘 도심 상권은 예전 같지 않다. 기본적으로 교통이 편리한 도심은 국지 상권이나 동네 상권이 아니라 광역 상권이다. 광역 상권은 주력 소비계층인 10~30대의 쏠림 여부에 따라 번영과 쇠퇴를 거듭한다. 서울 도심 한복판 E빌딩. 이 빌딩은 대로변에 접해 있는 중소형 6층 건물로 2021년 104억 원에 팔렸다. 4년 전인 2017년 거래가 124억 원보다 16% 하락한 것이다. 서울 한복판 대로변 건물 가격이 떨어지는 것은 흔치 않은 일이다. 상상 밖의 일이 일어난 것이다. 상가건물을 사서 무조건 돈을 버는 것이 아니라 손해를 볼 수도 있다는 교훈을 일러준다. 20~30년 전만 해도 서울 종로, 을지로, 퇴계로, 부산 서면, 광주 금남로는 젊은 층으로 북적였다. 가령 서점과 영화관, 어학원이 밀집한 종각~종로3가 대로변은 베이비부머의 단골 만남 장소였다. 교통의 '결절점'으로 지리적 위상이 높았다. 요즘 MZ세대는 이곳에 갈 이유를 느끼지 못한다. 종로 대로변을 오가지만 소비는 익선동, 홍대나 연남동에 가서 한다. 을지로도 '힙지로(새롭고 개성 있다는 뜻의 '힙'과 을지로의 '지로'를 합친 말)'라는 유행어가 생길 만큼 젊은 층의 핫 플레이스로 부상하고 있지만, 이는 주로 저녁 무렵이고 대낮은 쇠퇴하는 구도심일 뿐이다.

종각에서 종로3가 일대를 걷다 보면 대로변일수록 가게 세입자가 자주 바뀐다는 것을 느낀다. 임대료만 비쌀 뿐 영업이 잘 안된다는 방증이다. 1층에도 '임대'라는 현수막이 곳곳에 걸려 있다. 깔세를 주고 잠깐 빌리는 임시점포도 적지 않게 눈에 띈다. 가게에 고객보다 직원이 더 많은 곳도 자주 눈에 띈다.

이들 지역 상권의 침체는 상가 공급이 넘친 것도 한 요인이다. 건설사들이 도심 재정비 사업으로 광화문, 을지로, 종로 일대에 매머드급 빌딩들을 지으면서 지하상가를 함께 개발했다. 말하자면 지하 1층, 심지어 지하 3층까지 상가로 개발하고 맛집을 유치하면서 지상층 상가 수요를 빼앗어간 것이다. 상가는 보이는 게 전부가 아니다. 겉으로 봐서 잘 보이지 않는 지하상가를 포함해서 봐야 한다.

기본적으로 상권은 제로섬 게임이다. 한정된 수요를 놓고 상권끼리 고객 쟁탈전을 벌일 수밖에 없다. 요즘의 빌딩 지하상가는 과거처럼 어둡고 칙칙한 공간이 아니다. 최신 조명이나 인테리어로 꾸며 2030세대의 취향에도 맞다. 한 지인은 "3,000원짜리 커피만 사도 한 시간 무료주차가 가능해서 주말에도 젊은이들이 랜드마크 빌딩의 지하상가를 많이 찾는다"고 말했다.

흥미로운 점은 같은 도심 대로변이라도 젊은 층의 발걸음과 관계없이 상권이 안정적으로 형성되었던 곳은 지금도 성업 중이라는 것이다. 고령사회에 접어들었기 때문인지 '약국의 거리' 종로5가는 여전히 사람들로 북적인다. 같은 종로 거리지만 고령자들은 종각에 갈 일이 없어도 종로5가는 찾는다. 도심 상권은 전방위적이기보다 산발적으로 부침을 거듭하는 것 같다.

일부 대로변 상권의 침체는 주력 소비층의 은퇴와 MZ세대의 외면, 주변 상가 공급과잉이 겹쳐 경쟁력을 잃은 결과가 아닌가 싶다. 전국의 수많은 로데오거리 역시 2030세대의 소비 취향과 개성 있는 공간, 볼거리를 못 만들면 도심 상권의 전철을 밟지 않는다는 보장이 없다. 지하상가도 문제다. 서울 삼성역 영동대로 지하 공간에 잠실야구장 면적의 30배에 달하는 대규모 교통 허브와 상업 시설이 들어선다고 한다. 이 정도의 쇼핑 시설이 들어서면 주변 상권은 큰 타격을 받을 수밖에 없다. 상권은 다른 상권과 윈윈할 수 없다.

'홈 어라운드 소비' 동네 상권은 안전할까

코로나19 사태가 터지면서 핫 플레이스 중심의 광역 상권은 큰 타격을 받았지만 동네 상권은 그나마 선방했다. 매장을 찾는 고객이 줄어들자 배달로 돌파구를 찾았기 때문이다. 소비자들이 굳이 멀리 가지 않고 동네 근처에서 소비하려는 '홈 어라운드(home around) 소비' 심리도 한몫했을 것이다. 코로나19 사태 이후 가장 성업한 곳이 '다이소'와 '편의점'이라는 말이 나올 정도다. 하지만 최근 들어 디지털·물류 인프라로 무장한 대형 플랫폼들이 '퀵커머스 서비스'를 시작하면서 비상이 걸렸다. 온라인 주문 즉시 식재료·생필품 등을 퀵배송하는 서비스다. 퀵커머스가 취급하는 품목이 기존 슈퍼마켓이나 식료품점 제품과 거의 겹친다. 유통 대기업의 물건을 직접 배달하므로 골목상권의 영역이 축소될 수밖에 없다.

요즘은 아파트 단지에 각종 커뮤니티 시설까지 들어서면서 동네 상권을 위협하고 있다. 골프 연습장, 편의점, 게스트하우스, 피트니스센터, 수영장, 독서실, 커피점 등은 동네 상권과 영역이 겹친다. 아파트 단지 내 어지간한 편의시설은 다 있으니 굳이 밖으로 나가야 할 필요성을 크게 느끼지 않는다. 대단지 아파트 인근의 한 상인은 "커뮤니티 시설에 들어서는 업종이 다양하다 보니 고객이 줄어들 수밖에 없다"고 말했다.

아파트 단지 내 상가를 분양받은 사람들은 더 울상이다. 커뮤니티 시설에서 아파트 단지 내 상가와 중복되는 업종을 제외시켜야 한다는 주장이 나올 만하다. 하지만 건설사들은 다른 업체와 커뮤니티 시설 차별화를 위해 업종을 다양화할 수밖에 없는 입장이라 상가 주인의 하소연이 잘 받아들여지지 않는다.

한동안 아파트 단지 내 상가는 안전 상품으로 여겨졌다. 중소형

평형 중심의 1,000가구 이상 아파트 단지 내 상가는 안정적인 고객을 확보할 수 있어 큰 인기를 끌었다. 하지만 요즘은 예전 같지 않다. 스마트폰 쇼핑에 익숙한 '엄지족'들은 방에 앉아 손가락 몇 번의 클릭으로 '니즈'를 해결하는 시대다. 앞으로 아파트 단지 상가를 비롯한 동네 상권이 그만큼 위협을 받을 수밖에 없다는 얘기다.

주택보다 더 심한 상가의 초양극화

요즘 지방에서는 오일장이 열려도 과거처럼 북적이지 않는다. 인구가 크게 준 데다 할인매장이 속속 들어섰기 때문이다. 하지만 모든 할인매장의 영업이 잘되는 것은 아니다. 오히려 대기업 할인매장이 들어서면서 경쟁에 밀린 중소형 할인매장은 문을 닫은 곳이 많다. 인구 3만 명의 한 지방은 10년 전만 해도 5개의 할인매장이 있었으나 중소 할인매장은 사라지고 대형매장만 2개 남았다. 서울 동작구의 태평백화점이 최근 대형 백화점과의 경쟁에 밀려 폐점한 것도 재래시장이 점차 사라지는 것과 비슷한 맥락이다. 상권은 나눠 먹기보다는 독식하는 구조다.

상가는 레드 오션으로 접어들었다. 이런 가운데서도 최신 트렌드를 반영한 복합쇼핑몰은 인기를 끌고 있다. 복합쇼핑몰은 쇼핑·외식·문화 체험 등의 활동을 한 장소에서 동시에 소비하는 것으로, 신세계의 스타필드나 롯데의 롯데몰이 대표적이다. 복합쇼핑몰에 사람들이 몰린다는 것은 다른 점포에는 그만큼 발길이 줄어든다는 것을 의미한다. 앞으로 상가는 잘 되는 곳과 그렇지 않은 곳과의 양극화가 극심해질 것이다. 사라지는 점포가 주로 개인이 운영하는 소규모 상가라는 점은 개인 투자자들을 우울하게 만든다.

코로나19 사태가 끝나면 상가들이 확 되살아날까. 생각보다 쉽지는 않을 것 같다. 서울연구원의 설문 조사(2020년 5월)에 따르면 비대면 소비 경험자는 코로나19 사태 이후에도 비대면 소비를 하겠다는 응답이 80.1%에 달했다. 코로나19 사태가 잠잠해지더라도 오프라인 소비가 모바일(온라인) 소비를 대체하기 어렵다는 것을 의미한다. 소비의 대세 흐름은 비대면이다.

상가가 번성하기 위해서는 물건을 사줄 수 있는 인구가 많아야 한다. 우리나라의 낮은 출산율과 급격한 고령화는 상가에 치명적이다. 자녀를 키워본 사람들은 잘 알겠지만 지출은 어린 자녀에게 집중되기 마련이다. 아이들이 없으면 돈 쓸 일도 줄어든다. 상가를 사서 따박따박 월세를 받겠다는 로망은 이제 구시대적 투자 방식이 될 것이다.

KEY POINT

'인구 쇼크'의 제1번 희생타는 상가가 될 가능성이 있다. 저출산·고령화뿐만 아니라 소비 패턴도 급속히 비대면으로 바뀌고 있기 때문이다. 오프라인 공간만 볼 게 아니라 디지털 공간도 함께 포함해서 상가를 생각해야 한다. 전국의 신도시나 혁신도시의 분양상가에 가 보면 상가의 미래를 쉽게 점칠 수 있다. 대로변 코너 자리 상가는 과거 황금알을 낳는 거위였지만 요즘은 비어 있는 곳이 많다. 한때 안전자산이었던 아파트 단지 내 상가도 예전 같지 않다. 상가는 자칫 '수익형 부동산'이 아니라 '손실형 부동산'이 될 수 있다. 그러므로 상가 투자 시 옥석을 잘 가려야 한다.

집을 잘 사고 잘 파는 일은 여간 어려운 게 아니다. 집 값이 너무 비싸진 데다 투자로 접근하기 때문이다. 집을 사지 못하는 이유는 구매력이나 결단력이 모자라서다. 집을 팔지 못하는 것은 대안이 없거나 나중에 후회할까 봐 걱정되기 때문이다. 정보홍수 시대, 절반의 진실이 난무한다. 비판 의식 없이 잡설에 현혹되면 낭패를 볼 수 있다. 일단 그럴듯해 보이면 의심부터 해봐야 한다. 일자리가 사라지는 4차 산업혁명 시대, 투자는 이제 삶의 일부분이 되었다. 노동소득은 신성한 것이지만 투자소득에 대해서 너무 부정적으로 볼 필요는 없다. 일이든 투자든, 속도가 좀 늦어도 방향이 옳으면 문제가 되지 않는다. 행복설계도 남의 방식을 추종할 것이 아니라 자기 스타일을 찾는 것이 중요하다.

PART 6

혼돈의 시대,
나의 슬기로운
부동산
해법 찾기

집을 살까 말까,
나는 왜 의사결정이 어려운가

집을 사거나 팔 때 단순하게 생각하는 것도 의사결정을 빨리하는 방법이다. '내가 왜 집을 사고팔아야 하는가.' 복잡한 생각을 떨쳐내고 이 질문에 스스로 대답해보는 것이다. 이것이 바로 생각 단순화의 힘이다.

'나는 왜 우유부단하고 무능력한 걸까. 남들은 부동산을 잘도 사고팔던데….' 이런 증상은 한마디로 '의사결정 장애'다. 하지만 너무 자책할 필요는 없다. 모든 사람이 겪고 있는 문제니까. 과거에는 집을 사거나 옮길 때 이런 고민은 크게 하지 않았다. 모자나 장갑을 사듯이 그냥 고민 없이 필요에 따라 구매했다. 하지만 지금은 상황이 다르다. 의사결정 장애는 집값이 너무 비싸진 데다 집을 재테크로 생각하면서 생겨난 일이다.

과거에도 집을 재산 증식 개념으로 아예 생각하지 않았던 것은 아니다. 다만 지금보다 이윤 중심적 사고가 노골적이지 않았을 뿐이다. 가령 30년 전 집을 구매할 때 거주 목적의 '홈'과 자산증식 목적의 '하우스' 비중이 40 대 60 정도였다면 요즘은 20 대 80 정도로 바뀐 것 같다. 세입자의 전세금을 안고 투자하는 순수 갭투자는 홈과

하우스 비중이 아예 0 대 100이다. 오로지 시세차익에 초점을 맞추기 때문이다.

요즘 들어 주거자본에 대한 욕망이 더 거칠게, 더 노골적으로 바뀌었다. 대도시에서 주거 목적으로 아파트를 사는 사람이 오히려 신기하게 느껴질 정도가 되었다. 투자 목적이 강할수록 의사결정을 내리기 더욱 어렵다. 타이밍을 잘 따져 집을 적기에 사고파는 일이 쉬운 일이 아니다. 집을 한번 잘못 사고팔면 적게는 수천만 원, 많게는 수억 원이 공중으로 날아가기 때문이다. 그러다 보니 너도나도 집 문제로 스트레스를 받는다. 재테크 시대가 낳은 어쩔 수 없는 우리 사회의 풍속도다.

생각이 많으면 결정이 어렵다

얼마 전 한겨울 출근길, 지하철역 입구에 들어서자마자 한 할머니가 전단지를 건넸다. 순간 이걸 받을까 말까 고민하다 그냥 받았다. 일식 음식점 개점을 알리는 전단지였는데 보지도 않고 주머니에 넣곤 계단을 걸어 탑승구로 향했다. 그리고 지하철을 타기 직전 쓰레기통에 버렸다. 전단지는 얼핏 보면 종이 같지만 실상은 일반 쓰레기다. 코팅된 종이라 재활용도 힘들다. 이 추운 날 전단지를 돌려야 하는 할머니의 딱한 사정을 생각하면 전단지를 받는 게 인간다운 도리다.

하지만 전단지 광고효과가 좋으면 점주들은 전단지를 더 많이 찍을 것이다. 이럴 경우 폐기해야 할 쓰레기만 늘어난다. 가뜩이나 부족한 쓰레기 매립지를 더 조성해야 하고, 지구 환경도 더 악화된다. 생각할수록 선택의 고민이 커진다. 휴머니스트라면 전단지를 받아야겠지만, 환경주의자라면 거부해야 한다. 개인 복리(미시)와 사회 환경(거시)의 문제다. 출퇴근할 때 전단지를 받는 일은 그렇지 않아도 선택의 연속인 도시인의 마음을 더 갈등하게 한다. 전단지를 받는다는 것은 할머니의 제안을 선택하는 것이고, 받지 않는 것은 포기하는 것이다.

나는 어떤 결정을 해야 후회가 없을까. 이것저것 생각을 많이 하면 결단을 내리기 어렵다. 우리는 살아가면서 한쪽 신호만 받는 게 아니다. 반대쪽 신호도 함께 받는다. 주택 시장도 마찬가지다. 집값이 하락한다는 여러 가지 신호와 상승한다는 수많은 신호가 동시에 전달되니 결정이 어려운 것이다. 『그리스인 조르바』에서 조르바는 선택의 갈림길에 선 사람에게 다음과 같이 조언한다. "확대경으로 보면 물속에 벌레가 우글우글하대요. 자, 갈증을 참을 거요, 아니면 확대경을 확 부숴버리고 물을 마시겠소?"[56] 집을 사거나 팔 때 단순하게 생각하는 것도 의사결정을 빨리하는 방법이다. '내가 왜 집을 사고팔아야 하는가.' 복잡한 생각을 떨쳐내고 이 간단한 질문에 스스로 대답해보는 것이다. 이것이 바로 생각 단순화의 힘이다.

마음을 가난하게 비우는 데는 『장자』의 심재(心齋)를 배우는 것도 때로 도움이 된다. 여성들처럼 '투자'보다는 '필요'로 판단하면 훨씬 의사결정을 쉽게 할 수 있다. 집을 살 때와 팔 때의 의사결정 장애와 해소법을 좀 더 심층적으로 알아보도록 하자.

나는 왜 부동산을 사지 못할까

내가 부동산을 사지 못하는 원인은 크게 2가지다. 거칠게 말해, '돈'과 '결단력'이 없기 때문이다.

첫째, 부동산을 사기 위해서는 당장 동원할 수 있는 '머니'가 필요하다. 손실이 너무 심해서 현금화하기 어려운 펀드나 주식, 중도환매를 하면 손해가 큰 ELS는 당장 집 사는 데 필요한 나의 구매력이 아니다. 적어도 3개월 이내에 현금화할 수 있어야 구매력 범주에 들어간다. 또한 부동산을 살 때는 예상했던 것보다 비싼 것을 사려는 경향이 강하다. 부동산은 약간은 과소비 시장이다. 지금까지 많은 사람을 지켜봤지만 예상보다 낮은 가격의 부동산을 사는 경우는 보지 못했다. 물건을 자꾸 보면 볼수록 눈높이가 높아진다. 10억 원짜리 아파트를 사러 갔다가 8억 원짜리로 알뜰 구매하는 사람은 거의 없다. 라면은 할인마트에서 가격 비교를 해서 가성비 있는 상품을 사지만 부동산에서는 그런 행동이 잘 나타나지 않는다.

시장에서 물건을 사려면 돈이 있어야 한다. 대출을 이용하더라도 내 돈은 어느 정도 있어야 가능한 일이다. 부동산을 사기 전에 미리미리 자금을 어떻게 확보할 것인지 고민해야 한다. 투자 상품에 묶여 있다면 그 상품이 언제 만기가 되돌아오는지, 아니면 중간에 해지할 것인지에 대한 상황 파악이 되어야 한다. 자신만의 자금 마련 로드맵이 필요한 이유다.

둘째, 부동산을 사지 못하는 또 다른 이유는 확신이 없기 때문이다. 돈만 있다고 그 비싼 부동산을 살 수 있는 것은 아니다. '지금 집값이 상투면 어쩌나.' '지금 집값이 바닥이라고 하는데 더 떨어지면 어떻게 하지?' 부동산을 살 때는 오만가지 생각이 다 밀려온다. 판단을 잘못하지 않았는지 두렵다. 이런 상황에서 내지를 수 있는 결단력이 필요하다. 통찰력이 있다면 자기 확신으로 이어지므로 결정이 더 쉽다. 큰 파도만 볼 뿐 잔파도에 연연하지 않을 것이다.

하지만 통찰력은 쉽게 쌓아지는 게 아니다. 지식을 많이 습득하고 어느 정도 축적되어야 가능해진다. 통찰력을 가진 멘토를 찾으면 되지만 쉽지는 않은 일이다. 믿었던 멘토도 판단이 틀릴 가능성이 높기 때문이다. 잘 나간다는 멘토의 말을 무턱대고 믿고 투자했다가 망한 사람들이 한둘인가. 단박에 나의 고민을 해결해주는 마법의 해결사는 없다. 여러 전문가와 정보를 종합해 스스로 결정을 내릴 수 있는 판단력을 키우는 게 중요하다.

부동산을 팔지 못하는 이유

우스갯소리지만 부동산을 파는 데 돈은 필요하지 않다. 오히려 돈이 생긴다. 문제는 매수와 비슷하게 결단력이 나를 가로막는다는 것이다. 부동산을 왜 못 팔까. 그 이유는 크게 3가지다.

첫째, 매도 후 마땅한 대안이 없기 때문이다. 의사결정을 하지 못하는 많은 경우가 팔고 나서 마땅히 살 게 없어서다. 고객을 만나보면 매도를 결심했다가 중도에 그만두는 사례의 가장 많은 비중을 차지하는 것이 이 이유다. 비싼 부동산일수록 팔아서 양도세를 내고 나면 실제 손에 쥐는 금액이 줄어든다. 지금 보유하고 있는 부동산

보다 더 작은 것을 사야 할 수도 있다. 이것저것 따지고 보면 매각을 하더라도 실익이 없다. 고민과 고민 끝에 팔기 전의 마음으로 되돌아간다. "팔아도 별수 없으니 그냥 보유하자"는 것이다. 물론 좋은 매물이 나타나거나 고수익 상품이 있다면 결정은 쉽다. 하지만 그런 행운은 드물다.

따라서 팔기 전에 매각 후 자금을 어떻게 활용할 것인지, 부동산을 산다면 어떤 것을 살 것인지 사전에 충분히 고민해야 한다. 그래야 결단을 내릴 수 있다.

둘째, 나중에 후회할까 봐 겁이 나기 때문이다. 팔고 나서 집값이 급등하면 어쩌나 걱정이 되어서 의사결정을 하지 못한다는 얘기다. '지금 팔지 않고 나중에 팔면 더 이익을 챙길지 모르는데…' 돈이 필요해서 매각해야 하는데도 집값이 오를 때는 머뭇거린다. 매도 계약서를 쓴 뒤 집값이 하락하면 자신의 탁월한 판단력에 쾌재를 부르겠지만 그게 그렇게 쉬운 일인가. 집을 팔고 난 뒤 행운이 나한테 올지, 아니면 매수자에게 갈지 알 수 없는 일이다. 심각한 침체기를 제외하고는 사는 사람보다 파는 사람이 후회할까 봐 판단을 더 못하는 것 같다. 호황기에는 더욱 그럴 것이다. 부동산을 매매하기로 계약일을 잡아놓고도 막상 나타나지 않거나 중개업소에 와서도 마음이 변해 즉석에서 계약을 철회하는 것은 대부분 매도자다. 하지만 타이밍을 너무 재다가 정부 규제로 시장이 갑자기 얼어붙어 매도 기회를 놓치는 경우도 적지 않다. 이는 집을 사는 것보다 파는 게 더 힘들다는 것을 보여준다.

셋째, 욕심이 너무 많기 때문이다. '생선은 다 먹지 말고 머리와 꼬리는 고양이에게 줘라' 혹은 '고기도 껍데기까지 다 먹지 마라'는 말이 있다. 혼자 다 챙기지 말고 매수자에게도 먹을 것을 어느 정도 남겨주라는 것이다. 이런 생각을 가지면 좀 싸게 팔아도 마음이 편해질 수 있다. 욕심을 조금 줄이면 의사결정이 쉬울 수 있다는 얘기다.

넷째, 양도세 중과 문제다. 다음은 부린이(부동산과 어린이의 합성어)와 집 부자들 사이에서 오간 대화다.

부자: "집을 언제 팔까 걱정이네."
부린이: "비쌀 때 팔면 되죠."
부자: "글쎄."
부린이: "그럼 언제요?"
부자: "세금이 가장 쌀 때 아닐까?"

이것은 개인적인 문제보다는 제도적인 문제다. 고점 매도, 저점 매수를 해야 돈을 번다는 것은 삼척동자도 다 아는 투자 원칙이다. 하지만 양도세 중과로 내는 세금이 많다 보니 이런 원칙이 통하지 않는다. 가격이 가장 비쌀 때 파는 것이 아니라 세금이 가장 쌀 때 판다는 것이다. 매도자에게는 세후 수익률이 중요하기 때문이다. 양도세 중과는 경제학적 의사결정에 장애물이 된다는 것을 보여준다.

후회하지 않을 방법 4가지

집을 사고팔 때 나중에 후회하지 않으려면 다음과 같은 4가지 방법을 사용하면 된다.

첫째, 확률적으로 사고하라. 흔히 '집단사고에 함몰되지 말고 여우처럼 고독하게 결정하라'고 하지만 쉬운 일은 아니다. 이 말은 비이성적 집단광기에 휩쓸리지 말라는 것이지, 제멋대로 판단하라는 뜻은 아닐 것이다. 대단한 고수가 아닌 한 혼자 결정하면 아집과 독단에 빠지기 쉽다. 그보다는 여러 사람의 얘기를 들어 종합적으로 판단하는 것이 바람직하다. 가령 주변에 물어보니 집을 사라는 사람이 80%를 넘기면 사도 좋을 것이다. 다수의 의견을 따르는 게 무난한 방법이다. 집을 사라고 한 그 사람들의 전망이 틀릴 수도 있다. 20%의 확률로 집을 안 사는 게 옳은 결정일 수도 있다. 하지만 소수 의견을 따를 수는 없다. 나의 의사결정에서 단지 참고만 하면 된다. 확률적으로 사고하고 행동하면, 나중에 틀리더라도 자신이 덜 미울 것이다. 내 탓이 아니라 어쩔 수 없는 상황이었다고 자신을 토닥거릴 수 있기 때문이다. 아무리 똑똑한 사람도 당시에는 대부분 그렇게 판단했을 테니까.

둘째, '전세 놓고 전세 살기'다. 자녀 학교 문제로 교육여건이 좋은 곳으로 옮겨야 하는 상황에 처해 있다고 가정하자. 집을 새로 사고 옮기는 것은 여간 힘든 게 아니다. 특히 주택 시장이 급등락할 때는 바람 부는 날 외줄 타기처럼 위험한 일이다. 새로 집을 산 뒤 종전 집을 일정 기간 내에 팔지 못하면 양도세 중과대상이 된다. 살던 집을 팔고 새로운 집을 매입하기로 약속하곤 돈을 준비해 중개업소에 나가도 매도자가 앉은 자리에서 가격을 수천만 원 더 올릴 수 있다. 집주인의 배짱 호가 올리기에 선뜻 응해 계약하는 일은 드물다. 가격도 가격이거니와 기분이 나빠 흥정을 거부하는 반발심리가 작동하기 때문이다. 인간은 감정에 쉽게 휘말리는 동물이다. 이처럼 단순한 갈아타기도 쉬운 게 아니다. 이런 상황에서는 그냥 내 집은 전세를 주고 다른 곳에서 전세를 사는 게 낫다. 이른바 전세 갈아타기를 통한 주거의 수평 이동이다.

초보자일수록 목돈이 오가는 매매를 최소화하는 것이 실수를 줄이는 길이다. 굳이 매매할 경우 그냥 같은 동네로 옮겨 타기를 하는 것도 무난한 방법이다. 집을 팔고 다른 곳에 집을 새로 샀더니 옛집 가격은 크게 오르고 새로 산 집은 되레 내린다면 판단 실수에 따른 고통이 클 것이다. 하지만 뺀 벽돌을 다시 끼워 넣는 방식의 갈아타기는 크게 후회할 게 없다. 같은 동네니 아파트값이 올라도 같이 오르고 내려도 같이 내릴 테니까 말이다.

셋째, 사고파는 시기를 단축하는 것도 위험을 최소화하는 길이다. 오늘 오전에 집을 팔았다면 오후에 사는 식이다. 1주택자의 단순한 옮겨 타기는 타이밍에 연연하지 않고 기능적으로 사고하는 게 오히려 득이 될 때가 많다. 집 한 채 가지고는 장난을 치지 마라. 집을 먼저 사놓고 살던 집은 나중에 팔아 차익을 챙기겠다는 발상은 거래 침체기에는 매우 위험하다. 작은 욕심으로 잔재주를 부렸다가는 낭패를 당할 수 있다. 집 옮겨 타기를 할 때는 자신의 지능이 돌고래 정도로 낮다고 생각하고 단순하게 행동하라. 시장은 내가 원하는 방향으로 흘러가지 않을 수 있으니까 말이다.

넷째, 싸게 사는 방법을 찾아라. 시장 상황이 어떻게 변하든 덜 후회하는 내 집 마련 방법은 저렴하게 사는 것이다. 주변 시세보다 싸게 사면 시장 흐름에 여유가 생긴다. 설사 집값이 하락하더라도 정상 가격에 산 사람들보다는 마음이 편하다. 개인이 시장에 대응해 일일이 타이밍을 잡는다는 것은 거의 불가능하다. 사실 대단한 예지력을 가진 사람이 아니라면 싸게 사는 방법 이외에 뾰족한 방법이 없다. 그래서 필자는 "싸게 사면 모든 게 용서된다" 혹은 "싸게 사면 신도 용서한다"고 말한다. 어떻게 사든 매입가를 낮춰라. 다리품을 팔아 급매물을 사든, 경공매를 노리든 싸게 사는 것이 최상의 길이다. 진리의 길은 의외로 평범함 속에 있다. 집을 싸게 장만하려는 사람은 무엇보다 부지런해야 한다.

KEY POINT

누구나 집을 사고팔 때 의사결정 장애를 겪는다. 집값이 너무 비싸다 보니 선뜻 결단을 내리기 어려운 게 현실이다. 집을 사지 못하는 이유는 구매력이나 결단력이 모자라기 때문이다. 구매력은 적어도 3개월 이내에 현금화할 수 있는 자산을 확보한 경우를 말한다. 결단력은 단번에 생기지 않으니 지식을 차곡차곡 쌓아나가야 한다. 집을 팔지 못하는 이유는 매도 후 대안이 없거나 나중에 후회할까 봐, 또는 욕심이 많아서다. 나중에 덜 후회하는 방법으로는 확률적으로 사고하기, 전세 놓고 전세 살기, 팔고 나서 곧바로 사기, 무조건 싸게 사기 등이 있다.

부동산 정보홍수 시대 거짓 정보에 흔들리지 않는 법

우리는 부분적 진실에 현혹되어 결정적인 순간에 판단을 그르치기 쉽다. 하지만 중심을 잡고 좀 더 냉정하게 바라보는 안목을 기른다면 불가능한 것은 아니다. 일단 너무 그럴듯해 보이면 의심부터 해보자.

우리는 살다 보면 수많은 정보를 얻는다. 스마트폰이 생활의 일부가 된 '포노 사피엔스 시대'에 정보의 양은 밤하늘의 별만큼 셀 수 없을 정도로 많다. 정보를 거르지 않고 곧이곧대로 받아들이면 안 된다. 균형을 갖추지 않은 잡설을 아무런 생각 없이 받아들이면 신세를 망칠 수 있다. 합리적 이성이 마비되고 팬덤만 기승을 부리는 요즘 세상에서는 더욱 그렇다. 냉정하게 정보를 잘 가려서 수용하는 능력이 어느 때보다 중요하다.

극단이 오가는 현실에서는 한쪽으로 쏠리지 않는 중심 잡기가 미덕이다. 주변 '잡음'에 흔들리지 않고 스스로 사유를 통해 지적 근육을 늘리면 금상첨화다.

50%만의 진실은 거짓이다

유럽의 전설적인 투자자 앙드레 코스톨라니는 "50%만 옳은 정보가 가장 위험하다"고 말했다. 그는 "50%만 옳은 정보는 100% 틀린 정보보다 더 위험하다. 50%의 진실은 완전한 거짓말이기 때문"이라고 말했다.[57]

우리가 받는 정보 중에는 일부 사실도 있고 일부 거짓도 있을 것이다. 만약 내가 받은 정보가 모두 거짓이라면 판별이 간단해서 헷갈릴 필요도 없다. 단박에 무시하면 된다. 문제는 내가 받은 정보가 일부는 진실이고 일부는 거짓이었을 때다. 진실보다 더 그럴듯한 거짓이 사람을 현혹시킨다. 더 화려하게 포장되고 자극적이니 눈길이 갈 수밖에 없을 것이다.

코스톨라니의 말처럼 절반의 진실은 결국 거짓이다. 부분 부분은 옳을지 모르지만 전체적으로 틀린 것이다. 우리는 부분적 진실에 현혹되어 결정적인 순간에 판단을 그르치기 쉽다. 부분보다 전체가 중요하다. 부분의 합이 전체를 이길 수 없다. 거꾸로 말해 전체는 부분의 합보다 큰 법이다.

부분에 함몰되지 않고 전체를 통찰할 수 있는 식견이 필요하다. 쉬운 얘기는 아니다. 하지만 중심을 잡고 좀 더 냉정하게 바라보는 안목을 기른다면 불가능한 것은 아니다. 일단 너무 그럴듯해 보이면 의심부터 해보자.

일부 진실만 담은 전망이 무서운 이유

"이제 집을 살 사람이 없다. 중간계층이 없다. 30~40대 비정규직
이 얼마나 많은가."

2019년 8월 한 TV 프로그램에 출연자로 나왔던 50대 후반의 한 남
성은 이렇게 말했다. 그의 얘기를 들어보면 충분히 공감이 가고도
남는다. 우리는 외부 자극에 이성보다 감정이 먼저 반응한다. 순간
나도 모르게 걱정과 두려움이 밀려온다. 주위를 둘러본다. 대학을
졸업한 조카는 계약직으로 전전하고 있고, 이제 대학생인 아들은 취
업 문이나 뚫을까 싶다. 돈을 제대로 버는 젊은이가 없는데 어떻게
집값이 오르겠는가.

통계청 조사 결과(2021년 12월)에 따르면 1993년생 남자의 절반 가
까이(48.8%)는 일자리가 없다. 자식 세대는 부모 세대보다 못산다
는데…. 이제 집값은 떨어질 일만 남은 것 같다. 이런 생각이 드는데
이 중년 남성은 머뭇거리지 말고 결단을 내리라는 듯이 마지막 결정
타를 날린다.

"이제 집 가지고 재테크하는 시대는 지났다. 빨리 팔고 나오는 게
남는 장사다."

그의 말을 철석같이 믿고 누군가 전 재산인 아파트를 팔았다면 어
떻게 되었을까. 한동안 마음고생을 했을 것이다. 임대차 3법 영향
으로 전셋값마저 급등해 거주 불안이 더 심해졌을 것이다. KB국민
은행 부동산 통계에 따르면 2019년 8월부터 2년간 전국 아파트값은
25.7%, 수도권은 34.4%나 각각 올랐다. 같은 기간 대도시 집값에

결정적인 영향을 미치는 M2(광의통화)는 9.1% 늘었다. 한국은행 기준금리는 연 1.5%에서 0.5%로 3분의 1토막 났다.

이런 금융환경과 정책 변화를 고려하지 않고 오로지 일자리 하나만으로 집값을 전망했으니…. 일부만 맞는 정보를 전부인 것처럼 수용하면 얼마나 엉뚱한 결과를 낳는지 보여준다. 이 남성의 말처럼 젊은 층의 구매력 상실은 집값과 밀접한 연관이 있는 것은 맞다. 하지만 부동산 가격은 한 가지 요소에 의해서만 결정되지 않는다. 모든 문제를 특정 원인의 탓으로 돌리는 환원주의적 사고는 매우 위험하다. 집값도 단지 젊은 세대의 구매력 하나만 가지고 재단하면 판단을 그르치기 쉽다는 얘기다. 그 외의 많은 변수는 무시하니 눈을 가리고 활을 쏘는 꼴이다. 당연히 그런 전망은 틀릴 수밖에 없다.

기억을 되살려보자. 2010년 초반부터 일부 경제전문가들이 폭증하는 가계부채로 곧 경제위기라도 올 것처럼 공포 분위기를 만들었지만 10년이 지난 지금도 우리 경제는 잘나간다. 우리나라의 가계부채는 사람으로 치면 고혈압이나 당뇨병 같은 성인병이다. 성인병이 있다고 곧바로 세상을 떠나는 것은 아니다. 잘만 관리하면 자연 수명 이상 살 수 있다. 다만 성인병은 큰 위기 때 자신의 몸을 치명적으로 망가뜨린다. 가계부채 역시 우리 경제 불안의 뇌관인 것은 맞지만 뇌관은 아무 때나 작동하는 것은 아니다. 가계부채는 평상시에는 잘 버티다가 경제위기라는 큰 재앙이 닥칠 때 경제에 큰 타격을 입힌다.

당시 유명한 노후 전문가의 '겁주기'도 지금 기억난다. 그는 "요즘은 자녀를 한 명밖에 안 낳기 때문에 양가에서 상속받으면 집이 2채가 된다. 젊은 층이 집을 살 필요를 못 느낄 것"이라고 했다. 하지만 최근 2030세대가 주택 시장의 핵심 수요층으로 떠올랐다. 한때 패닉 바잉을 할 정도로 다른 세대보다 훨씬 집을 많이 사들였다. 30세의 한 직장인은 "부모님이 오래 사실 텐데, 내 나이 60이 넘어서 집 2채를 물려받으면 무슨 소용이 있느냐. 오히려 짐만 될 수 있다"고 말했다. 지금 배가 고픈데 3개월 뒤에 밥을 많이 줄 테니 참으라고 하는 것과 다름이 없다고 했다. 미래에 집이 넘친다고 그때까지 길바닥에 텐트 치고 살 수는 없다는 것이다.

우리는 어떤 걱정에 사로잡힐 때는 이를 과대평가하고 나머지는 무시하려는 경향이 있다. 심리학에서는 이를 '초점 착각'이라고 부른다. 요컨대 '가계부채가 많아서, 젊은 층의 구매력이 줄어서, 이제 집값이 하락할 날만 남았다'는 비관론자는 부분적으로는 그럴듯해 보인다. 하지만 다른 상승요인이 더 많이 작용하면 최종결과물인 가격이 오를 수 있다. 즉 가계부채와 구매력은 하락의 요인으로 작용하겠지만, 그렇다고 곧바로 가격이 하락한다고 생각하는 것은 논리적인 비약이라는 얘기다. 하나의 독립변수를 종속변수로 곧바로 연결하는 선형적 사고는 판단 착오를 부른다.

공급이 모자라니 집값은 무조건 오른다는 말도 또 다른 도그마다. 2012년 하우스푸어 사태 당시 서울과 수도권 아파트 입주 물량이 태부족해도 집값은 폭락했다. 미국 하버드대학교 에드워드 글레이저 교수는 "탄력적인 주택공급은 급격하고도 고통스러운 가격 급등 가능성을 낮춰주는 것은 맞다. 하지만 주택 매수 광기를 다스리는 완벽한 해독제는 아니다"라고 말했다.[58] 다른 변수를 고려하지 않고 오로지 공급량만 가지고 집값을 논하는 것도 논리의 비약이 될 수 있다는 얘기다. '아니면 말고 식' 극단적인 비관론자를 조심하듯 극단적인 상승론자 역시 경계해야 한다. 그들의 전망이 틀렸다고 손해배상을 청구할 수 없는 노릇이다. 그 책임은 내가 오롯이 다 떠안아야 한다. 이래서 부동산 시장을 볼 때 균형과 객관적 고찰, 그리고 비판의식이 필요한 것이다.

인간 손가락이 8개였다면 '8년 주기설'?

인간은 규칙성을 발견하는 것을 좋아한다. 그리곤 이를 토대로 나름대로 패턴을 만들어낸다. 하지만 그 패턴은 그대로 반복되지 않는다. 시장이 일정 기간별로 상승과 하락의 흐름을 탄다는 '주기설'은 조심해서 접근해야 한다.

부동산 시장에서 자주 회자되는 '10년 주기설'도 크게 믿을 게 못 된다. 오죽하면 '10년 주기설이 나오는 것은 인간의 손가락이 10개이기 때문'이라는 우스갯소리가 있을까. 손가락이 8개라면 8년 주기설이 우리에게 자주 들렸을지 모른다.

물론 부동산 시장은 분명 사이클을 탄다. 시장이 좋을 때가 있으면 안 좋을 때가 있듯이 말이다. 부동산 시장은 호황과 불황을 오가는 사이클이다. 하지만 그 주기가 일정하지 않다. 8년이 될지, 아니면 10년, 12년이 될지 알 수 없다. 10년 주기설을 믿는 사람은

2018년 말이 되자 당황했을 것이다. 외환위기인 1998년, 글로벌 금융위기인 2008년에 이어 10년째인 2018년에 큰 위기가 닥쳤어야 했지만, 불발로 그쳤기 때문이다. 지나고 보니 오히려 2018년에는 집을 샀어야 할 때였다. SNS에 나도는 주기설에 너무 현혹되지 마라. 그것은 사이클이 끝난 사후에나 알 수 있는 법이다. 부동산 시장의 사이클은 그 누구도 자신하지 못하는 영역이다. '그럴 수도 있겠구나' 정도에 그쳐라.

설사 사이클이 나타난다고 해도 과거의 패턴을 그대로 따르지는 않는다. 그런 점에서 프랑스 철학자 질 들뢰즈의 '차이의 반복'은 부동산 시장을 이해하는 데 매우 적절한 개념이다. 동일성의 반복이 아니라 차이의 반복이다. 같은 집값 상승기라도 과거에는 재건축 아파트가 많이 올랐다면 이번 사이클에는 신축 아파트가 더 많이 상승할 수 있다. 과거에는 중심부, 지금은 외곽이 더 상승할 수도 있다. 부동산 시장의 사이클(반복)을 부정해서도 안 되지만 그 차이 또한 부정하면 안 된다. 패턴을 만들어 섣부른 예측을 하기보다는 여러 가능성을 열어놓는 오픈 마인드, 그리고 기민하게 대응하는 힘이 중요하다.

토지보상금은 언제나 집값 불쏘시개가 되나

해마다 풀리는 토지보상금은 부동산 시장에 적지 않게 영향을 미치는 것이 사실이다. 그동안 토지보상금은 토지시장으로 재유입되어 인근 부동산 시장을 자극하는 것으로 알려져 왔다. 이른바 대토

수요다. 최근 들어서 토지보상금을 받아 인근의 논, 밭 또는 임야를 사는 사람들이 많이 줄어들었다. 오히려 도심의 상가건물이나 아파트 수요가 늘어나고 있다.

이 같은 현상의 가장 큰 이유는 토지보상금을 받는 사람들이 이미 고령화되어 농사를 짓기가 어렵다는 데 있다. 지난 참여정부 때 추진했던 세종시 토지보상금을 받는 연령대가 60세가 넘었다. 토지보상금은 기본적으로 투기성 자금 성격을 띤다. 시장 여건이 불확실할 때에는 투자에 나서기보다는 대기성 자금으로 남는 경우가 많다. 반대로 시장이 활황세를 띨 때 부동산으로 대거 몰려들어 과열의 주요 원인이 된다.

말하자면 토지보상금이 많이 풀린다고 해도 무조건 도심 부동산 값이 오른다고 생각하는 것은 단편적인 시각이 될 수 있다는 것이다. 투자환경이 그만큼 우호적으로 조성되어야 불쏘시개 역할을 한다. 즉 부동산경기가 활황이냐, 아니면 침체기냐에 따라 토지보상금의 영향이 서로 달리 나타난다. 금리가 오르고 부동산 가격도 장기 상승에 따른 피로감이 겹치면 토지보상금이 풀려도 부동산 시장에 미치는 영향이 제한적일 것이다.

요컨대 토지보상금은 금리나 입주 물량처럼 부동산 시장의 주요 변수이지 결정적인 변수는 아니다. 토지보상금 변수를 지나치게 확대 포장하는 일은 정확한 시장분석에 치명적이다.

비율(%)보다 금액에 더 예민한 까닭

강남은 분명 다른 지역과 차별적인 공간이다. 강남에는 주거 프리미엄이 작동해 다른 지역보다 아파트값이 비싸다. 문제는 강남 아파트는 과거에도 크게 떨어진 적도 없고 향후에도 떨어지지 않을 것이라는 편향을 갖고 있는 사람이 많다는 점이다. 이 지역은 계속해서 다른 지역보다 더 오를 거라고 생각한다.

이렇게 생각하는 것은 우리 뇌가 '절대 금액'으로 사고하는 경향이 있기 때문이다. 강남 아파트값이 다른 지역보다 실제로 많이 올랐는지 알아보자. KB국민은행에 따르면 2011년 12월부터 10년간 서울 강남구와 서초구 아파트값은 각각 67.3%, 60% 올랐다. 이는 같은 기간 노원구(84.7%), 영등포구(81.54%)에 한참 못 미칠 뿐만 아니라 서울 평균(68.8%)에도 밑돈다. 대구 수성구(85.6%)와 부산 해운대구(73.1%)보다도 낮은 수준이다. 지방에도 투자 수익률이 강남을 넘어서는 곳이 수두룩했던 셈이다.

2011년 당시 강남 아파트값이 많이 올라 있어 상승률이 낮을 것이라고 추론할 수 있다. 기저효과에 따른 착시가 아니냐는 것이다. 하지만 당시 강남 아파트 시장은 하우스푸어가 탄생할 정도로 침체가 심했다. 지방 혁신도시나 세종시로 주택 수요가 남하하고, 강남 인근의 반값 보금자리아파트 공급 쇼크가 겹쳤기 때문이다. 당시 아파트 시장 분위기는 서울이 지방보다 좋지 않았다. 물론 상승률이 아니라 상승금액으로 따지면 강남이 다른 지역보다 훨씬 많이 올랐을 것이다. 일반적으로 비싼 아파트는 값이 오르더라도 상승률은 둔화하기 마련이다.

사람은 대체로 변동비율보다 변동금액에 더 민감하다. 가령 같은 5% 손해를 봐도 1,000만 원 투자한 사람은 손실액 50만 원을 대수롭지 않게 여기지만 100억 투자한 사람은 그 5억 원에 밤잠을 못 이룰 것이다. 집값이 80% 올랐다고 하면 그냥 '많이 올랐구나'라고 생각하지만 8억 원 상승했다고 하면 '헉' 하고 깜짝 놀란다. 투자 수익률로 판단한다면 강남은 대구 수성구나 부산 해운대구보다 못한 투자 상품이었다. 그런데도 강남 아파트값이 더 많이 오른다고 생각하는 것은 금액으로 사고하는 특성과 선입견이 강하게 작용했기 때문이다. 강남 아파트값이 오른다는 뉴스를 하루가 멀다고 쏟아내는 매스컴에 우리도 모르게 세뇌된 것인지도 모른다.

상승기와 하락기의 전망은 누가 잘 맞을까

누구나 자신의 입장에서 좋은 세상을 희망한다. 이해관계가 얽혀 있는 주택 시장은 더욱 그럴 것이다. 집이 없는 사람은 집값이 내리길 바라고, 집이 많은 사람은 집값이 오르길 기도한다. 개인의 희망은 그대로 전망으로 이어진다. 대체로 전망을 할 때 자신의 '소망적 사고'를 뒤섞기 마련이다. 따라서 집값 하락 국면에서는 무주택자의 전망이 잘 맞을 것이다. 하지만 반대로 집값 상승 국면에서는 다주택자들의 전망이 적중할 수 있다.

주택금융연구원이 발간한 '2020년 1분기 주택금융리서치'에는 흥미로운 설문조사가 들어 있다. 보고서에 따르면 2017년 9월~11월

전국 일반 가구 5,043명을 대상으로 향후 1년 뒤 예상 변동률을 조사했더니 3채 이상 다주택자의 집값 예측력이 다른 집단보다 통계적으로 유의미하게 높았다. 당시는 정부가 '8·2 부동산 대책'을 발표한 직후로 집값 전망이 엇갈리던 때였다. 3채 이상 집을 가진 사람들이 시장을 더 잘 파악했다니 솔직히 묘한 기분이 드는 것은 어쩔 수 없다. 연구원은 다주택자들이 집값 예측을 잘했던 이유로 '정보 우위'와 '심리적 기대요인'을 꼽았다.[59]

하나하나 뜯어보자. 첫째, 개인적으로는 다주택자들이 정보 우위에 서 있다고는 보지 않는다. 주위의 집을 많이 가진 사람들을 보면 무주택자나 1주택자에 비해 특별히 더 많은 정보를 갖고 있지 않다. 3채 이상 다주택자 중 부동산 정보를 가장 많이 아는 고위 공직자는 거의 없을 것이다. 일반인은 대단한 정보를 토대로 집값 전망을 하지 않는다. 대체로 매스컴에 나오는 부동산 뉴스나 주위에서 듣는 이야기, 자신의 개인적 경험을 뒤섞어 판단을 내린다.

둘째, 그래서 주목하는 것은 바로 심리적 기대요인이다. 3채 이상 주택을 가진 사람들은 집값 상승이 더 절실할 것이다. 막대한 빚을 지거나 전세보증금을 안고 갭투자를 했다면 집값 하락은 상상만 해도 끔찍한 일이다. 다른 1주택자나 무주택자에 비해 집값 상승을 기원하는 강렬한 기우제를 지내야 하는 처지다. 이런 집단적 기대치가 설문조사에 그대로 반영이 된 것 같다. 집값이 결과적으로 크게 올랐으니 3채 이상 주택 보유자들의 전망이 적중한 것이다.

KB국민은행 부동산 시세에 따르면 2017년 11월부터 1년간 전국 아파트값은 3.1%, 서울 아파트값은 14.1% 뛰었다. 만약 조사 시점을 달리해 집값이 하락하는 국면이었다면 무주택자들의 전망이 맞았을 것이다. 결론적으로 집값 하락기에는 무주택자의 전망이 맞을 가능성이 높고, 반대로 집값 상승기에는 다주택자의 전망이 적중할 가능성이 높다. 그래서 시장 전망에 대해선 정서적 소망과 이성적 예측을 구분해야 한다. 이는 주관적 감정보다 냉철한 이성적 분석이 얼마나 중요한지 보여준다.

이해 당사자를 제대로 가려내는 눈

같은 얘기를 듣더라도 이해관계에 얽혀 있다면 그 말은 액면 그대로 받아들이지 않는 게 좋다. 가령 당신이 아파트를 사러 현장에 갔다고 생각해보자. 여기에서 이해 당사자는 누구일까. 집주인과 부동산중개업소일 가능성이 크다. 집주인은 아파트값을 비싸게 팔아야 하니 어떻게 해서든 좋은 것만 말할 것이다. 중개업소도 집주인보다는 덜하겠지만 거래 성사를 위해서 장점을 늘어놓을 가능성이 높다. 당신은 이제 동네 주민을 만나본다. 같은 동네 주민이라도 집주인과 세입자는 입장이 다를 수 있다. 집주인은 아파트 단지 자랑을 할 것이고, 세입자는 살기에 불편하다고 불평할 가능성이 높다.

아파트 가치를 좀 더 정확하게 판단하려면 한쪽 얘기만 듣는 것은 바람직하지 않다. 개인적으로는 집주인 40%, 세입자 60% 정도로 받아들이면 좋을 것 같다. 경쟁 관계에 있는 옆 동네 집주인을 만날 때는 내가 사고자 하는 아파트 가치를 깎아내릴 가능성이 있다. '역세권보다 욕세권이 좋다'는 말이 있다. 주변으로부터 부러움과 질투를 받아 욕을 얻어먹는 아파트가 더 좋다는 얘기다. 욕을 하면서도 그곳에 가기를 소망하는 인간의 이중성을 그대로 드러낸다. 그런 점에서 아파트를 살 때는 옆 동네 사람의 평가보다 다소 올려 판단하는 것도 괜찮을 수 있다.

평상시 사람을 만날 때도 한쪽으로 경도된 사람은 이해당사자가 아닌지 경계해야 한다. 눈썰미 있는 사람은 한두 번 만나보면 알 수 있겠지만 그런 능력이 없어도 주의 깊게 살펴보면 누구나 본색을 파악할 수 있다. 시간이 다소 걸릴 뿐 인간은 기본적으로 거짓과 진실을 구분할 수 있는 능력이 있어서다.

여기에서 당신이 조심해야 할 게 있다. 그 사람을 제대로 알지 못하고 지레짐작으로 성급히 이해당사자로 재단해버리는 일은 없어야 한다. 인간이 자신의 존재로부터 완전히 자유로울 수 없듯 이해관계로부터 100% 벗어나는 사람도 없다. 조금 연결되어 있다고 무조건 이해당사자로 보는 과잉해석은 판단 착오를 부를 수 있다는 얘기다.

당신이 만약 가전제품을 만드는 회사 대표라고 가정해보자. 당신은 건설·부동산 경기가 좋아지길 기도하는 사람일까. 건설·부동산 경기가 좋아지면 아파트도 많이 짓고 그곳에 들어가는 냉장고나 에어컨, TV 수요가 늘어날 수 있다. 건설·부동산 경기가 호조를 보이면 좋겠지만 다른 해외 매출도 있어서 직접적인 이해당사자라고 보기는 힘들다. 무리하게 양쪽을 연결 지어 생각하면 자칫 '허위 상관관계'의 함정에 빠질 수 있다. 가령 이사 가려는 그 동네에 거주하는 사촌까지 이해당사자의 범주에 넣지 말라는 얘기다. 이상과 이념을 믿는 사람일수록 결벽증과 경직된 사고로 허위 상관관계에 봉착할 위험성이 있으니 조심하는 게 좋다. 진정 이해당사자인지를 잘 가려내는 분별지(分別智)가 필요하다.

이분법적 세상에서 균형 잃지 않기

옛 선비들은 권도(權道)를 추구해야 할 최고의 가치로 여겼다. 권(權)은 흔히 '권세 권'으로 알고 있지만 '저울추 권'이라는 의미도 있다. 권은 나무(木)에 황새(雚)가 앉아 있는 모양을 본떠 만든 글자다. 황새는 작은 가지에 앉으면 처음에는 몸을 가누지 못하지만 이내 균형을 잡는다. 마치 시계추처럼 말이다. 한쪽으로 쏠리지 않고 경중이나 대소를 잘 헤아려 중심을 잡는 밸런스(balance, 균형)의 가치다. 권도는 평범한 일상보다는 비정상적인 상황에 적절하게 대처하는 지적 능력이다. 조선시대 유학자들은 현 상황이 임시변통을 할 수 있는 권의 영역인지, 아니면 평상시인 상(常)의 영역인지를 놓고 격한 논쟁을 벌였다. 옛 선비들이 권을 최고의 정신적 판단 능력으로 삼은 이유가 충분히 이해된다. 권은 『논어』에 두 번, 『맹자』에 한 번 나왔던 것으로 기억한다.

인간은 자라나는 환경이 서로 달라 고정관념이나 선입견에서 완전히 자유롭지 못하다. 그래도 한쪽에 쏠리지 않고 최대한 균형을 잡기 위한 노력이 필요하다. 부동산처럼 이해관계가 엇갈리는 분야도 없다. 이럴 때일수록 객관성을 잃지 않는 태도가 중요하다. 시장에서는 더 중립적이고 공정한 관찰자적인 자세를 유지하는 것이 좋다. 믿고 싶은 이야기를 해주는 전문가나 특정 이해관계자를 옹호하는 대변인이 아니라, 시장을 좀 더 균형적으로 말해줄 수 있는 참된 전문가를 찾아야 한다. 중심을 잡고 사건 없이 있는 그대로 읽어낼 수 있는 능력이 필요한 시대다. 하지만 이데올로기 전쟁터로 변한 부동산 시장에서는 극단적인 논리만 횡행한다. 기계적인 균형이라도 좋다.

자신의 이해관계에서 벗어나 상대방을 생각하고 생각의 중심추를 중앙에 놓아보자. 나의 이익이 혹시 타자, 나아가 공동체의 이익을 저해하지는 않는지, 한쪽만의 이익을 대변하는 것이 아닌지 고민해보자. 이 시대 부동산 시장에서 가장 필요한 것은 권의 가치가 아닌가 싶다.

남에게 영향을 미치는 사람의 윤리지능

"집값이 내린다고 해도 비난받고, 오른다고 해도 욕먹고…."

모처럼 만난 한 부동산 전문가는 "어느 쪽을 이야기해도 공격을 받는다"며 한숨을 내쉬었다. 그의 말처럼 집값에 대해선 유주택자와 무주택자의 이해관계가 서로 엇갈린다. 집값이 오르면 유주택자는 즐겁지만 무주택자는 절망적인 표정이 된다. 전문가가 집값에 대해 어떤 말을 해도 한쪽에게는 귀에 거슬릴 것이다.

가뜩이나 부동산 시장은 머니게임의 전쟁터가 된 지 오래다. 계급 간 투쟁이 부동산을 통해 노골화된다. 부동산 전문가들이 그다지 존경받지 못하고 자주 비판의 대상이 되는 것은 이 같은 맥락에서다. 무엇보다 전문가들이 질타를 받는 것은 '가진 자를 위해 변호를 한다'는 선입견이 깔려 있기 때문인 것 같다. 나름대로 중도적인 전문가들도 많지만 그런 오해에서 벗어나기 힘든 게 현실이다.

이 문제를 어떻게 풀어나갈까. 전문가에게 지나치게 엄격한 잣대를 들이댈 수는 없다. 가령 선비 같은 도덕주의자를 요구해서는 안 된다. 그런 덕목은 너무 과도한 요구이고 시대착오적이다. 다만 전문가들은 좀 더 윤리적이어야 한다. 특히 남에게 영향을 주는 전문가일수록 더욱 그렇게 해야 한다. 청문회에서 장관 후보자에게 엄격한 잣대를 들이대는 것은 장관이 뭇사람에게 영향을 미치기 때문이다. 다만 개인적인 자리에서 나누는 얘기에 대해 어떤 제약을 두는 것은 불가능하고, 해서도 안 된다. 그러나 공개적으로 발언을 할 때는 신중하고 조심스러워야 한다. 자신의 말 한마디가 불특정 다수의 의사결정에 영향을 미칠 수 있기 때문이다.

부동산 시장은 주식 시장과는 달리 기관투자자 없이 개인 중심으로 움직인다. 정보의 여과 장치가 없어 작은 정보에 의해 언제든지 요동칠 가능성이 있다. 공개적으로 특정 지역을 유망하다고 추천하면 가격에 영향을 미칠 수 있다. 집값이 올라가 시차를 두고 임대료가 올라갈 뿐 아니라 무주택자의 내 집 마련을 더욱 어렵게 만들 수 있는 것이다. 부동산 시장에서는 한쪽에서 이득을 보면 다른 한쪽은 피해를 본다. 부동산은 외국에 수입하거나 수출할 수도 없다. 우리나라 사람끼리 서로 주고받는 국지적 시장이다.

부동산 전문가가 미술평론가나 야구해설가처럼 당당하게 전문가로 대접받는 시절이 올까. 아마도 단기간에 쉽지 않을 것이다. 전문가들이 스스로 윤리지능을 높이고, 사회적 약자의 고통에 대한 공감능력을 키워나간다면 그 시기가 좀 더 앞당겨지지 않을까.

KEY POINT

절반의 진실은 결국 거짓이니 경계하라. 일부만 옳은 사실을 전부인 것처럼 수용하면 안 된다. 무분별한 정보 수용으로 생긴 문제는 내가 오롯이 다 떠안아야 한다. 거짓 정보에 휩쓸리지 않으려면 스스로 지적 근육을 키우는 게 필요하다. '10년 주기설'도 크게 믿을 게 못 된다. 부동산 사이클은 끝난 사후에나 알 수 있다. 토지보상금이 많이 풀린다고 무조건 도심 부동산값이 오르진 않는다. 하락기에는 불쏘시개 역할을 하지 못한다. 집값 상승기에는 다주택자의 기대가, 집값 하락기에는 무주택자의 기대가 적중할 수도 있다. 남의 얘기를 듣더라도 이해당사자의 말은 가려서 들어라.

투자가 삶의 일부가 된 사회에서
지혜롭게 사는 법

명심보감보다 재무보감이 중요한 시대다. 부동산, 주식, 세금 등의 기능적 지식이 현대생활에 더 중요한 비중을 차지하고 있다. 재무지식뿐만 아니라 정보기술(IT) 활용능력까지 갖추면 금상첨화다.

"만나면 온통 투자 얘기죠."

회사원 이준성(가명·52) 씨가 요즘 친구들과 나누는 대화는 주로 '투자'에 대한 얘기다. 과거엔 등산이나 낚시 같은 취미를 놓고 많이 얘기했는데 요즘 의제는 확실히 돈이다. 투자에 집착하다 보니 그런가. 그는 주식이나 코인, ELS, 공모주뿐만 아니라 아파트 갭투자까지 관심을 갖고 어떻게 하면 돈을 벌 수 있을지 궁리한다. 카페나 단톡방 모임도 4~5개 가입해 재테크 정보를 수시로 주고받는다. 이씨는 "안정적인 노후생활을 하려면 더 나이 들기 전에 투자로 돈을 불려야겠다는 조급증이 생긴다"고 말했다.

주위에 이씨 같은 사람들이 의외로 많다. 투자하지 않으면 나만 시대 흐름에 뒤떨어진 것 같다. 요즘 SNS는 부동산과 주식 투자 소식으로 넘쳐난다. 부동산과 주식 투자로 대박을 터뜨린 성공 스토리도 회자된다. 이런 스토리를 들으면 '나는 도대체 뭘 하고 있는 걸까'라는 자괴감에 상대적 박탈감까지 밀려온다. 나도 조금만 노력하면 성공의 주인공이 될 것 같은 착각에 빠진다. 이곳저곳을 기웃거리며 나도 투자에 동참해본다. 일상생활 속에서도 '투자'라는 어휘는 뇌리에서 잘 사라지지 않는다. 잠시 다른 일로 잊어버리다가도 어느새 생각이 난다. 이런 모습들은 우리 시대가 앓고 있는 투자 강박증이 아닐까.

노동소득은 신성한 것이고 투자소득은 현명한 것이다

한국소비자원이 격년 단위로 내놓는 '한국의 소비생활지표'를 보면 흥미로운 설문조사가 있다. 2021년 조사에서는 우리나라 사람들이 중요하게 생각하는 3대 소비생활 분야는 '식(식품·외식)' '금융(금융·보험)' '의(의류)' 순이다. 2019년에는 '식' '주(주거·가구)' '금융' 순이었다. 금융이 우리 삶에 중요한 부분까지 차지한 것은 달라진 시대상을 반영한다. 금융이 상위권에 오른 것은 돈을 잘 관리하고 늘려나가는 것이 중요해졌다는 뜻이다.

응답자들이 생각한 '금융'은 어떤 의미일까. 높은 금리를 주는 은행을 찾아 예금하고 대출을 싸게 받는 것을 금융이라고 생각했을까. 이보다는 투자에 더 초점을 두지 않았을까 싶다. 주식이나 코인, 펀드, ELS 등에 투자하는 것 말이다. 흔히 말하는 재테크다.

돈에 대한 욕망은 어느 시대든 마찬가지다. 돈은 불합리한 세상에서 자신을 지키는 갑옷일 수 있다. 달라진 점이 있다면 노동소득을 통해 차곡차곡 돈을 쌓기보다 투자에 열을 올리는 사회가 되었다는 것이다. 지금은 투자 문제로 좌절하고 기쁨을 맛보는 투자 사회에 살고 있다. 요즘은 경로당에서도 어르신들이 고스톱보다 주식 투자에 더 많이 관심을 가진다고 하니 오죽하랴. 이처럼 투자는 어느새 우리 삶의 일부분이 되어버렸다. 이제는 펀드매니저처럼 타이밍을 재면서 사고팔고, 자산을 굴리면서 살아야 하는 개인 성과사회가 된 것이다.

세상이 많이 변했다. 하지만 아직도 많은 기성세대는 노동소득의 중요성만 강조한다. 땀 흘리는 것만 가치가 있다는 노동가치설을 맹신한다. 물론 일을 해서 벌어들이는 소득은 고귀하고 그만큼 값어치가 있다. 하지만 노동소득을 절대시하는 것은 시대의 흐름에 맞지 않는다. 자본소득에 대한 경시는 농경사회나 산업사회의 유산인지 모른다. 일자리가 사라져가는 4차 산업혁명 시대에 노동만 해서 부를 쌓기는 더욱 어렵다.

투자를 한다고 해도 아무나 돈을 챙길 수 있는 게 아니다. 나름대로 지식을 축적해야 하고, 부지런해야 하고, 사리에도 밝아야 자본소득을 챙길 수 있다. 그 방법에서 위법적 요소가 없다면 자본소득에 대해 너무 부정적인 생각을 갖지 말아야 한다는 생각이다. 그래서 이렇게 정리하고 싶다. '노동소득은 신성한 것이고 자본소득은 현명한 것이다.'

명심보감보다 재무보감이 중요한 시대

요즘은 재무지식이 살아가는 데 매우 중요한 삶의 요소가 되었다. 조선 시대의 서당에서『명심보감』은 필수 교양서로 읽혔다.『명심보감』은 살아가면서 마음에 깊이 새겨둘 만한 삶의 지혜를 모은 책이다. 현대인 역시 인격 수양에 필요한 철학과 윤리 교양 지식도 중요하다. 하지만 지금은 그것만으로는 부족하다. 부동산, 주식, 세금, 금융상품 등의 기능적 지식이 현대생활에 더 중요한 비중을 차지하고 있다. 재무지식뿐만 아니라 정보기술(IT) 활용능력까지 갖추면 더욱 좋다.

세상이 그만큼 복잡해졌다. 과거에는 저금만 착실히 해도 어느 정도 돈을 모을 수 있었다. 하지만 지금은 갈수록 예측불허여서 고도의 판단 능력을 요구한다. 집 한번 잘못 사고팔면 평생 후회하는 일이 생길 수 있다. 사소한 계약 실수로 10년 벌어놓은 재산을 하루아침에 날릴 수 있다.

직장인 김수영(가명·49) 씨는 최근 세무당국으로부터 4억 원의 양도세를 추징당했다. 아내와 공동명의로 10년 이상 거주 중인 집 한 채를 처분했을 때만 해도 별 걱정이 없었다. 1주택자여서 양도세와 비과세 혜택을 받고 나면 세 부담이 크지 않았다. 그런데 뒤늦게 알게 된 일이었지만, 아내와 처제가 수도권에 공동명의로 투자해놓은 오피스텔이 화근이었다. 시가 2억 원 남짓한 오피스텔이었다. 세무당국에서는 '실질 사용 원칙'에 따라 오피스텔도 주거용으로 사용했으니 주택으로 봐야 한다는 것이었다. 김씨는 결국 다주택자가 되어

오피스텔 가격의 2배에 달하는 양도세를 낼 수밖에 없었다. 김씨는 "지금 생각해보니 오피스텔을 먼저 팔았어야 했는데, 부동산에 너무 무지했다"라고 토로했다.

내가 실수한다고 해서 봐줄 사람은 없다. 부동산뿐이랴. 최근 사모펀드에서 보듯이 금융상품 한번 잘못 들면 벌어놓은 돈을 하루아침에 다 날릴 수 있다.

인성도 좋고 인문학도 좋지만 당장 살아가면서 중요한 것은 재무지능이다. 배운 사람일수록 형이상학적 지식은 숭상하고 형이하학적 지식은 은근히 폄훼하는 경향이 강하다. 그들은 돈에 관심을 가지는 이들을 돈밖에 모르는 물신주의에 빠진 사람으로 비하한다. 하지만 이런 사람은 MZ세대로부터 세상 물정을 모르는 구시대적 인물이라는 핀잔을 받기 십상이다.

요즘은 재무 공부를 하지 않으면 세상 물정 모르는 바보가 되기 쉽다. 청약제도, 양도세, ELS, ISA, IRP 등을 모르는 것은 조선시대에 한자를 모르는 것과 같다. 이른바 현대판 금융 문맹이다. 여기에 스마트폰을 잘 활용하지 못한다면 디지털 문맹이다. 베이비부머 이상의 장노년층이 금융 문맹과 디지털 문맹 등 이중 문맹인 경우가 많다.

생존 차원에서라도 부동산이나 주식, 세금, 금융상품에 대한 공부를 게을리하지 말아야 하는 세상이 되었다. 돈이 세상의 전부는 아니지만 망하지 않기 위해서는 알 것은 알아야 한다. '재무지식 쌓기'는 재물 불리기 차원을 넘어 자신과 가족의 평안을 지키기 위해서라도 꼭 필요한 것이다.

나보다 똑똑한 시장과 정면 승부는 위험

소액으로 투자하는 사람들은 수익 내기가 쉽다고 생각한다. 가령 1,000만 원으로 연 5%의 수익을 올리려면 한 해에 50만 원을 벌면 된다. 매달 4만 1,000원 정도의 수익만 거두면 된다. 잘만 하면 반나절 코인이나 주식 투자로도 50만 원을 벌 수 있다.

금액이 적으면 보수적이기보다 공격적이다. 보통 샐러리맨들은 50만 원 정도는 잃어도 타격이 없다. 다음 달 월급날이 오면 이 정도의 돈은 충분히 메꿀 수 있다. 투자 금액 단위가 더 낮아지면 더욱 과감해진다. 만약 투자금이 5만 원이라면 로또 하듯이 '통 큰 베팅'을 할 것이다. 만약 투자에 실패하면 기분은 나쁠 수 있지만 금전적 손실은 크지 않다. 그 정도의 돈은 있어도 그만이고 없어도 그만이다.

하지만 금액이 커지면 커질수록 수익을 내기가 어렵고, 조심스러울 수밖에 없다. 10억 원으로 연 5%의 수익을 내려면 한 해 5,000만 원을 벌어야 한다. 어지간한 샐러리맨 연봉이다. 투자 금액을 좀 더 높여보자. 투자 금액이 100억 원이라면 연 5% 수익률을 올리기 위해선 5억 원을 벌어야 한다.

100억 원이나 되는 큰돈은 특정 금융자산에 몰빵할 수 없다. 많은 자산가를 만났지만 그런 강심장은 보지 못했다. 목돈이 들어가는 부동산이라면 모를까, 금융자산일수록 여러 곳에 분산하는 게 낫다. 극단적인 투자는 단두대에 목을 걸어놓고 투자하는 것과 같다. 부자들이 분산투자를 하는 것은 겁이 많아서가 아니라 한쪽에서 망해도 나머지 자산이 있어 재기가 가능하기 때문이다.

최근 코인 '루나' 사태에서 보듯이 MZ세대의 모험적 투자는 단기간에 부를 이룰 수도 있지만 실패 시 파멸로 이어질 수 있다. 나보다 더 똑똑한 시장과의 정면 승부는 무모한 일이다. 금융자산은 분산을 통한 꾸준한 수익 내기가 중요하다.

큰돈을 벌기 위해선 투자가 아닌 사업을 해야 한다. KB의 '한국 부자보고서'(2021)에 따르면 금융 소득 10억 원 이상의 부자들이 현재의 자산을 축적할 수 있었던 가장 큰 원천은 '사업 소득'(41.8%)으로 나타났다. 하나금융경영연구소의 '한국 부자보고서'(2022)에서도 49세 이하 영리치의 자산 형성에 영향을 준 원천 1순위는 근로소득(45%)이고, 다음은 사업소득(23%)이었다.

MZ세대라면 스타트업을 시작하거나 해당 직종에서 임원으로 성공하는 등의 '원화 채굴'을 해야 큰돈을 만진다. 그러니 일부 투자 성공 스토리에 너무 현혹되지 마라. 그 머니게임에서 당신이 주인공이 된다는 보장은 없다. 부(富)는 단박에 불리는 것보다 시간을 두고 모아가는 것이 안전하다. 『주역』에서도 "계단을 밟아 오르듯이 차곡차곡 올라가는 성장이야말로 끝까지 길하다"고 했다. 당신이 '연 5% 수익은 식은 죽 먹기'라는 생각을 했다면 부자가 아니라는 방증이다. 향후에도 부자는커녕 중산층이 되기도 어려울 수 있다.

'내가 뭐 어때서?' 자기 자비가 필요한 이유

이젠 헐벗고 굶는 사람은 없다. 그런데도 우리는 현재 삶이 만족스럽지 않다. 나만 비루하게 살고 불행한 것 같다. 왜 이런 현상이 일어날까. 우리가 익히 알고 있듯이 주변에 부자들이 많아지면서 느끼는 상대적 빈곤감 때문이다. 누구는 주식으로 대박을 터뜨리고 누구는 부동산을 사서 떼돈을 벌었다는데 나는 왜 이렇게 못났을까 하고 생각하는 것이다.

상대적 빈곤감이 과거보다 더 강해지는 데는 또 다른 이유가 있다. 바로 정보기술이나 SNS 발달 때문이다. 즉 뉴스나 SNS를 통해 타인과 나의 삶을 너무 많이 비교하게 되면서 예전보다 불행을 더 크게 느낀다. 비교의 대상이 더 넓어지고 수준도 높아지다 보니 내 처지가 더 초라해 보인다는 얘기다. 어지간히 성공해서는 성이 차지 않는다. 한마디로 빌 게이츠급 성공이 아니면 내 인생은 볼품없다고 생각한다. 남과 비교하는 한 행복의 파랑새는 찾아오지 않는다고 했다.

최근 대기업에 다니는 40대 회사원과 대화를 나눌 기회가 있었다. 억대 연봉자로 남들은 부러워하는 직장에 다니며 만족하고 살 줄 알았는데 그게 아니었다. 잘나가는 친구나 부자들과 비교하며 자신의 삶이 초라하다고 말해 솔직히 놀랐다. 도대체 얼마나 벌어야 그럭저럭 사는 걸까. 중소기업을 다니는 젊은 층은 도대체 어떻게 살라는 말인가.

사회적 지위가 어떻든, 얼마를 벌든, 중요한 것은 자기 자비(self-compassion)가 아닌가 싶다. 자기 자비는 자신에게 가혹한 잣대를 들이대지 않고 너그럽게 다독이는 것을 말한다. 한마디로 스스로 관용을 베푸는 것이다. 남들도 삼시 세끼 먹으며 고만고만 살고 있으니 내 삶과 크게 다를 게 없다. 집안에 우환 없는 사람이 어디 있을까. 단지 밖으로 드러내지 않았을 뿐 누구나 말 못 할 흑역사가 반드시 있기 마련이다. 삶이 박스권에 들어오면 큰 차이는 없다.

내가 행복하기 위해선 내 삶이 남들에 비해 결코 뒤떨어지지 않는다는 자존감 고양이 필요하다. "내가 뭐 어때서? 나도 당신들 못지않게 잘났다고. 왜 이래?" 주눅 들지 않기 위해선 때로는 이 같은 심리적 뻔뻔함도 필요하다. 그래야 마음의 평정을 유지하면서 잘 살 수 있다. 험난한 세상사로부터 조금이라도 자유로워지기를 바란다면 자기 자신을 학대하기보다 스스로 자비를 베풀어야 한다.

나의 투자 실패를 남에게 떠벌리지 마라

대기업 상무 김형택(59·가명) 씨는 최근 한 '사건'을 겪은 뒤 주변에 자신의 비밀을 털어놓지 않기로 결심했다. 최근 그는 투자에서 제법 큰 손실을 봤다. 구조조정 기업 채권을 사서 거의 반 토막이 되었고, 주식 투자에서도 흔한 말로 많이 깨졌다. 그는 평소 친하게 지낸다고 생각했던 동료에게 속 쓰린 얘기를 털어놨다.

내가 힘드니 위로해달라는 신호를 보낸 셈이다. 그는 "그래, 속상하겠다. 힘내라" 같은 위로를 해줄 것으로 생각했다. 하지만 막상 그 동료가 내뱉는 말은 전혀 달랐다. "평소 투자를 많이 하나 보네." '헉, 무슨 말인가. 나의 손실 그 자체가 아니라 투자를 이곳저곳 할 만큼 돈이 넓다는 데 초점을 맞춘 것 아닌가. 기쁨은 함께 나누면 배가 되고 슬픔은 반이 된다고 하더니, 아니었구나.' 동료의 말은 마치

"그렇게 투자할 돈도 많으면서 나한테 커피나 점심 사는 데 너무 인색하다"는 핀잔처럼 느껴졌다. 노골적이진 않았지만 은근한 질투와 같은 느낌까지 받았다. 그래서 김씨는 함부로 나의 기쁨이나 슬픔을 내뱉지 말아야겠다고 다짐한 것이다.

요즘 인터넷에 김씨의 심정이 그대로 녹아있는 우스갯소리가 떠돈다. "자신의 슬픈 소식을 다른 사람에게 얘기하지 마라. 20%는 상관도 안 하고, 80%는 당신이 힘들어하는 문제가 있다는 것에 대해 기뻐한다."

투자 일상화 시대, '결정 피로감'을 줄여라

세상이 복잡한 만큼 결정을 내릴 일도 많다. 하루하루가 선택의 연속이다. 그래서 누구나 '의사 결정 피로감'을 호소한다. 아침 출근길에 지하철을 탈까, 버스를 탈까, 아니면 택시를 탈까 하는 고민은 그나마 간단하고 쉽다. 일상생활이 아니라 투자의 영역으로 들어가면 복잡다단해진다. 더 많은 선택의 고민이 필요하다.

'결정점'에서 어떤 선택을 하느냐에 따라 수익을 낼 수도, 손실을 입을 수도 있다. 마치 하루에도 수차례 인생을 건 '머니게임'을 하는 것 같은 느낌이다. 게임은 항상 성공하지는 못한다. 투자에 실패한 후 잘못된 선택을 한 자신을 자책하기 일쑤다. 한마디로 어리석은 의사결정을 한 나 자신이 너무 미울 것이다. 나중에 후회할까 봐 겁이 나서 한번 선택한 것을 선뜻 결정하지 못한다. 주위를 둘러보면 많은 사람이 결정 장애 증상을 겪고 있다.

이런 상황에서 슬기로운 생활을 할 수 있을까. 일희일비하기 마련인 단기적인 의사 결정을 반복하지 않는 것도 좋을 것이다. 장기적인 안목으로 좋은 상품을 골라 묻어두는 방식으로 투자하는 것도 바람직하다. 아니면 투자를 최소화하고 대부분의 자금을 저축해도 괜찮다. 가령 펀드나 주식 투자보다는 아예 정기예금을 넣어 속 편히 사는 것도 나쁘지 않다는 얘기다. 또한 자신이 펀드매니저 수준의 전문가급이 아니라면 금융자산 투자는 슬림하게 하는 것이 바람직하다. 이것저것 투자하지 말고 스스로 관리가 가능하고 성장 가능한 영역에만 집중 투자를 하는 것이다.

부동산 영역에서도 단순하게 설계하는 것을 권한다. 여기저기 쇼핑하듯이 부동산을 매입하는 것보다 압축하는 것이 좋다. 제대로 관리하지 못하는 부동산은 오히려 부담스러운 존재일 뿐이다. 번잡스러운 것을 꺼리는 장년층일수록 더욱 심플하게 짜야 한다. 그렇지 않아도 서울·수도권 같은 곳에서는 다주택자에 대한 세금 불이익으로 집을 여러 채 보유하기가 쉽지 않다. 굳이 집을 여러 채 갖고 싶더라도 2채를 넘지 않는 게 좋을 것 같다. 1주택을 유지하되 소유와 거주의 분리를 통해 현금 흐름을 만들어내는 방식도 좋은 대안이다. 가령 살던 도심 아파트를 월세 놓고 교외에 작은 집을 전세로 구해 사는 방식이다. 진정한 고수들은 비싼 집은 렌트를 놓지 본인이 거주하지 않는다. 렌트 수입으로 경제적 자유를 얻는다. 그래서 싼 동네에 산다고 업신여기는 것을 두려워하지 않는다. 자존감이 높은 사람은 남의 시선에 연연하지 않는다.

요컨대 자산은 분산하되 관리 가능한 수준으로 가짓수를 줄여야 한다. 좋은 것을 골라내서 잘 키우는 것이 중요하다. 생각할 게 많은 번잡한 시대, 자산설계도 슬림(slim)하고 심플(simple)한 게 좋다.

방향이 옳으면 속도는 그다지 중요하지 않다

글로벌 브랜드 기업 회장을 업무적으로 만났더니 그는 내게 대뜸 술과 식초의 차이가 무엇이냐고 물었다. 잠시 머뭇거렸더니 그는 천천히 발효되면 술이 되지만, 빨리 발효되면 식초가 된다고 말했다. 술이 익을 때까지 기다리지 않고 너무 급하게 속도를 내면 엉뚱하게 식초로 바뀐다는 얘기다. 이 회장의 말은 당장의 성과를 내기 위해 속도에만 매달리면 오히려 일을 그르칠 수 있다는 가르침으로 받아들여졌다.

우리는 너무 급하다. 무엇이든 속전속결을 좋아한다. 뭐가 그렇게 바쁜지 경주하듯 하루하루를 산다. 투자도 단박에 고수익을 얻어야 한다는 강박증과 조급증에서 벗어나지 못하고 있다. 하지만 앞만 보지 말고 주위를 돌아보자. 공자는 "멈추지 않는다면 얼마나 천천히 가는지는 문제가 되지 않는다"고 말했다. 독일의 대문호 괴테도 "삶은 속도가 아니라 방향"이라고 했다. 남들보다 돈을 좀 덜 벌었다고 자책하지 마라. 괴테의 말처럼 방향이 옳으면 속도는 그다지 중요하지 않다.

가령 서울에서 부산으로 갈 때 남들은 비싼 KTX를 타고, 나는 무궁화호를 탄다고 자기 비하할 필요가 없다. 하루 24시간으로 보면 큰 차이가 나지 않는다. 사고 없이 무사히 부산에 도착하는 것이 더 중요하다. 어긋난 방향으로 빨리 달리면 다시 원점으로 되돌아와서 다시 달려야 한다. 그만큼 시간이 많이 허비된다. 거듭 강조하건대 속도보다 방향이 중요하다.

행복 찾기, 그 방정식 4가지

행복을 찾는 방식은 제각각이다. 제 눈의 안경이다. 정형화되어 있거나 모범답안이 있는 것이 아니다. 자산설계도 남의 방식을 추종할 것이 아니라 자기 스타일을 찾는 것이 중요하다. 멋진 자산설계를 해도 자신에게 맞지 않으면 무용지물이다. 자신에게 맞아야 실현 가능성이 높고, 오래 지속될 수 있다. 자산설계의 최종 목표는 행복이다.

폴 새뮤얼슨은 노벨경제학상을 받는 경제학자이지만 행복 방정식으로도 널리 알려져 있다. 새뮤얼슨의 행복 방정식은 분자는 소유, 분모는 욕망이다(행복 $= \dfrac{\text{소유}}{\text{욕망}}$). 소유는 부(富) 혹은 성취 정도, 욕망은 기대치로 각각 대체될 수 있다. 행복은 소유량에 비례하고 욕망의 크기에 반비례한다. 따라서 행복해지려면 소유량을 늘리거나 욕망의 크기를 줄이면 될 것이다. 일반적으로 사람들은 자신의 부를 부동산과 금융상품으로 갖고 있다. 자산설계를 통한 행복 찾기 방식은 4가지가 있는 것 같다. 올인, 분산, 감축(減縮), 무시가 바로 그것이다. 행복 찾기의 방식들에 대해 자세히 알아보자.

첫째, 올인 방식(행복 $= \dfrac{f(\text{부동산, 금융상품})^n}{\text{욕망}}$ $n \geq 2$)은 부동산이나 금

융상품을 제곱 이상(n≧2)으로 늘리는 것이다. 내가 하고 싶은 대로 자산을 무한대로 늘리는 방식이다. 부동산이 되었든, 금융자산이 되었든 관계없다. 유대인의 속담에 "이왕 돼지고기를 먹으려면 진탕 먹어야 한다"고 했다. 어찌 보면 '영원한 자유인' 그리스인 조르바처럼 사는 것이다.

그는 어릴 때 버찌가 너무 먹고 싶었지만 돈이 없었다. 돈을 모아 조금씩 사 먹으면 더 먹고 싶어졌다. 밤이고 낮이고 버찌 생각만 했다. 아무리 노력해도 그 생각을 떨칠 수가 없었다. 버찌가 자신을 갖고 논다는 생각에 그는 속이 상했다. 그래서 아버지 주머니에서 은화를 훔쳐 버찌 한 소쿠리를 산 뒤 도랑에 숨어 먹었다. 목으로 넘어올 때까지 먹고 또 먹다가 결국 몽땅 토하고 말았다. 그날 이후로 버찌를 먹고 싶다는 생각이 다시는 들지 않았다. 그는 "자유를 얻으려면 터질 만큼 처넣는 것 이외에는 방법이 없다"며 "금욕주의로서는 불가능한 일"이라고 말했다.[60]

자산 소유도 비슷한 맥락이다. 공공복리에만 위배되지 않는다면 자본주의 사회에서 부를 늘리고 권리를 행사하는 데는 아무런 문제가 없다. 철학책에는 탐욕을 부리지 말라고 역설하지만, 그것이 진정 탐욕인지 단순 욕망인지 어찌 쉽게 판단할 수 있단 말인가. 수조 원을 소유한 대기업 회장은 그렇다면 과욕을 부린다는 말인가. 사람마다 다른 것이지 일률적인 잣대로 재단하는 것은 폭력적 사고다. 욕망이 솟구친다면 분자인 '가진 것'을 더 늘리면 된다. 이 방정식에 따르면 자산 액수가 늘어나면 늘어날수록 행복은 늘어날 테니까.

둘째, 분산 방식(행복 $= \dfrac{f(\text{부동산, 금융상품}) + a}{\text{욕망}}$)은 부동산 혹은 금융 자산과 다른 것을 적절하게 섞는 것이다. 부동산이나 금융자산 가운 데 특정 자산을 크게 늘릴 필요는 없다. 필요한 것만 소유하는 방식 이다. 또한 적절하게 자산을 분산해서 위험을 회피한다. 특정 자산 의 올인은 나락으로 가는 지름길일 수 있기 때문이다.

여기서 주목할 만한 것은 알파(a)이다. 이것은 당연히 부동산이나 금융자산이 아니다. 굳이 소유물이라고 한다면 우표나 신발, 음반처 럼 자신이 좋아하는 물건일 수도 있다. 미술품 같은 아트테크도 좋 은 대안이다. 한 지인은 일본의 소니(sony)나 아이와(aiwa) 같은 옛 소형 카세트 플레이어와 옛 음반을 사 모으는 것이 소소한 취미다. 이런 '고물'을 보관하기 위해 작은 창고도 마련했다. 고물의 금액은 합쳐봐야 수백만 원이다. 아파트값에 비하면 매우 적은 수준이지만 그래도 만족감이 크다. 고물상에서 저렴하게 산 뒤 고쳐서 중고 거 래 앱에서 비싸게 되팔기도 한다. 부동산이나 금융자산에 대한 소유 욕망을 대체할 수 있다는 점에서 나름대로 괜찮은 방법 같았다.

셋째, 감축 방식(행복 $= \dfrac{f(\text{부동산, 금융상품})}{\text{욕망}}$)은 분자(부동산이나 금융 자산)는 그대로 두고 분모인 욕망의 크기를 낮추는 것이다. 한마디 로 안분지족하는 방식이다. 스토아 철학자 세네카는 "현명한 사람 은 자족할 것"이라고 말했다. 고대 그리스 철학자 플라톤도 "먹고 입고 살고 싶은 수준에서 조금 모자란 듯한 재산"을 행복의 조건이 라고 했다.

동양철학으로 접근하면 간기배(艮其背, 그 등에 그침)의 철학을 되새기는 것이다. 눈, 코, 입 등 얼굴의 앞부분은 욕망에 쉽게 흔들리지만 등은 무덤덤하다. 욕망과 마주치는 순간 몸을 돌려 등이 그 욕망을 맞도록 한다면 탈이 없다. 스스로 욕망을 통제하는 구속 장치를 만드는 것이다. 필요 이상의 재물에 대해서는 초연한 관심(detached concern)을 갖는다. 필요한 재물은 가지되 나머지는 강 건너 불구경하듯이 집착하지 않는다.

한마디로 욕이불탐(慾而不貪)의 철학이다. 재물에 세속적인 관심은 갖지만 탐욕을 부리지 않는 것이다. 법륜 스님은 한 강연에서 "내가 가는 행복의 방향이 아니라면 그것을 보고 불안해할 필요가 없다"고 말했다. 이들 가르침은 솟구치는 욕망에 좀 더 슬기롭게 대처할 수 있는 방법이 될 것이다.

넷째, 아예 이런 행복 방정식을 무시하는 것이다. 사회적 욕망을 버리고 자연인처럼 다 내려놓고 편히 사는 스타일이다. 현애철수(懸崖撤手, 절벽에 매달려 있던 손을 놓는 것)처럼 소유 욕망과 집착을 그냥 내려놓는 것이다. 알고 보니 천 길 낭떠러지가 아니라 겨우 2~3m에 불과한 작은 절벽이었는데 지레 겁에 질려 손을 놓지 못했을 수 있다. 그냥 놓아버리면 자유인처럼 거리낌 없이 잘 살 수 있고 어찌 보면 별것 아닌데 우리는 그것을 놓지 못해 전전긍긍한다.

좁은 세계에 머물러 있으면 작은 것에 너무 집착한다. 가령 터널에 갇혀 있을 때는 터널 안이 전부일 수 있다. 하지만 터널을 벗어나면 왜 사소한 일에 그렇게 일희일비했는지 후회가 밀려올 것이다. 고급 외제 차는 운전을 할 수 있는 사람에게만 강한 욕망이다. 하지만 운전면허증이 없는 사람에게 비싼 차는 그저 나와 관계없는 고급 물건일 뿐이다. 소유와 욕망의 세계를 무시하고 새처럼 가볍게 살 수 있다. 아마도 다 버리고 사는 자연인이 행복지수는 더 높을지도 모른다. 당신은 어떤 행복 방정식을 찾을 것인가. 사람들에게 물어 보니 분산 방식과 감축 방식을 많이 택했다.

KEY POINT ——— ————

일자리가 사라져가는 4차 산업혁명 시대에 노동만으로 부를 쌓기는 더욱 어렵다. 그러니 자본소득에 대해 너무 부정적으로 생각하지 말자. 투자는 어느새 우리 삶의 일부분이 되어버렸다. 인성도 좋고 인문학도 좋지만 당장 살아가면서 중요한 것은 재무지능이다. 양도세, ISA, IRP를 모르면 조선 시대에 한자를 모르는 것과 같다. 또한 매스컴을 통해 타인과 나의 삶을 비교하면서 불행을 더 크게 느끼는데, 이럴 때일수록 자신을 너그럽게 다독이는 '자기 자비'가 중요하다. 방향이 옳으면 속도가 좀 늦는다고 해서 조바심을 낼 필요는 없다. 행복설계도 남 따라 하기보다 자기만의 스타일이 필요하다.

패스트 팔로워(fast follower)가
되어야 살아남는다

"지식에도 수명이란 게 있는 법인데 제 시대는 이제 저문 거죠."

평생 중국 고전 80여 권을 번역한 교사 출신 진기환(75) 씨는 한 언론사와의 인터뷰에서 이같이 말했다. 그는 인공지능(AI)에 대한 신문 칼럼을 전혀 이해하지 못하겠더라고 토로했다. 그는 "이미 나는 새로운 지식을 습득하는 데도 장애를 느끼는구나. 내 지식은 쓰레기가 될 수밖에 없구나…"라고 말했다.[61] 그의 겸손한 고백은 매우 인상적이었다. 요즘 중국 고전은 중국 젊은 층에게도 고리타분한 책으로 외면받고 있다고 하니 IT 강국인 우리나라에서는 오죽하랴.

지식은 유통기한이 있다

요즘처럼 세상이 빨리 변하는 시대에는 과거의 지식은 하루아침에 색이 바랜다. 광속의 시대, 하루에도 수억 개의 새로운 지식이 생겨나고 유통된다. 옛 지식은 효용 가치가 쉽게 떨어진다. 판에 박힌 옛 지식으로 새로운 세상을 해석하려고 하면 낡은 인식 틀이 된다.

채현국 효암학원 이사장도 "먼저 안 게 오류가 되는 시대"라고 말했다. "경험이 다 고정관념이고 경험이 다 틀린 시대"라는 것이다.[62]

물론『탈무드』나『법구경』같은 지혜는 수천 년이 지난 지금도 유효하다. 하지만 지식은 시간을 초월한 만능의 법칙은 아닐 수도 있다. 과거 유명한 의학서나 과학서들은 지금 시각에서 보면 오류투성이다. 명저들도 당시에 통용되는 지식의 집대성일 뿐 세월이 지나면 그 가치가 희석된다. 이 세상에 불멸의 지식은 존재하지 않는다.

지식은 일정 기간이 지나면 허점이 발견되거나 새로운 지식이 등장하면서 유용성이 떨어진다. 이것이 바로 '지식의 반감기'다. 이는 해당 지식의 절반이 쓸모없는 것으로 바뀌는 데 걸리는 시간을 말한다. 미국 하버드대학교 새뮤얼 아브스만 박사의 연구에 따르면 경제학 분야 지식의 반감기는 9.38년에 불과하다. 정보기술의 발달로 지식의 반감기는 계속 짧아지고 있다.[63]

과거 농경사회에서는 한 어르신이 세상을 떠나면 그 마을 도서관이 사라지는 것과 같다고 했다. 농경사회에서는 세상이 규칙적으로 돌아가니 축적된 경험은 큰 자산이 된다. 산업화 시대에도 신문과 잡지만 봐도 세상 흐름을 따라가는 데는 문제가 없었다. 적어도 후배들에게 쓴소리를 해도 '꼰대'라는 얘기는 듣지 않았다. 업무나 지식에서 그나마 우위에 있었기 때문이다.

하지만 요즘은 경험이나 지식이 오히려 인식의 걸림돌이 될 수 있다. 과거의 경험이나 지식을 가지고 지금의 세상을 논하면 시대에 뒤떨어진 고리타분한 사람이 된다. "나 때는 말이야" "이러이러하니 어른 말을 들어야 해"라고 젊은 층에게 훈계했다가는 틀니를 딱딱거린다는 의미의 '틀딱'이라는 말을 듣기 십상이다. 스마트폰으로 코인거래도 못하는 디지털 문맹 주제에 잔소리한다고 핀잔이나 듣게 될 것이다.

경험과 지식은 살아가는 데 소중한 지적 자산이다. 경험은 소중하지만 경험의 노예가 되어선 안 된다. 내가 가진 지식이 혹시 유통기한이 지난 것은 아닐까. 유통기한이 지나 상한 우유는 쓸모없듯이 유통기한이 지난 지식도 써먹을 데가 없다. 폐기해야 한다. 혹시 우리는 이미 유효기간이 지난 지식을 들고 스스로 많이 안다고 자부하는 것은 아닐까. 여기에서 반드시 기억할 것이 있다. '모든 지식은 영원하지 않으며 때가 지나면 오히려 최신 지식으로 새 옷을 입혀야 한다'는 것이다.

또 배워야 써먹죠

박정향 세무사(가명·51)는 최근 서울대학교 경영대학원에 입학했다. 부동산학 박사학위를 딴 지 8년 만에 다시 석사과정에 들어간 것이다. 그는 석사 때는 부동산학을, 학부 때는 경영학을 전공했다. 주변에 학구파로 이미 소문이 났지만 박 세무사가 대학원에 입학했다는 소식을 들었을 때 적잖이 놀랐다. 처음에는 최고위 과정에 들어갔겠지 생각했지만 진짜 학위과정이었다. 인맥 관리나 영업 목적이라면 CEO들이 많이 모이는 최고위 과정을 선택할 수 있었을 것이다. 지천명을 넘겨 세무사 일을 하면서 학위과정을 병행한다는 것은 여간 힘든 일이 아니다.

왜 굳이 힘들게 또 공부를 하느냐는 질문에 그는 "제가 배운 경영학 지식은 변화된 세상에 활용하기에는 너무 낡았다고 생각했기 때문"이라고 답했다. 그러면서 이번에 새로 경영학 지식을 착실히 쌓으면 향후 10년은 충분히 써먹지 않겠느냐고 덧붙였다. 며칠이 지난 뒤 그와 다시 통화할 일이 있었다. 그는 갑자기 '잡초론'을 꺼냈다. "우리는 흔히 잡초 같은 인생이라고 하잖아요. 그렇게 폄훼하면 안 되죠. 잡초는 어디서든 잘 자라요. 잡초의 끈질긴 생명력은 환경 변화에 능동적으로 대응하기 때문입니다. 세상이 변하는데 나만 안 변하면 구닥다리가 되는 거죠."

실제로 경험을 해보니 박 세무사 말이 맞았다. 올봄 사무실에서 작은 화분에 상추씨를 심었는데 통풍이 안 되고 햇볕도 잘 들지 않아 이내 시들어 죽었다. 그 자리에 잡초가 싹을 틔우더니 무럭무럭 자랐다. 최근에는 꽃도 피웠다. 어떤 식물일까 궁금했다. 하지만 네이버의 '스마트 렌즈'를 켜 촬영해도 무슨 식물인지 알 수 없었다. 진짜 잡초였다. 잡초의 환경 적응력이 탁월하다는 것을 깨달았다.

우리는 다양한 경험과 배움을 통해 지식을 쌓는다. 지식은 '뇌에 저장한 기억 뭉치'라고도 볼 수 있다. 기억을 많이 쌓은 만큼 지식 보유량도 늘어나는 셈이다. 하지만 나이가 들면 기억의 총량이 줄어든다. 더 이상 지식을 충전하지 않아서다.

시인 장석주는 인생을 살아가면서 3가지 기억이 있다고 했다. 태어날 때부터 아는 기억인 '절차 기억', 독서나 공부를 통해 얻는 기억인 '학습 기억', 스스로 옳다고 믿는 기억인 '신념 기억'이 그것이다. 장 시인은 대학 졸업 후 책과 담을 쌓게 되면 학습 기억은 줄어들고 신념 기억만 비대해진다고 진단했다. 신념 기억은 학습 기억을 게을리한 결과 옛 지식으로 굳어진 기억이다. 신념 기억이 더 굳어지면 아예 이데올로기로 변한다. 무식한 사람이 신념을 지니면 무섭다고 했던가.[64] 그래서 철학자 니체는 "모든 신념은 거짓말보다 더 큰 진리의 위험한 적"이라고 했는지도 모른다. 학습 기억이 굳어지지 않도록 뇌에 새 기억을 계속 주입해야 한다. 새로운 지식을 쌓아야 생각의 유연성이 길러지고 변화에 적응할 수 있다. 박 세무사의 경영대학원 진학은 결국 학습 기억의 총량을 늘려 미래의 흐름을 좇아가려는 몸부림일 수도 있다.

컴맹보다 무서운 스맹

"파일이 안 열리네."

며칠 전 고향 큰형님에게 '향우회 명단'을 카톡 메시지로 보냈더니 못 읽겠다는 답변이 왔다. 형님은 1957년생이다. 향우회 명단은 아래아 한글로 쓴 파일이다. "파일이 안 열리면 플레이 스토어에 가서 한글 뷰어 앱을 다운로드하면 된다"는 안내를 해드렸다. 하지만 형님은 다운로드를 할 줄 모른다는 답변을 보내왔다. 형님은 "저녁에 아들이 집에 들어오면 부탁해서 앱을 다운받아 명단을 보겠다"

고 했다.

지난 초봄의 일이다. 7년 전 퇴직한 선배와 안부로 카톡 메시지를 나눴다. 선배는 1958년생이다. 이런저런 얘기를 하다가 강원도 '곰취'가 한창이라는 말이 나왔다. 요즘은 택배로 주문하면 이삼일이면 오니 주문하자고 했다. 주문 얘기가 나오자 갑자기 선배는 겸연쩍어했다. "부탁 하나 해도 될까?" 스마트폰에서 카드 결제를 할 줄 모르니 대신 주문해달라는 것이다. 은행 계좌 번호를 불러주면 오늘 중으로 입금해주겠다고 했다.

요즘 1950년대 중후반 중심의 베이비붐 세대를 보면 의외로 스마트폰을 잘 못 다룬다. 이른바 '스맹(스마트폰을 잘 모르는 사람)'이다. '컴맹(컴퓨터를 잘 모르는 사람)'은 대부분 탈출했지만 스마트폰에서는 학습이 지체되면서 디지털 문맹자가 된 것이다. 세상은 이미 '포노 사피엔스 시대'다. 스마트폰이 없으면 일상생활이 불가능할 정도로 의존도가 높다. 이런데도 윗세대는 생각보다 정보기술 변화를 못 따라가는 것 같다. PC로 쇼핑과 결제를 하고 송금과 주식거래는 하지만 스마트폰을 다루는 것에는 익숙하지 않다.

한 지인은 "스마트폰은 화면이 너무 작아 글자 자체가 잘 안 보인다. PC를 즐겨 쓸 수밖에 없다"고 말했다. 충분히 이해는 간다. 하지만 지금은 생존의 문제다. 앞으로 스마트폰을 사용하지 못하면 독립적인 생활이 불가능할 수 있다. 디지털에 친숙하지 않으면 디지털 디바이드(계층 간 디지털 격차)의 희생자로 전락해 디지털 문명으로부터 소외당할 수 있다. 당신이 이미 스마트폰을 잘 활용하고 있다면 관계없지만 그렇지 않다면 지금부터라도 스마트폰 활용법을 공부해야 한다. 너무 겁낼 필요는 없다. 관심을 가지고 약간의 시간을 들인다면 누구나 '달인'이 될 수 있다. 가장 중요한 것은 새로운 흐름을 받아들이려는 오픈 마인드다. 생각을 바꾸면 행동도 달라진다.

왜 그들의 노후 설계는 실패했나

노년층이나 은퇴자의 노후 설계 실패를 자주 목격하게 된다. 개인적으로 가장 인상적인 모습은 2가지다. 먼저 은퇴해서 물 좋고 공기 좋은 곳에 전원주택을 지어 살겠다는 것인데, 주로 남자의 로망이다. 상가를 사서 또박또박 월세를 받아 노후생활을 하겠다는 계획도 있다. 하지만 이들의 장밋빛 계획이 중간에 좌초되거나 제대로 진행되지 않아 힘들어한다.

은퇴자 김형수(가명·63) 씨는 요즘 고민이 많다. 수도권 외곽지역으로 이주해 노후생활을 하려고 했으나 아내의 반대에 부딪혔기 때문이다. 시골 출신인 김씨는 은퇴와 동시에 서울 생활을 청산하고 5년 전 사놓은 산자락에 전원주택을 지어 생활하는 게 꿈이었다. 그러나 서울 토박이인 아내는 전원살이를 달가워하지 않는다. 시골에는 마땅한 문화시설이 없어 생활이 불편하고 친구 만나기도 어렵다는 이유에서다. 가사노동 분담 등 여러 가지 설득을 해봤으나 쉽지 않았다. 김씨는 어쩔 수 없이 혼자 떠나는 방안을 강구하고 있다. 김씨는 "이미 장만해놓은 부지에 큰돈이 들지 않는 트레일러 주택이나 농막을 설치해 서울과 전원을 오가는 생활을 할까 생각하고 있다"고 말했다. 당초 계획했던 전원생활에서 한발 물러서 절충점을 찾는 셈이다.

내년 은퇴 예정인 최진철(가명·56) 씨는 상가 문제를 놓고 골치가 아프다. 자신이 사는 아파트 단지 부근의 근린상가 2층을 노후 대비용으로 분양받았지만 1년째 비어 있어서다. 임대수입은커녕 관리비만 꼬박꼬박 내고 있다. 당초 최씨는 이 상가가 중앙 광장형으로 설계해 개방감이 높은 데다 목도 좋아서 세입자를 충분히 구할 수 있을 것으로 생각했다. 분양가가 1층보다 절반 정도 저렴해 실속이 있을 것 같았다. 하지만 막상 준공되어보니 딴판이었다. 임대료를 낮춰도 들어오겠다는 세입자는 없었다. 하기야 1층도 비어 있는 곳이 많은데, 유동인구가 적은 2층 공실은 불가피하다는 생각도 들었다. 최씨는 "10년 전부터 월세를 받아 노후생활을 하려는 계획을 세우고 착실히 준비해왔는데 완전히 수포로 돌아갔다"고 말했다.

김씨와 최씨의 실패를 어떻게 해석해야 할까. 혹시 자신의 취향만 내세우거나 세상의 변화를 무시하고 노후 설계를 했기 때문이 아닐까. 자신의 경험치에만 절대적인 가치를 부여해 계획을 짰기 때문은 아닐까. 요즘 여성들 가운데 노후에 전원에서 생활하겠다는 사람도 있지만, 대다수는 김씨의 배우자처럼 도심 생활을 원한다. 서해안 섬에 노후를 즐기기 위한 별장을 마련하려다 그만둔 60대 남성은 이렇게 말했다. "남자의 은퇴 후 로망인 전원생활 꿈은 황혼이혼을 부르는 아주 위험한 유형입니다."

도시화가 급속도로 진행된 시대에 살고 있는 요즘, 젊은 층은 나이가 들어도 탈도심을 더 시도하지 않을 것이다. 상가의 경우도 세상 흐름을 짚어보면 답이 나온다. 요즘 상가는 비대면 소비가 많아지고 출산인구가 줄면서 빈 곳이 속출하고 있다. 최씨 역시 상가라는 오프라인 공간에 익숙해져 있고, 또한 그런 곳에서 월세를 받는 게 부러웠을 것이다. '상가 월세 받기'를 노후 로망으로 설계했지만 세상은 그사이 너무 빨리 변해버렸다.

아랫세대와 공감능력을 키워라

세상에는 가장 무서운 2마리의 개(犬, 견)가 있다고 한다. 바로 '편견'과 '선입견'이다. 우스갯소리이긴 하지만 편견과 선입견은 경직된 사고로 인식의 큰 장애물이 된다. 자신만의 경험이나 고정관념이 고착화되면서 생긴 것이다. 그래서 내 생각이 혹시 편견과 선입견이 아닌지 의심해야 한다. 세상의 흐름은 빨리 따라가야 한다. 내 나이 50세가 넘었다면 세상 유행을 만들어가는 트렌드 세터(trend setter)가 되기는 어렵다. 하지만 유행을 좇아가는 트렌드 팔로워(trend follower), 혹은 흐름을 빨리 따라가는 패스트 팔로워(fast follower)가 되어야 한다는 생각이다. 나이가 들어 몸은 늙어도 생각은 최신의 것으로 바꿔나가야 한다.

『주역』에 '군자표변 소인혁면(君子豹變 小人革面)'이라는 말이 있다. 군자는 표범처럼 바뀌지만 소인은 얼굴만 바뀐다는 뜻이다. 가을이 되면 표범의 무늬가 더 화려하고 두드러지게 변한다. 계절의 흐름에 맞춰 온몸을 확 바꾸는 표범처럼 군자는 세상이 바뀌면 이에 맞춰 과감한 혁신을 한다는 뜻이다. 하지만 소인은 고작 바뀌는 척 시늉만 낸다. 결국 스스로 변화하는 군자만이 살아남을 것이다.

세상의 새로운 주역이 된 MZ세대의 생각을 좇아가는 것이 무엇보다 필요하다. 부동산에서는 결국 MZ세대의 공간과 소비 욕망을 욕망해야 한다는 답이 나온다. MZ세대가 주거지로 선호하는 곳, 소비하는 곳을 좇아야 살아남을 수 있다. 월세를 놓는다면 공급자보다는 소비자 입장에서 입지를 선택해야 하기 때문이다. 월세를 낼 사람 입장에서 판단해야 착오가 생기지 않는다. 역지사지의 마인드가 성공을 부른다. 물고기를 잘 잡으려면 낚시꾼이 아니라 물고기의 취향을 고려해야 하는 것처럼 말이다.

MZ세대의 욕망을 잘 이해하지 못하겠다면 또 다른 방법이 있다. 50대 이상이라면 자녀들에게 직접 물어보는 것이다. "돈이 있다면 어떤 부동산을 사고 싶어?"라고 말이다. 현재로선 자녀들이 선호하는 부동산, 그것이 바로 MZ세대의 부동산 욕망을 욕망하는 것이다. 한 가지 짚고 넘어가야 할 점은 MZ세대의 투자 방식은 벤치마킹할 것은 못 되는 것 같다. '모 아니면 도' 방식의 모험적 투자는 지향보다는 지양의 대상이 아닌가 생각된다. 요컨대 MZ세대의 공간과 소비 방식을 욕망하라는 것이지 거친 투자 방식은 경계해야 한다는 얘기다.

세월은 가만히 있지 않는다. 요즘 고등학생들은 서태지를 잘 모른다. 세월은 사람의 흔적을 지우면서 흘러간다. 1980년대 초반에 태어난 맏이 밀레니얼 세대는 40대에 접어들었다. 이제는 회사에서 중

견 간부가 되었다. 밀레니얼 세대도 머지않아 아랫세대로부터 올드
세대로 불릴 것이다. Z세대 역시 맏이는 곧 30대가 된다. 앞으로 세
상은 MZ세대에 이어 인공지능 시대의 디지털 키즈로 불리는 알파
세대(2010년대 초반~2020년대 중반 출생)가 이끌어나갈 것이다. 요즘
베이비부머와 X세대가 MZ세대의 공간과 소비 욕망을 읽어야 시대
에 뒤떨어지지 않듯 MZ세대 역시 알파 세대의 욕망을 이해해야 한
다. 그래야 '젊꼰(젊은 꼰대)'이라는 핀잔을 듣지 않는다.

자, 이제 정리해보자. 윗세대보다 아랫세대의 공간과 소비의 니즈
를 읽고 공감하라. 미국 스탠퍼드대학교 심리학과의 자밀 자키 교수
는 저서 『공감은 지능이다』에서 "분열된 세계에서 혼자가 되지 않기
위해서는 공감을 현대의 뉴노멀(새 표준)로 만들어야 한다"고 말했
다. 세상 흐름을 놓치지 않기 위해 갖춰야 하는 덕목이 바로 공감 능
력이다. 세상의 중심추가 되는 세대와 공감 능력을 키울 때 부동산
트렌드를 제대로 읽어낼 수 있을 것이다.

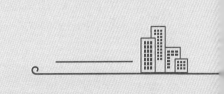

미주

1 김윤식(2019), 「아파트 거래량에 영향을 미치는 부동산 비정형 빅 데이터의 구축 및 실증연구」, 서울벤처대학원대학교 부동산학 박사학위논문, 67쪽.

2 김현재(2011), 「주택 가격의 변동성과 결정요인 분석」, 『부동산학보』 제47권 제47호, 한국부동산학회, 265~266쪽.

3 "강남 '7억 급락' 미스터리…등기부 등본에 진실 있었다", 〈중앙일보〉, 2022.6.12.

4 이종일(2017), 「은퇴 후 주택 이전 특성과 소유구조 변화에 관한 연구」, 중부대학교 대학원 박사학위논문, 177~178쪽.

5 김종대(2018), 「아파트 가격 상승의 지역별 특성에 관한 연구」, 영산대학교대학원 박사학위논문, 162~163쪽.

6 김민정(2014), 「인구구조 변화가 주택 가격 변화에 미치는 영향에 관한 연구 : 대도시의 고령화, 베이비붐 세대 은퇴를 중심으로」, 중앙대학교 도시 및 지역계획학과 부동산전공 박사학위논문, 55쪽.

7 "증여세 겁나, 고령층 3천 조 쥐고 있다", 〈매일경제〉, 2022.5.27.

8 "베이비부머, 전원주택 NO, 넓은 아파트 YES", 〈파이낸셜 뉴스〉, 2019.12.11.

9 "세계 걸작 다큐멘터리-총, 세균, 그리고 강철", 〈KBS1 TV〉, 2012년 방영분 참고.

10 마이클 모부신, 이건 외 역, 『운과 실력의 성공 방정식』, 에프엔미디어(2019), 230쪽.

11 박이문, 『박이문 아포리즘』, 미다스북스(2016) ; "박이문-인간에게 집이란 무엇인가", 〈어쩌다 철학자〉 네이버 블로그에서 재인용.

12 데이비드 흄, 김성숙 역, 『인간이란 무엇인가』, 동서문화사(2009), 412쪽.

13 "이름값이 곧 집값, 아파트는 개명 중", 〈조선일보〉, 2019.10.10.

14 칼 마르크스, 강유원 역, 『경제학-철학 수고』, 이론과 실천(2006), 180쪽.

15 이진경, 『철학과 청소부』, 그린비(2014), 422쪽.

16 "이영표, 내가 선수에게 큰 실언, 축구 해설 그만둘 것", 〈중앙선데이〉, 2018.12.22.

17 김형석, 『백 년을 살아보니』, 덴스토리(2021), 151~153쪽.

18 강준만, 『생각과 착각』, 인물과사상사(2016), 54~55쪽.

19 "'손흥민 득점왕 두려웠다'…그 아버지가 말하는 월클의 기준", 〈중앙일보〉, 2022.6.11.

20 "도넛 사 들고, 직원에 90도 인사…재벌 문화 바꾸는 3~4세 오너들", 〈조선일보〉, 2022.6.15.

21 "들레즈 가타리-자본가도 자본의 노예다", 〈어쩌다 철학자〉 네이버 블로그.

22 "여성 '독박 가사' 여전…맞벌이 아내가 남편보다 2시간 더 집안일", 〈한국일보〉, 2020.7.3.

23 조남주, 『82년생 김지영』, 민음사(2019), 89쪽.

24 최시현, 『부동산은 어떻게 여성의 일이 되었나』, 창비(2021) ; "'안사람'에서 '복부인'까지… 부동산은 어떻게 여성의 일이 되었나", 〈한겨레〉, 2021.9.9.

25 "노후대책은 '내 집 마련'에서 시작됩니다(심형석의 부동산 정석)", 〈한경더펜〉, 2021.11.20.

26 에드워드 글레이저, 이진원 역, 『도시의 승리』, 해냄출판사(2011), 369쪽.

27 마이클 모부신, 이건 외 역, 『운과 실력의 성공 방정식』, 에프엔미디어(2019), 145쪽.

28 "스마트폰 중독 스톱 외친 교황", 〈서울신문〉, 2019.4.14.

29 "누가 부동산을 움직이나 '온라인 방송 주식 사기'의 부동산판?", 〈머니S〉, 2020.2.8.

30 조너선 하이트, 『바른 마음』, 웅진지식하우스(2014), 399~436쪽.

31 김정선·유정석(2018), 「서울시 아파트 시장의 군집행동 분석」, 『부동산연구』 제28권 제1호, 한국부동산연구원, 91~104쪽.

32 김상환(2013), 「우리나라 주식 시장에서의 군집행태 검증」, 『한국경제연구』 제13권 제3호, 한국경제연구학회, 117~144쪽.

33 홍정의(2016), 「부동산 시장에서의 왜곡적 기대에 대한 거시경제학적 모형」, 서울대학교 경제학박사 학위논문, 6쪽.

34 홍정의(2016), 「부동산 시장에서의 왜곡적 기대에 대한 거시경제학적 모형」, 서울대학교 경제학박사 학위논문, 32쪽.

35 네이버의 IT 용어사전 '양자 얽힘' 참고.

36 댄 애리얼리, 안세민 역, 『왜 양말은 항상 한 짝만 없어질까?』, 사회평론(2017), 278~280쪽.

37 "들뢰즈-첫사랑과의 재회를 꿈꾸십니까", 〈어쩌다 철학자〉 네이버 블로그에서 인용.

38 "애물단지로 전락한 마이클 조던의 시카고 호화저택", 〈연합뉴스〉, 2022.2.16.

39 최상용, 『중용의 삶』 종문화사(2016), 277쪽.

40 "요즘 팔리는 것들의 비밀을 알려드립니다(최명화 블러썸미 대표 인터뷰)", 〈톱클래스〉, 2021.8.

41 "금보다 비싼 IT 개발자 몸값, 삼성전자 임원도 쿠팡 갔다", 〈조선일보〉, 2021.3.6.

42 "MZ세대 복지에 열광…집 청소, 골프회원권 대여까지", 〈중앙 센데이〉, 2022.2.26.

43 이나래(2022), 「항동 클리닉」, 『실천문학』 통권 제144호, ㈜실천문학, 112~128쪽.

44 "90년대생을 말하다·인생은 한강 물 아니면 한강 뷰", 〈NEWS 1〉, 2021.6.11.

45 제이슨 섕커, 박성현 역, 『코로나 이후의 세계』, 미디어숲(2020), 102쪽.

46 "맨해튼 집값, 코로나 충격에 18% 급락… 거래도 30년 만에 최대폭↓", 〈연합뉴스〉, 2020.7.3.

47 "두더지잡기 된 '투기와 전쟁'… 아파트 눌렀더니 토지가 불쑥", 〈국민일보〉, 2021.3.19.

48 "일본 사라질 것 경고했던 머스크, 이번엔 한국도 인구 붕괴", 〈중앙일보〉, 2022.5.27.

49 조영태, 『인구 미래 공존』, 북스톤(2021), 12쪽.

50 "경기 감귤·강원 바나나 나온다…급변하는 과일 지도", 〈MBN〉, 2021.12.6.

51 「로봇이 '사람' 대체, 韓 세계 1위…제조업 일자리 증가율, 9년간 6.7%p 앗아가」, 〈이데일리〉, 2021.12.15.

52 "한은, 근로자 1,000명당 로봇 1대 늘면, 제조업 구인 2.9%P↓", 〈동아일보〉, 2021.12.15.

53 "'중국 韓 부동산 쇼핑' 이 정도일 줄은…작년만 7,000건 육박", 〈서울경제〉, 2022.5.22.

54 "정체기 맞은 도청 신도시…활성화 대책 시급", 〈KBS 뉴스〉, 2022.4.29.

55 이태리 외(2021), 「4차 산업혁명 시대의 상업용 부동산 수요·이용 행태 변화」, 『국토정책브리프』 제836호, 국토연구원.

56 니코스 카잔차키스, 이윤기 역, 『그리스인 조르바』, 열린책들(2012), 458쪽.

57 앙드레 코스톨라니, 『투자의 비밀』, 미래의 창(2002), 223쪽.

58 에드워드 글레이저, 이진원 역, 『도시의 승리』, 해냄출판사(2011), 339쪽.

59 "3채 이상 다주택자가 집값 예측 더 잘했다", 〈조선비즈〉, 2020.3.30.

60 니코스 카잔차키스, 이윤기역, 『그리스인 조르바』, 열린책들(2012), 283~284쪽.

61 "퇴직해도 공부-번역…내 지식, 이젠 낡았지만 평생 근학 권합니다", 〈동아일보〉, 2022.4.2.

62 "나이 먹은 사람들, 점점 더 노욕 덩어리 되어가", 〈오마이뉴스〉. 2015.1.12.

63 새뮤얼 아브스만, 이창희 역, 『지식의 반감기』, 책읽는 수요일(2014) ; 조재호, "농업 구조 변화와 지식 반감기", 〈농민신문〉, 2022.4.15.

64 장석주, "자기 삶의 주인이 되는 책 읽기", 〈세바시〉 제727회, 2016.12.19.

■ **독자 여러분의 소중한 원고를 기다립니다** ────────

메이트북스는 독자 여러분의 소중한 원고를 기다리고 있습니다. 집필을 끝냈거나 집필중인 원고가 있으신 분은 khg0109@hanmail.net으로 원고의 간단한 기획의도와 개요, 연락처 등과 함께 보내주시면 최대한 빨리 검토한 후에 연락드리겠습니다. 머뭇거리지 마시고 언제라도 메이트북스의 문을 두드리시면 반갑게 맞이하겠습니다.

■ **메이트북스 SNS는 보물창고입니다** ────────

메이트북스 홈페이지 matebooks.co.kr

홈페이지에 회원가입을 하시면 신속한 도서정보 및 출간도서에는 없는 미공개 원고를 보실 수 있습니다.

메이트북스 유튜브 bit.ly/2qXrcUb

활발하게 업로드되는 저자의 인터뷰, 책 소개 동영상을 통해 책에서는 접할 수 없었던 입체적인 정보들을 경험하실 수 있습니다.

메이트북스 블로그 blog.naver.com/1n1media

1분 전문가 칼럼, 화제의 책, 화제의 동영상 등 독자 여러분을 위해 다양한 콘텐츠를 매일 올리고 있습니다.

메이트북스 네이버 포스트 post.naver.com/1n1media

도서 내용을 재구성해 만든 블로그형, 카드뉴스형 포스트를 통해 유익하고 통찰력 있는 정보들을 경험하실 수 있습니다.

STEP 1. 네이버 검색창 옆의 카메라 모양 아이콘을 누르세요. STEP 2. 스마트렌즈를 통해 각 QR코드를 스캔하시면 됩니다.
STEP 3. 팝업창을 누르시면 메이트북스의 SNS가 나옵니다.